Leben in der Nachfolge

Leben in der Nachfolge

J. Heinrich Arnold

Plough Publishing House

Published by Plough Publishing House
Walden, New York
Robertsbridge, England
Elsmore, Australia
www.plough.com

Dieses Buch ist eine überarbeitete Neuausgabe des 1996 im Brendow Verlag erschienenen Titels *Leben in der Nachfolge*. Die amerikanische Originalausgabe erschien 1994 im Plough Publishing House unter dem Titel *Discipleship*.

Umschlagmotiv: Vincent van Gogh, „Sämann"

ISBN-13: 978-0-87486-693-3
1. Auflage: Juni 2016

Printed and bound in England

In der Nachfolge geht es nicht
um unser eigenes Tun, sondern
darum, Gott Raum zu geben,
damit er in uns leben kann.

J. H. Arnold

Inhalt

Vorwort

„Leben in der Nachfolge" ist kein leichtes Buch. Wenn ich lese, was J. Heinrich Arnold zu den Mitgliedern seiner Gemeinschaft spricht oder an sie und andere schreibt, dann trifft mich das wie ein zweischneidiges Schwert und stellt mich vor die Wahl zwischen Wahrheit und Lüge, Erlösung und Sünde, Selbstlosigkeit und Egoismus, Licht und Finsternis, Gott und Dämon. Zu Beginn war ich nicht sicher, ob ich mich solch einer direkten Herausforderung stellen wollte. Ich entdeckte einigen Widerstand in mir: Von der guten Botschaft des Evangeliums erwarte ich Milde, Trost, Beruhigung, inneren Frieden und Harmonie.

Aber Arnold erinnert mich daran, dass der Friede des Evangeliums nicht derselbe ist wie der Friede der Welt; dass der Trost des Evangeliums nicht der Trost ist, den die Welt spendet; dass die Milde des Evangeliums nichts mit weltlicher Toleranz zu tun hat, die alles gutheißt.

Das Evangelium verlangt eine Entscheidung, eine radikale Entscheidung, eine Entscheidung, die nicht überall auf Lob, Unterstützung und Anerkennung stößt.

Und doch sind Arnolds Worte weder scharf noch unnachgiebig, weder fanatisch noch selbstgerecht. Im Gegenteil: sie sind voller Liebe – strenger, aber wahrer Liebe. Es ist die gleiche Liebe, die aus dem gebrochenen Herzen Jesu fließt. Was Arnolds Worte so heilsam macht, ist die Tatsache, dass sie nicht auf einer Idee, einer Ideologie oder einer Theorie gegründet sind, sondern auf einer intimen Erfahrung Jesu Christi. Jesus, der

Christus, steht im Mittelpunkt aller Ratschläge und
aller Fürsorge, die Arnold in seinen Betrachtungen
zum Ausdruck bring. Hier ist ein wahrhaft auf Christus
ausgerichtetes Buch. J. Heinrich Arnold spricht nicht in seinem eigenen
Namen. Er spricht im Namen Jesu. Er hat deutlich

2.Tim 4,1–2 die Worte des Paulus an Timotheus vernommen: „Ich
beschwöre dich vor dem Angesichte Gottes und Jesu
Christi, der Lebendige und Tote richten wird, wenn er
erscheint in seiner Königsmacht: Verkündige das Wort,
tritt damit auf, gerufen oder ungerufen; überzeuge, weise
zurecht und ermahne mit allem Aufwand von Geduld
und Lehrgeschick!"

Seine tiefe Verwurzelung in Jesus Christus macht
ihn zu einem sehr weisen, zuverlässigen und herausfor-
dernden geistlichen Führer auf unserem inneren Weg.
Mehr noch, diese Verwurzelung ist nicht einfach eine
Verwurzelung in dem Jesus, der vor langer Zeit lebte. Es
ist eine Verwurzelung in dem Christus, der heute in dem
Leben der Glaubensgemeinschaft gegenwärtig ist.

Arnold ist kein frommer oder sentimentaler Führer.
Jedes seiner Worte entspringt seiner Erfahrung im
Gemeinschaftsleben, wo Nachfolge gelebt wird. Die
Gemeinschaft ist der Ort, wo wir geprüft und gereinigt
werden. Die Gemeinschaft ist der Ort, wo wir lernen,
was Vergebung und Heilung bedeuten. Die Gemeinschaft
ist der Ort, wo wir lernen, wer unser Nächster ist. Die
Gemeinschaft ist die wahre Schule der Liebe. Arnold hat
sein Leben lang in Gemeinschaft gelebt. Er wusste, was
Gemeinschaft von einem fordert und was sie einem gibt.

Am besten wusste er, dass Gemeinschaft der Ort ist, wo
wir dem Christus des Evangeliums begegnen.

Ich bin sehr dankbar für dieses Buch. Es ist ein
prophetisches Buch in einer Zeit, in der wenige
Menschen es wagen, ein unbeliebtes, aber wahrhaft
heilendes Wort zu sprechen.

Es ist meine Bitte, dass die Leser dieses Buches nicht
vor seinen Herausforderungen zurückschrecken mögen.
Und ich habe das Vertrauen, dass das Wort Gottes, wie es
durch dieses Buch zu ihnen kommt, ihnen wahren Trost,
wahre Hoffnung und rechten Mut bringen wird.

Henri J. M. Nouwen

Einleitung

Manche Bücher beschreibt man am besten, indem man schildert, was sie *nicht* sind: Der vorliegende Band enthält keine Sammlung erbaulicher Betrachtungen, keine gefühligen Aufzeichnungen über „meinen Wandel mit Gott", keine Anleitung zur Selbstverwirklichung und zur geistlichen Weiterentwicklung. Es handelt sich ganz einfach um ein Buch aus dem Leben in der Nachfolge, ein Buch darüber, wie man Christus in Demut, Gehorsam, Liebe und Offenheit nachfolgen kann. So und nicht anders sind die Aussagen Johann Heinrich Arnolds (1913–1982) zu verstehen.

In seiner Kindheit und Jugend war Heinrich Arnold umgeben von Menschen, für die die Nachfolge Christi spannende, dramatische Gestalt annahm. In seinem 6. Lebensjahr beschlossen seine Eltern Eberhard und Emmy, ihr bürgewrliches Leben in Berlin zu verlassen und in das Dörfchen Sannerz in Hessen umzusiedeln, wo sie, vom 2. und 4. Kapitel der Apostelgeschichte angeregt, mit einem kleinen Kreis von Freunden in völliger Gütergemeinschaft zu leben begannen. Eine gewaltige Umwälzung war damals in Gang. Unter anderem waren es die Spannungen der Nachkriegszeit, die Heinrichs Vater Eberhard – ein angesehener Verleger, Theologe und öffentlicher Redner – den Impuls zu diesem Glaubenswagnis gegeben hatten.

Tausende von Menschen, von der gleichen Rastlosigkeit erfaßt, wurden damals dazu getrieben, sich gegen die Steifheit der allgemein gültigen religiösen und

gesellschaftlichen Konventionen aufzulehnen und nach
neuen Lebensformen zu suchen. In diesem Klima wuchs
Heinrich auf. Ein Strom junger Anarchisten, Land-
streicher, Lehrer, Handwerker und Freidenker wanderte
durch die kleine Gemeinschaft und prägte Heinrichs
Entwicklung weitgehend. Sie alle hatten der Heuchelei
eines abgestorbenen Christentums den Rücken gekehrt,
und viele fühlten sich stark von einem Leben freudiger
Hingabe, wie es in Sannerz gelebt wurde, angezogen.
Mit 11 Jahren folgte Heinrich – in ganz kindlicher
doch ernsthafter Weise – dem Ruf zu einem Leben der
Nachfolge. Erst als junger Erwachsener entschloß er sich,
dem Bruderhof* (wie sich die Gemeinschaft damals bereits
nannte) als volles Mitglied lebenslänglich anzugehören.
Der seelsorgerliche Dienst wurde ihm 1938 anvertraut,
und von 1962 bis zu seinem Tode versah er den Dienst des
Ältesten an der sich ausbreitenden Bruderhofbewegung.

Die Schar der Menschen, die Arnold betreute, war
nicht gerade das, was man landläufig mit Gemeinde oder
Kirche bezeichnet. Auch war Arnold alles andere als ein
Pfarrer im konventionellen Sinn. Das, was man allgemein
unter einer charismatischen Persönlichkeit versteht, traf
auf ihn nicht zu, auch hatte er keine theologische Ausbildung. Er war ein Seelsorger im wahrsten Sinne des Wortes,
ein geistlicher Berater, dem das geistliche und materielle
Wohlbefinden der Gemeinschaft innerstes Anliegen
war. Den Dienst an den Brüdern und Schwestern

---

* Der Name „Bruderhof" geht auf die Geschichte der Täuferbewegung des 16.
und 17. Jahrhunderts zurück, als unter Jakob Hutter, von Tirol ausgehend, in
Mähren Gemeinschaften entstanden, die sich diesen Namen gaben.

versah er in erster Linie als einer, der mit ihnen auf der
gleichen Bank saß: er teilte ihr tägliches Leben, ihre
Arbeit und Erholung, die gemeinsamen Mahlzeiten, die
Geschäftssitzungen, Andachten und Gottesdienste.

Bruderhofmitglieder, die Arnold persönlich gekannt
hatten, trugen das reichhaltige Material, dem die hier
vorliegenden Auszüge entnommen wurden, im Laufe
mehrerer Jahre zusammen. Veröffentlichte Artikel und
persönliche Briefe, Nachschriften von Ansprachen oder
Predigten, Rundschreiben im Namen der gesamten
Bruderhofbewegung wurden gesichtet und redigiert.
Eine Auswahl zu treffen und eine sinnvolle Anordnung
der ausgesuchten Texte zu schaffen war keine leichte
Aufgabe bei der Fülle und Vielfalt des vorhandenen
Stoffes, wobei immer das Ziel dieser Veröffentlichung im
Auge behalten wurde: nämlich dem Leser den Eindruck
von Arnolds Zeugnis unvermindert zu vermitteln.

Sein Stil ist spontan, knapp und geradeheraus. Für
seine Ansprachen machte er sich nur selten Notizen, und
in seinen Briefen ging er ohne Umschweife und gezielt
auf den Kern der Sache ein. Für manche sprach er zu
unverblümt. Aber es war ja gerade die einfache, direkte
Art, mit welcher Arnold sprach und schrieb, die sein
Zeugnis so vielen Menschen zugänglich machte. Der
Inhalt seines Glaubens war nicht in sorgfältig durch-
dachten theologischen Begriffen zu formulieren, sondern
er mußte sich in Taten niederschlagen: „Wir waren der
Worte müde; Worte sind billig, man kann sie fast überall
hören. Denn wer würde behaupten, er sei gegen Liebe
und Brüderlichkeit?"

Mit allen Aspekten des Lebens, sowohl im Persönlichen wie im Gemeinschaftlichen, hatte Arnold sich zu befassen, aber ein Grundgedanke zieht sich durch alles, was er schreibt: Christus und sein Kreuz ist der Brennpunkt des Universums. Immer wieder besteht Arnold darauf, daß es kein Leben im christlichen Glauben geben kann ohne eine persönliche Begegnung mit Christus, ohne mit seiner Botschaft der Buße und der Liebe konfrontiert zu werden. Zum Beispiel war es unwesentlich, ob das Problem, mit dem er sich befassen mußte, praktischer oder geistlicher Natur war, oder daß die täglichen Anforderungen oft unerwartet und ungelegen auf ihn zukamen. Jedes Problem wurde auf dem festen Boden der Gebote Christi angepackt. Dabei handelte es sich nicht nur um interne Probleme des Gemeinschaftslebens; es ging um viel mehr. Es ging ebenso um aktuelle politische und soziale Zusammenhänge, die Arnolds Zeit und Aufmerksamkeit in Anspruch nahmen.

Christus war Fundament und Mittelpunkt seines Lebens, und darauf beruhte auch die Entschiedenheit, mit der er jeglicher Sünde entgegenzutreten wußte. Den Forderungen des Evangeliums gegenüber duldete er keine Gleichgültigkeit. Er bekämpfte das Böse in sich selbst mit derselben Entschiedenheit, mit der er dagegen in anderen Menschen anging, und dieser Kampf richtete sich ausschließlich gegen die Sünde, niemals gegen den Sünder.

Diese entschiedene, eindeutige Haltung brachte ihm manchmal den Vorwurf ein, er reagiere zu emotional. Aber wie kann ein Mensch, der Christus uneingeschränkt liebt, sachlich und beherrscht bleiben, wenn die Gemeinde auf dem Spiel steht?

Ich protestiere gegen die Auffassung, daß es falsch ist, mit starken Emotionen zu reagieren, wenn Gott beleidigt wird, wenn Brüder und Schwestern rücksichtslos behandelt werden, oder wenn die Gemeinde angegriffen wird. Bis an mein Lebensende werde ich gegen kühle Nüchternheit protestieren, wenn Gottes Werk in Gefahr ist, zerstört zu werden.

Nur so war es auch zu verstehen, daß des öfteren ein scharfer Aufruf zur Umkehr von ihm ausging:

Sind wir bereit das Wort Christi tief in unser Herz schneiden zu lassen, oder wollen wir uns immer wieder davor schützen und uns dagegen verhärten? Wir merken gar nicht, wie oft wir Gott im Wege stehen. Aber wir können ihn bitten, uns in seiner Gnade und Liebe mit seinem Wort zu beschneiden, auch wenn es schmerzt.

Mit der gleichen Eindringlichkeit, mit der Arnold zur Buße aufrief, bemühte er sich um Vergebung und Erbarmen mit den Menschen. Wenn einer das Gebot Jesu – zu vergeben, damit uns vergeben werde, und dies siebzigmal siebenmal zu tun – ernst nahm, so war es Arnold. Menschen, die ihn verletzt oder sein Vertrauen mißbraucht hatten, schenkte er sein unvermindertes Vertrauen ein um das andere Mal. Warum? Weil er fest an die Macht der völligen Vergebung glaubte, weil er Gott aus dem Grunde seiner Seele vertraute, und weil dieses Vertrauen ihn von aller Menschenfurcht befreit hatte.

Paradoxerweise, während Arnold öfter in seinem Leben Verachtung und Spott erdulden mußte, weil er auf

der Notwendigkeit einer aufrichtigen Buße bestand, so
wurde er gleichzeitig um seiner Demut willen verachtet:
Niemals hätte er einer Sünde gegenüber ein Auge
zugedrückt, aber niemals hätte er sich über jemanden,
der sich versündigt hatte, erhoben, oder etwa ein hartes,
legalistisches Vorgehen toleriert. Er selbst hatte zur
Genüge erfahren, was leiden heißt, und konnte sich
daher nur zu gut in das Leid anderer hineinversetzen.

Viele Stunden verbrachte Arnold in seinen letzten
Jahren mit dem Lesen der täglichen Flut von Briefen,
in denen Schwestern, Brüder und Kinder sich mit ihren
Anliegen an ihn richteten. Er begnügte sich nicht damit,
einen Brief einmal zu lesen. Er nahm den Inhalt dieser
Briefe durch mehrmaliges Lesen mit der ihm eigenen,
inneren Konzentration auf, und seine Antworten spiegeln die Demut wider, mit der er auf jede Frage einging.
Er gab Ratschläge, tröstete, ermahnte, und konnte
auch einen scharfen Tadel erteilen, aber niemals übte er
kleinliche oder herabsetzende Kritik an jemandem, der
ihm seine Schwierigkeiten anvertraute. Er half denen, die
sich Jahr um Jahr an ihn wandten, immer wieder, über
ihre eigenen Sorgen und Probleme hinauszusehen – und
ihren Blick auf Christus zu richten.

Daß er nicht auf alles eine Antwort hatte, dessen war
Arnold sich völlig bewußt. Oft sagte er, er brauche etwas
Zeit, um über die ihm gestellte Frage nachzudenken oder
sie im Gebet vor Gott zu bedenken. Auf die Bitte, eine
schwierige oder obskure Bibelstelle zu erläutern oder
einen scheinbaren Widerspruch im Text aufzuklären,
konnte er antworten: „Über diese Stelle habe ich auch

schon viel nachgedacht, und ich verstehe sie selbst nicht
recht. Wir wollen auf Gott vertrauen: eines Tages wird
er uns den Sinn offenbaren" – und er unternahm keinen
Versuch einer Auslegung.

Arnold war ein belesener Mann; mit dem Alten Testament wie mit dem Neuen Testament war er zutiefst
vertraut; aber seine Bildung war die Bildung des Herzens,
und seine Fähigkeit, die Wege Gottes zu erfassen, ent-
sprang seiner Liebe zu Gott, zu Christus, zur Gemeinde.
Von grundlegender Bedeutung war seine Gabe, anderen
zuzuhören. Er hörte auf die Schwestern und Brüder, er
hörte auf Freunde, auf Fremde, auf die Kritik Außen-
stehender – und am allermeisten hörte er auf Gott.

> Mit meinem Herzen möchte ich auf die Stimme
> Gottes horchen, die durch die Versammlung der
> Brüder und Schwestern spricht. Ich möchte Jesus
> in unserer Zeit bekennen. Ich möchte mit euch
> arm sein, geistlich arm. Ich will gehorsam sein und
> dorthin gehen, wohin mich die Gemeinde sendet,
> um den Willen Gottes zu tun. Ich sehne mich nach
> einer Gemeinde, die in Einheit ist, einer Gemeinde,
> die sammelt, was zerstreut ist.

Es gäbe noch viele Aspekte von Arnolds Denken und
Wirken, auf die man eingehen könnte. Er war weitge-
hend geprägt durch den Einfluß seines Vaters
Eberhard Arnold, wie auch des älteren und jüngeren
Blumhardt* und ihrer Sicht des Gottesreiches als

---

*Johann Christoph Blumhardt, 1805–1880, und Christoph Friedrich
Blumhardt, 1842–1919.

aktuelle Wirklichkeit; gleichzeitig war es Meister Eckehart, dessen Einfluß sich in Arnolds persönlicher Neigung zur Mystik niederschlug. Unter seinen Zeitgenossen waren es Dietrich von Hildebrand und Friedrich von Gagern, zu deren Werke Arnold wiederholt gegriffen hat. Sie alle sind nicht ausschlaggebend gewesen, aber sie haben seinen Aussagen eine Tiefe und Weite gegeben, die den Leser beeindrucken muß.

Vielleicht ist es dies, was dem Zeugnis Arnolds in seiner ganzen Einfachheit die Überzeugungskraft verleiht, mit der er uns immer wieder aus unserer Welt des Kleinlichen und Alltäglichen herauszieht, um uns die Augen zu öffnen für die großen Realitäten, an denen wir so oft gleichgültig vorbeigehen. So hat Arnold selbst es ausgedrückt:

> Welch ein großes Geschenk wäre es, wenn uns die Augen geöffnet würden, um auch nur einen kleinen Schimmer der großen Zukunftsvision Jesu wahrnehmen zu dürfen, um über unser eigenes unbedeutendes Leben hinausblicken zu können. Gewiß ist unser Blick begrenzt, aber wir sollten Gott wenigstens darum bitten, daß er uns aus unserer kleinlichen Welt und aus unserer Ichbezogenheit herausruft. Wir dürfen ihn bitten, uns an der großen Ernte teilhaben zu lassen, die eingebracht werden muß – die Ernte aller Nationen und aller Menschen, einschließlich der zukünftigen Generationen.

Hela Ehrlich
Christopher Zimmerman

Der Mensch

Das inwendige Leben

Wenn man an die Millionen denkt, die sich Christen nennen, bekommt man den Eindruck, heutzutage würde die christliche Religion fast ausschließlich darin bestehen, dass man sonntags in die Kirche geht. Ich weiß, dass es Ausnahmen gibt; aber machen wir uns keine Illusionen: die Jugend fühlt sich heute kaum noch von der Kirche angesprochen, die Gottesdienste und Predigten langweilen sie und so wendet sie sich anderen Dingen zu.

Und doch ahnen die Menschen, dass in ihrem inneren Leben etwas nicht stimmt. Auch wenn sie damit nicht zum Pfarrer oder Priester gehen, suchen sie dennoch Hilfe, oft beim Psychiater. Es ist wahr: Wenn der Mensch sich innerlich wirklich ändert, dann ändert sich alles andere. Aber das wird durch Gott geschehen, nicht durch Menschen.

Christus lehrt, dass es in jedem Menschen zu einer völligen Veränderung kommen muss und dass diese Veränderung in unserem Innersten beginnen muss. Zu Pfingsten lehrten Petrus und die Apostel das gleiche. Als die Leute Petrus fragten: „Was sollen wir tun?“, antwortete er: „Glaubt, tut Buße und lasst euch taufen auf den Namen Jesu“. Als sie diesem Aufruf folgten, griff ihre Herzensänderung auch auf die praktischen und wirtschaftlichen Gebiete ihres Lebens über. Sie legten alles zu Füßen der Apostel nieder und besaßen nichts Eigenes

Apg 2,37–38

mehr. Freiwillig gab jeder sein Eigentum auf. Da sie jedoch alles miteinander teilten, litt niemand Not. Auch für unsere Zeit glauben wir, dass solch eine neue Gesellschaft aus der Änderung unseres inwendigen Lebens heraus entstehen kann. Wenn Gott unser inwendiges Leben durchdringt, so wird das Neue, das er bringt, auch unser äußeres Leben verändern. Wenn unser Christentum lediglich eine Sonntagsreligion ist, dann bleibt es leer und oberflächlich.

Was bedeutet es, nach dem Bilde Gottes geschaffen zu sein? Indem Gott dem ersten Menschen seinen Atem einblies, gab er damit allen Menschen die Möglichkeit, die Fülle an innerem Reichtum zu erfahren, die in Gott ist: Liebe, Freude, Heiterkeit, Zorn, Leid, Reinheit und Einheit. Das alles ist uns wohl vertraut, und daran erkennen wir, dass etwas von Gott in uns ist, auch wenn es oft sehr verzerrt ist. In den Kindern ist das Ebenbild Gottes am reinsten erhalten. Wir Erwachsenen mit unseren kleinlichen Seelen führen oft ein sehr kleinliches Leben. Unser ganzes Denken, losgelöst von Gott, kreist nur um uns selbst. Und doch sind wir für Größeres geschaffen. Ich glaube, bisher hat noch keiner von uns jemals den Reichtum des Geistes, der Seele und des Herzens in der ganzen Fülle erlebt, die Gott uns zur Freude geschaffen hat. Aber als seine Kinder dürfen wir diese Dinge so erleben, wie kein anderes Geschöpf sie erleben kann. Er liebt uns so sehr, dass

er seinen einzigen Sohn gesandt hat, uns zu retten. Im
ersten Korintherbrief sagt Paulus, dass der Gemeinde
„das Urteil über die Engel zusteht". Das soll uns die tiefe
Bedeutung unserer Berufung ahnen lassen und was es
heißt, dass wir nach dem Bilde Gottes gemacht sind.

1.Kor 6,3

Gott schuf den Himmel und die Erde und alle Sterne
des Universums. Noch etwas schuf er, etwas sehr
Geheimnisvolles: den menschlichen Geist. Gott schuf
diesen Geist und legte ihn in uns, denn er will in uns
leben. Die Bibel sagt dass er nicht in Tempeln lebt, die
von Menschen erbaut sind; wir selbst sollen die Tempel
Gottes sein.

Apg 17,24

1.Kor 6,19

Mein Vater, der Theologe Eberhard Arnold,
pflegte zu sagen, dass Dummheit die größte Sünde ist.
Damit meinte er nicht Einfältigkeit, sondern geistige
Stumpfheit: wenn das Gewissen abgestumpft ist und das
Herz nicht mehr auf Gott hört.

Sehr wenige Menschen ahnen heute noch etwas von
dem übergroßen Reichtum des Herzens. Unsere Herzen
sind dazu geschaffen, Großes zu erleben. Die meisten
von uns haben keine Ahnung, wie unser Leben aussehen
könnte, wenn wir unsere Dummheit und Stumpfheit
überwinden würden. Paulus schreibt:

Eph 3,16–19

[Ich bete,] dass er euch Kraft gebe nach dem
Reichtum seiner Herrlichkeit, stark zu werden durch
seinen Geist an dem inwendigen Menschen, dass

Christus durch den Glauben in euren Herzen wohne
und ihr in der Liebe eingewurzelt und gegründet
seid. So könnt ihr mit allen Heiligen begreifen,
welches die Breite und die Länge und die Höhe und
die Tiefe ist, auch die Liebe Christi erkennen, die alle
Erkenntnis übertrifft, damit ihr erfüllt werdet mit
aller Gottesfülle.

Wenn wir diesen einen Abschnitt recht begreifen
würden, dann würden wir das ganze Evangelium
verstehen. Wir sind nicht erfüllt mit aller Gottesfülle;
wir dürfen nicht so arrogant sein zu denken, wir wären
es. Aber das Gebet des Apostels sollte uns Aufruf und
Inspiration sein.

Jes 55,3 Gott sagte zu Israel: „Höret, so werdet ihr leben!" Es ist
ungeheuer wichtig, sich stets und ganz Gott zuzuwenden
und zu glauben, dass er zu uns sprechen wird. Alles hängt
davon ab, dass wir ihn bitten, zu uns zu sprechen. Wenn
wir von Gott lange Zeit nichts gehört haben, dann
trennt uns vielleicht etwas vom Himmel; vielleicht fehlt
es uns an Liebe unserem Bruder gegenüber, oder wir sind
uneinig mit unserem Ehepartner. Wenn das der Fall ist,
dann warten wir umsonst.

Selbstverständlich können wir keine Antwort von
Gott erwarten, wenn wir nur fünf Minuten still waren.
Wie lange hat selbst Jesus manchmal warten müssen.
Aber je mehr unser Leben Christus gehört, je tiefer
unsere Beziehung zu ihm ist, um so schneller wird er

uns antworten, um so schneller kann er uns für seine
Aufgaben gebrauchen, denn er weiß, hier ist jemand, der
ganz für ihn bereit ist.

Aus einem Brief: Meister Eckehart betont die
Wichtigkeit eines lauschenden Herzens. Er versteht
darunter ein Herz, das allein auf Gott hört. Er sagt, dass
Gott nichts lieber ist als ein Herz, das sich in Stille von
allem loslöst und sich ihm zuwendet und auf ihn hört.
Das bedeutet: loslösen vom Mammon, von Unreinheit
und Schadenfreude, von Lüge, Misstrauen und Hass, vom
Geist der Welt und von allen andersgearteten Geistern.

Wenn Menschen gesund und glücklich sind, wenn ihre
wirtschaftliche Lage stabil ist, werden sie leicht oberflächlich und lau. Auch wenn sie Gott alles Ungesunde
in ihrem Leben übergeben – alles, was ihnen Kummer
oder Kampf bereitet – auch wenn diese Dinge sie
ins Gebet treiben, behalten sie doch ihr innerstes
Wesen für sich. Dass wir Gott in Zeiten der Not und
Widerwärtigkeit überhaupt suchen, zeigt uns, dass unser
Innerstes nach ihm hungert und dürstet. Unsere Ängste
sollen wir vor Gott bringen, auch unsere Krankheit und
Seelennot. Aber das ist nicht genug. Unser innerstes Sein
müssen wir ihm übergeben, unser Herz und unsere Seele.
Wenn wir uns so vor ihm demütigen, wenn wir uns ihm
völlig hingeben – wenn wir uns nicht länger sträuben, ihm
unsere ganze Person und Persönlichkeit hinzugeben –

dann kann er uns helfen, indem er uns erst unseren
Bankrott erleben lässt und dann mit wahrem Leben füllt.

Aus einem Brief: Das Wichtigste für dich sollte sein,
die Größe Gottes anzuerkennen und für ihn zu leben.
Versuche die Bibel zu lesen, wenigstens zwei oder drei
Kapitel täglich. Das wird dir die Augen öffnen für die
Größe Jehovas, des Herrn der Heerscharen. Dann wirst
du erkennen, wie unwichtig die Suche nach persönlichem Glück ist.

Aus einem Brief: Wenn dich der Teufel dazu anstachelt,
andere zu hassen, dann rate ich dir, innere Stille zu
finden. Du weißt, dass du im Grunde deines Herzens
diesen Hass nicht willst. Ich kann gut verstehen, wie
unglücklich du bist. Aber versuche trotzdem, innerlich
völlig ruhig zu werden, und glaube, dass Gott dich liebt
und dir helfen will, auch wenn dieser Glaube immer
wieder durch Zweifel angegriffen wird. Dann wird deine
Angst allmählich überwunden.

Wenn du versuchst, deine Gefühle mit anderen
Gefühlen zu bekämpfen, wirst du ganz konfus. Du
kannst deine Gefühle nicht entwirren, aber du kannst
Gott vertrauen: er kennt dein Herz, er kann dich neu
ausrichten. Glaube ihm allein.

Aus einem Brief: Du fragst, wie du innere Stille finden kannst. Denke an die wichtigen Worte Jesu über das Gebet: „Geh' in deine Kammer, schließ' die Tür hinter dir und bete zu deinem Vater, der im Verborgenen wohnt! Dann wird dein Vater, der ins Verborgene sieht, es dir vergelten". Wenn du dich von deinen Gefühlen und von den Erregungen deines Lebens loslöst und in diesem Losgelöstsein vom Ich Gott suchst, dann wird dein Herz Frieden finden.

Mt 6,6

Aus einem Brief: Lange Gebete sind nicht immer wirksam. Jesus warnt uns sogar davor. Meist sind sie eher heidnisch als christlich.

Lasse dein Gebetsleben lebendiger werden! Aber erzwinge nichts; lasse es ganz frei fließen. Wenn Beten etwas Lebendiges für dich ist, dann wird das Feuer des Geistes in dir aufflammen und dir Leben bringen.

Aus einem Brief: Ohne ein persönliches Gebetsleben können wir nicht leben. Wir brauchen Gebet so nötig wie Wasser. Wir alle brauchen Zeiten der Stille vor Gott. Jesus sagt uns sehr deutlich, dass wir unsere Gebete nicht zur Schau stellen sondern die Türe hinter uns schließen und nicht darüber sprechen sollen. Dennoch ist das persönliche Gebet im Verborgenen dringend notwendig, genauso notwendig wie das gemeinsame Gebet der ganzen Gemeinde.

Mt 6,1–6

Ich glaube, wir beten oft nur um das, was *wir* wollen, und denken sehr wenig darüber nach, was *Gott* will. Ich glaube, er würde uns oft schneller erhören, wenn unsere Gebete mehr auf seinen Willen gerichtet und unsere Herzen durch den guten Geist für das bewegt wären, was Gott im Moment braucht. Ich will es einmal so ausdrücken: Gott braucht uns. Er braucht Leute, die seinen Willen tun. Wir sollten nicht um das beten, was wir gerne hätten, sondern um die Kraft, das zu tun, was Gott von uns will.

Gott braucht Menschen, die darum bitten, dass sein Wille geschehe. Wenn sich niemand dafür interessiert, dann kann er sein Werk auf Erden nicht vollenden. Gibt es aber Menschen, die ihm flehend die Hände entgegenstrecken und die darum bitten, dass sein Wille geschehe, dann kann Gott in dieser Welt etwas ausrichten. Es ist ein Irrtum zu glauben, dass von uns nichts erwartet wird, dass alles von selbst geschieht. Jesus lehrt uns, Gott zu bitten, dass sein Wille hier auf Erden geschehe, so wie er im Himmel geschieht.

Mt 6,10

Ebenso müssen wir darum bitten, dass Gottes Wille auch in unserem persönlichen Leben geschieht. Wir müssen jeden Tag vor Gott treten und ihn bitten, unsere Herzen zu erneuern, denn der Teufel versucht immer wieder, uns auf falsche Wege zu führen. Aber wir sollten nicht nur für uns selbst bitten, sondern für die ganze Welt, für die ganze Menschheit und für alle Nationen.

Aus einem Brief: Es gibt falsches Beten – eigenwilliges Beten. Ist jedoch der Gegenstand unserer Bitte im Einklang mit dem Willen Jesu, dann ist es richtig. Solange nicht Eigenwille oder Selbstüberhebung dabei ist, ist es kein falsches Beten.

Es ist mit dem Weg Jesu völlig unvereinbar, egoistische Bitten in seinem Namen zu äußern, zum Beispiel für eine erfolgreiche Karriere, oder tausend Dollar. Wenn Jesus sagt: „Um was ihr in meinem Namen bittet, das will ich tun," dann meint er damit alles, was den Vater und den Sohn verherrlicht.

Joh 14,13

In unserem Gebetsleben müssen wir auf Gottes Geist lauschen. Was Gott uns sagen will, ist viel wichtiger als das, was wir ihm sagen wollen. Deshalb ist das gemeinsame Schweigen in dem Glauben, dass er in jedes Herz sprechen will, so bedeutsam für uns.

Wir sollten immer den Glauben haben, dass unsere Gebete erhört werden, auch wenn es nicht sofort geschieht. Tagelang hat Daniel ernsthaft um die Vergebung seiner Sünden und der Sünden Israels zu Gott gebetet. Dennoch erhielt er drei Wochen lang keine Antwort. Dann hatte er eine Vision, und es erschien ihm ein Engel, der sagte:

Dan 10,12–13

„Fürchte dich nicht, Daniel; denn von dem ersten
Tage an, als du von Herzen begehrtest zu verstehen
und anfingst, dich zu demütigen vor deinem Gott,
wurden deine Worte erhört, und ich wollte kommen,
um deiner Worte willen. Aber der Engelfürst des
Königreichs Persien hat mir einundzwanzig Tage
widerstanden; und siehe, Michael, einer der Ersten
unter den Engelfürsten, kam mir zu Hilfe".

Daniels Gebete wurden also von Anfang an vernommen,
aber dunkle Mächte erschwerten es dem Engel, der die
Antwort bringen sollte, zu ihm durchzukommen.
Auch heute noch sind trotz des Sieges am Kreuz
dunkle Mächte am Werk. Und oft können unsere Gebete,
wie die Daniels, nicht sofort beantwortet werden. Aber
Gott hört sie. Das dürfen wir ganz fest glauben.

Aus einem Brief: Übergib Jesus alles. Je unbedingter
du ihm alles übergibst, umso mehr kann sein Geist dich
erfüllen. Auch ganz entschiedene Christen gehen durch
Zeiten geistlicher Dürre, in denen Gott sie auf die Probe
stellen will. Danach jedoch überflutet er sie mit seiner
großen Liebe. Verzweifle also nicht, wenn du dich
innerlich leer fühlst.

Buße

Das Evangelium beginnt mit dem Aufruf zur Buße. Buße bedeutet, dass alles verändert werden muss. Was oben ist, muss erniedrigt werden; was unten ist, muss erhöht werden. Alles muss mit den Augen Gottes gesehen werden. Unser ganzes Wesen muss erneuert werden, all unser menschliches Denken muss aufhören. Gott muss der Mittelpunkt unseres Denkens und Fühlens werden.

Jesus Christus kam, um die Menschen zu erlösen, aber zuerst rief er sie auf, Buße zu tun und ihm nachzufolgen. Viele Christen zieht die Tatsache an, dass er Erlösung verspricht, aber zu völliger Buße sind sie nicht bereit. Es ist tragisch, dass die ärgsten Feinde Jesu oft nicht etwa Ungläubige, sondern religiöse Menschen sind. Sogar zu seinen Lebzeiten wurde Jesus nicht von den Soldaten, die ihn kreuzigten, am meisten gehasst, sondern von den sehr religiösen Pharisäern und Schriftgelehrten. Sie hassten seine Botschaft der Umkehr.

Mt 3,1–2

Mt 3,7–8

Als Johannes der Täufer in der Wüste Judäas auftrat, rief er die Menschen auf, Buße zu tun – Herz und Sinn zu ändern. Denen, die zu ihm kamen, hat er wahrhaftig nicht geschmeichelt. Er sagte ihnen geradeheraus, wie weit sie sich von Gott entfernt hatten. Nicht nur

Johannes der Täufer sprach von Buße – nein, Jesus selbst
tat es, von der ersten bis zur letzten seiner Reden, wie uns
die Bibel berichtet.

Mt 3,2

Der Ruf Johannes des Täufers: „Tut Buße, denn das
Himmelreich ist nahe herbeigekommen!" wird nicht
gerne gehört, denn die meisten Menschen verstehen
nicht, was Buße bedeutet. Buße tun bedeutet nicht,
dass man sich selbst quält, auch nicht, dass man sich
von anderen Menschen gerichtet weiß. Buße tun heißt,
dass wir uns von der Verdorbenheit und der Geldgier
der gefallenen Menschheit abkehren. Buße tun heißt,
dass wir unsere Herzen von der Atmosphäre des
Reiches Gottes bewegen lassen. Wer je durch wahre
Buße hindurchgegangen ist, weiß, dass sie das Herz wie
Wachs schmelzen lässt, dass sie uns erschüttert, indem
sie uns unsere Sündhaftigkeit bewusst macht. Aber das
sollte nicht im Mittelpunkt des Erlebnisses stehen: Gott
muss das Zentrum des bußfertigen Herzens sein – Gott,
der sich am Kreuz als Liebe offenbarte, der allein
Versöhnung bringt.

Aus einem Brief: Jeder von uns muss durch schwere,
schmerzhafte Zeiten der Buße gehen. Ich bitte dich:
Nimm diese Zeit nicht als Strafe sondern als Gnade
an. Bitte quäle dich nicht selbst, sondern verstehe, dass
Christus dich frei machen will!

Aus einem Brief: Weißt du eigentlich, was Buße bedeutet? Wenn ein Mensch Buße tut, wird er so verwandelt, dass jeder, der ihm begegnet, die Veränderung spürt. In Dickens' „Weihnachtsgeschichte" war es jedem, der dem alten Scrooge am Weihnachtstag begegnete, offensichtlich, dass er ein anderer war als am Abend zuvor. Das ist die Art Umkehr, die ich dir wünsche.

Vertraut auf Jesus und auf die Kraft seines Todes, und ihr werdet Vergebung eurer Sünden finden, so schlecht ihr auch sein mögt. Aber spielt nicht mit der Güte Jesu. Er wird jede Sünde richten, jedes Zugeständnis, das wir dem Teufel machen. Zum Beispiel warnt Jesus mit aller Schärfe vor sinnlicher Begierde: Er sagt, wir sollen nicht einmal mit unreinen Gedanken eine Frau anblicken. Lasst uns seine scharfen Worte annehmen.

Mt 5,28

Im Leben jedes Menschen gibt es Zeiten, in denen Gott ihm nahe kommt. Solche Zeiten oder Stunden Gottes erlebt auch jede Gemeinde. In der Offenbarung lesen wir, wie Jesus vom Himmel herab durch Johannes zu den sieben Gemeinden sprach. Jeder Gemeinde machte er klar, was sie einzusehen hatte und wofür sie Buße tun musste, aber gleichzeitig ermutigte er sie auch. Das war dann zweifellos eine entscheidende Gottesstunde für diese Gemeinden.

Offb 2–3

Gottes Güte ist unendlich. Hat er einmal einen
Menschen besucht, so kommt er vielleicht noch ein
zweites, drittes oder viertes Mal, vielleicht auch ein
fünftes Mal, aber vielleicht kommt er auch nicht mehr.
Es liegt an uns, ob wir auf seine Stimme hören.
Unser Wille zur Selbstbeherrschung mag noch so
stark sein, wir mögen noch so sehr versuchen, Gott
etwas vorzutäuschen – er blickt durch alles hindurch
in die Tiefe unseres Herzens. Nur wenn wir uns unter
sein Licht stellen, haben wir die Möglichkeit einer
Erneuerung. Alles ist möglich, wenn wir uns freiwillig
unter Gottes Licht stellen. Sind wir jedoch nicht
dazu bereit, dann gerät unser ganzes Leben auf die
schiefe Bahn.

Es ist etwas ganz Wunderbares, wenn ein Mensch wirklich Buße tut. Einer bußfertigen Seele ist Gott sehr nahe.
Ein versteinertes Herz wird weich und jede Gemüts-
regung, jeder Gedanke, jede Empfindung wird verändert.
Die ganze Lebensauffassung eines Menschen ändert sich,
wenn ihm das Geschenk der Buße zuteil wird.

Ein neues Leben muss uns geschenkt werden; wir
müssen verändert werden. Doch es muss Gott sein, der
uns verwandelt. Er tut es vielleicht ganz anders, als wir
es wollten oder uns vorstellten. Wir müssen Schluss
machen mit unseren eigenen Idealen – mit unseren

Vorstellungen von innerem Wachstum oder persönlicher Umgestaltung. Jegliche hohe Stellung muss niedergelegt, alles menschliche Streben aufgegeben werden. Wenn wir für Gottes neue Zukunft brauchbar sein wollen, muss *Gott* uns verändern.

Aus einem Brief: Ganz gewiss kann Jesus dir ein reines Herz und völligen Frieden schenken. Anfangs wirst du die Last deiner Sünden umso schwerer empfinden, je mehr du dich ihm näherst. Aber dann wirst du tiefen Frieden und Freude erfahren. Dein Suchen nach Gott soll dir das Leben nicht zur Qual machen. Er sieht dein aufrichtiges Suchen. Ich wünsche dir Mut und Zuversicht.

Aus einem Brief: Ein reuiges Herz ist offen für Gott. Zunächst handelt es sich um ein schmerzhaftes Erlebnis, aber später wirst du dankbar darauf zurückblicken als auf ein Licht in deinem Leben. Reuig sein heißt nicht, dass du in deiner Sünde wühlst, sondern dass sich dein Herz Gott und deinen Mitmenschen zuwendet.

Aus einem Brief: Ich hoffe, dass du wahre Buße findest, denn das ist die einzige Hoffnung für dich im Kampf gegen alle Bitterkeit. Kein Herz ist so hart, als dass Gott es nicht berühren und schmelzen könnte. Das weiß ich,

denn es gibt keinen unter uns, der nicht irgendwann
einmal sein Herz gegen Gott verhärtet hätte. Wenn du
doch nur sein großes Verlangen und seine brennende
Liebe zu dir und jedem Menschen erleben könntest! Dann
würdest du alles loslassen, was dich von dieser großen
Liebe trennt, und möge es noch so schmerzhaft sein.
Wie das Wasser abwärts fließt, so sucht die Liebe
Gottes das, was unten ist. Jedoch können wir uns aus
eigener Kraft nicht demütig und niedrig machen.
Nur im Licht der Allmacht, Liebe, Reinheit und
Wahrheit Gottes erkennen wir, dass wir „Abschaum
1.Kor 4,13   und Auswurf" sind.

Erkennen wir, wie dunkel die Sünde ist und wie schrecklich es ist, von Gott getrennt zu sein, dann bekommen
wir eine Ahnung davon, was Jesus mit Reue meint. Aber
Reue bedeutet noch mehr als die Erkenntnis unserer
Sünde: Reue bedeutet Zuwendung zum Reich Gottes.
Reue bedeutet auch die Bereitschaft, bis ans Ende der
Welt zu gehen, um all das Böse, das wir getan haben,
ungeschehen zu machen, obwohl wir wissen, dass wir
nichts ungeschehen machen können. Letztlich bedeutet
Reue, sich ihm hinzugeben, der Vergebung und Freiheit
von Sünden schenkt.

Aus einem Brief: Ich bin dankbar, dass du deine Sünde einsiehst, aber ich bitte dich inständig, nicht weiter über dich selbst nachzudenken, über deine Vergangenheit und deine Depression. Davon wirst du nur noch niedergeschlagener. Das ist keine Buße. Stell dir dein Inneres vor wie einen klaren See, in dem sich die Sonne, die Sterne und der Mond spiegeln. Wenn du den Schlamm auf dem Grund aufrührst, wird alles unklar und trübe; je mehr du rührst, umso trüber wird es. Werde still und sei standhaft gegen den Teufel. Dann wird das Wasser wieder klar, und in seinem Spiegel wird dir die Liebe Christi zu dir und zur ganzen Welt aufleuchten.

Bekehrung

Im dritten Kapitel des Johannesevangeliums lesen wir, dass wir wiedergeboren werden müssen aus Wasser und Geist. Das kann man nicht menschlich verstehen, wie es Nikodemus versuchte. Wiedergeburt ist ein Geheimnis, ein Mysterium, ein Wunder. Glauben wir aber, dass Jesus von Gott dem Vater gesandt wurde, und glauben wir an die Macht des Heiligen Geistes, dann kann er uns die Wiedergeburt schenken. Alles kommt auf den Glauben an.

Der Entschluss, Jesus nachzufolgen, kann nicht bedeuten, dass man ihm ein oder zwei Jahre nachfolgt. Solche Entscheidung muss für alle Zeiten gelten. Jesus sagt: „Wer seine Hand an den Pflug legt und rückwärts blickt, der ist nicht tauglich für das Reich Gottes". Wenn wir aber Jesus treu bleiben, dann wird er uns reinwaschen, er wird uns Einheit mit Gott und miteinander schenken und uns ewiges Leben geben.

Lk 9,62

Die Jesus nachfolgen wollen, müssen ihm nicht nur ihr Herz öffnen mit der Bitte: Komm in mein Herz und reinige mich! Sie müssen auch bereit sein zu sagen: Ich will alles für dich tun, was immer du von mir erwartest. Jesus sagt: „Kommt her zu mir alle, die ihr mühselig und beladen seid". Wenn wir zu ihm kommen wollen, ihn in unser Herz hineinlassen wollen, dann müssen wir

Mt 11,28

auch willig sein, uns von ihm bestimmen zu lassen und unseren Eigenwillen aufzugeben.

Nachfolge erfordert, alles fallen zu lassen, einschließlich dessen, was wir als positiv in uns betrachten. Paulus war bereit, die jüdischen Gesetze aufzugeben. Ebenso müssen wir unser gutes Image, den Glauben an unsere eigene Rechtschaffenheit und an unser wohlmeinendes Wesen aufgeben und dies alles für nichts achten um Christi willen.

Der radikale Weg Jesu schließt eine Herausforderung an uns ein. Jesus wollte keine Menschenmassen für sich gewinnen, sondern hingegebene Herzen. Auch verspricht er keine Sicherheit, weder wirtschaftlich noch anderweitig. Es geht ihm um solche, die sich uneingeschränkt Gott und dem Nächsten hingeben, ohne dabei das Geringste für sich selbst zu fordern.

Die Entscheidung, Jesus nachzufolgen, muss eine tief persönliche sein. Das kann jedoch niemals bedeuten, wie jemand einmal sagte, „Nur noch Jesus und ich". Nachfolge muss stets die Brüder und Schwestern einbeziehen. Deshalb vereinigt Jesus die beiden Gebote in eins: „Du sollst den Herrn, deinen Gott, lieben von ganzem Herzen, von ganzer Seele und von ganzem Gemüt!" und „Du sollst deinen Nächsten lieben wie dich selbst!". Diese beiden Gebote können nicht

Mt 22,37–39

voneinander getrennt werden. Zwar wird jede persönliche Glaubenserfahrung im Innersten eines Menschen
stattfinden, aber sie darf nicht zum selbstischen
Einzelerlebnis werden.

Das Wesen des Glaubens muss uns klarer aufleuchten.
Man kann alle Lehren der Bibel annehmen, aber wir
haben keinen Gewinn davon, solange wir nicht Jesus
selbst begegnen. Keine Überzeugung kann einem
Menschen helfen, solange er das Wesen und die
Wirklichkeit Christi nicht selbst im tiefsten Inneren
erfährt. Jeder Mensch muss persönlich mit Jesus
konfrontiert werden.

Wenn unser Herz die Tatsache erfasst, dass Jesus für uns
gestorben ist, so wird uns das von Grund auf verändern. Eine Revolution setzt ein. Sie wird einen neuen
Menschen aus uns machen. Sie wird unsere sündhafte
Natur abtöten, so dass wir nicht mehr davon versklavt
sein werden.

Zur wahren Bekehrung gehört die Bereitschaft, mit
Christus dem Leidenden zu leiden. Ich glaube nicht, dass
es ohne diese Bereitschaft eine Bekehrung geben kann.

Nachfolge bedeutet völlige Hingabe. Sie verlangt alles:
das ganze Herz, den ganzen Geist, das ganze Leben – all
unsere Zeit, unsere Kraft, unseren Besitz, alles – um der
Liebe willen. Halbherziges Christentum ist schlimmer
als überhaupt kein Christ zu sein.

Mt 12,33   Jesus sagt: „An der Frucht erkennt man den Baum"; also
an den Früchten eines Menschenlebens erkennt man,
ob es sich um einen Heuchler handelt oder nicht. „Es
werden nicht alle, die zu mir sagen: Herr, Herr! in das
Himmelreich kommen, sondern die den Willen meines
Mt 7,21   Vaters tun". Den Willen Gottes tun, heißt Früchte der
Buße zeigen. Jesus sagt auch: „Ich bin der Weinstock,
und mein Vater ist der Winzer. Jede Rebe an mir, die
keine Frucht bringt, schneidet er weg, und jede, die
Frucht bringt, reinigt er, damit sie noch mehr Frucht
Joh 15,1–2   bringe". Aus diesen Worten erkennen wir, dass wir nicht
einfach bekehrt, getauft und „errettet" werden und
danach ohne Anfechtungen leben können. Wenn wir
gute Früchte bringen wollen, müssen wir immer wieder
Buße tun und immer wieder gereinigt werden.

Keine Rebe kann aus sich selbst Frucht bringen; sie
Joh 15,4   muss mit dem Weinstock verbunden sein. Genauso kann
keiner von uns Früchte tragen ohne eine persönliche
Beziehung zu Jesus. Ohne diese Beziehung sterben wir
Joh 15,6   innerlich ab und bringen keine Frucht. Dann werden
wir vom Weinstock abgeschnitten, ins Feuer geworfen
und verbrannt. Dieser große Aufruf ergeht an uns: am
Weinstock zu bleiben – in Jesus zu bleiben.

Glaube

Wer ist Gott? Wie können wir ihn finden? Etwas von dem Licht Gottes ist schon tief in unsere Herzen hineingelegt. Manchmal empfinden wir dies nur als große Sehnsucht nach Güte, Gerechtigkeit, Reinheit oder Treue. Wenn aus dieser Sehnsucht Glauben erwächst, dann werden wir Gott finden.

Schon die Ersten Christen sagten: Wenn der Mensch Gott sucht, wird er ihn finden, denn Gott ist überall. Es gibt keine Grenze, die nicht überschritten werden kann, kein Hindernis, das nicht überwunden werden kann, um Gott zu finden. Erinnern wir uns an Nikodemus, der anfangs nicht glauben wollte, dass er sich in seinem hohen Alter noch ändern könnte: Auch er fand zum Glauben. Niemand kann sich entschuldigen, wenn er keinen Glauben findet: Wer anklopft, dem wird die Tür aufgetan.

Gott kommt in das Herz eines jeden Menschen, der glaubt, dass er kommen wird – zu jedem, der ihn sucht. Wir müssen nur wirklich auf der Suche sein und sein Kommen erwarten. Wenn wir in geistiger Trägheit dahinleben, wird nichts geschehen. Nur wer sucht, wird finden.

Es ist ein Wunder des Glaubens, wenn Menschen zu Jesus finden und ihn als den Christus erkennen. Wir merken dies an den Worten der Samariter, die zu der

Joh 4,42

Frau, der Jesus am Brunnen begegnet war, sprachen: „Wir haben selber gehört und erkannt, dass dieser Mann wahrhaftig Christus, der Erlöser der Welt ist". Wenn solcher Glaube doch jetzt und hier in unserer Gemeinde lebendig wäre und unter den vielen, die nach etwas Neuem dürsten! Für die Samariter war Jesus einfach ein Mensch wie alle – müde, hungrig und durstig. Kein gewöhnlicher Mensch hätte in ihm die geringste Spur seiner wahren Natur erkennen können. Wem hätte man einen Vorwurf daraus machen wollen, ihn nicht sofort zu erkennen? Wenn wir einem völlig fremden Menschen begegnen, halten wir ihn auch nicht gleich für den Erlöser der Welt.

Das Auftreten Jesu war alles andere als das eines Erlösers: Hier war ein bescheidener Mann, aufgewachsen in einem kleinen Dorf, der mit den religiösen Führern in Konflikt geriet, bis er einen schmachvollen Tod erlitt. Deshalb ist es immer ein Wunder, wenn ein Mensch zum Glauben an ihn geführt wird. Wenn wir wie die Samariter sagen können: „Dieser ist Christus, der Erlöser der Welt", dann steht unser Herz weit offen und wird mit Licht erfüllt.

Joh 4,42

Aus einem Brief: Es scheint mir, dass ein neuer grüner Keim lebendigen Glaubens in deinem Herzen zu wachsen beginnt. Hüte ihn! Gib nicht dem Fleische nach – deinem Ego – noch irgendeiner Sünde. Beweise es Gott und dir selbst und allen um dich herum, dass ein ganz neues Kapitel in deinem Leben begonnen hat.

Tit 1,15

Glauben und ein gutes Gewissen sind untrennbar.
Wenn wir nicht auf unser Gewissen hören, dann erleidet
unser Glaube Schiffbruch. Und wenn wir den Glauben
verlieren, dann verlieren wir die Grundlage für ein reines
und lebendiges Gewissen. Deshalb sagt Paulus: Das
Gewissen derer, die nicht glauben, ist nicht rein. Es kann
nicht anders sein, denn ohne Glauben hat das Gewissen
keinen Halt.

Ich traf einmal mit Menschen zusammen, die sich
kritisch darüber äußerten, dass wir Jesus „zu viel Ehre
geben". Wir sprachen über eine Aussage Jesu, und einer
von ihnen fragte mich: „Glaubst du das, weil Jesus es
gesagt hat, oder glaubst du es, weil es die Wahrheit ist?"
Ich antwortete: „Ich glaube es aus beiden Gründen:
weil Jesus es gesagt hat und weil es die Wahrheit ist."
Oft habe ich gedacht, ich hätte mehr sagen sollen; ich
hätte bereit sein sollen, als Narr dazustehen und zu
sagen: „Selbst wenn ich es nicht verstehe, würde ich es
dennoch glauben, weil Jesus es gesagt hat." Diese Leute
waren entsetzt darüber, dass jemand einen so kindlichen
Glauben an Christus haben konnte.

Keiner, der nicht einmal durch den Skandal der Leiden
Christi und seiner völligen Erniedrigung zutiefst erschüttert worden ist, hat eine Ahnung, was es bedeutet, an ihn
zu glauben.

In der Bibel heißt es: „So sehr hat Gott die Welt geliebt, dass er seinen eingeborenen Sohn dahingegeben hat. Er ward nicht in die Welt gesandt, um die Welt zu richten, sondern um sie zu erretten". Aber es heißt auch, dass um ihres Unglaubens willen die Welt gerichtet wird. Der Sinn dieser Worte – also hat Gott die Welt geliebt – muss uns überwältigen. Erst dann werden wir erkennen, wie furchtbar es ist, nicht an ihn zu glauben. Lasst uns Gott darum bitten, dass er uns eine neue Erweckung schenkt – einen tiefen Glauben und eine feste Überzeugung, einen Glauben, der Antwort auf alle persönlichen Fragen, auf alle Probleme des Gemeinschaftslebens und schließlich auf die Probleme der ganzen Welt geben kann.

Aus einem Brief: Petrus hatte zu Jesus gesagt, dass er bereit wäre, für ihn zu sterben, aber nachher verleugnete er ihn dreimal. Keiner von uns kann behaupten, er könnte von sich aus durchhalten. Das ist nur in der Kraft Gottes möglich, er allein kann uns stark machen.

Wenn jemand einsam und verunsichert ist, so kommt das oft daher, dass er nicht den tiefen Glauben hat, von Gott völlig verstanden zu werden. Paulus schreibt: Erst wenn unsere Liebe vollkommen ist, werden wir verstehen, so wie wir auch völlig verstanden sind. Deshalb sind auch die Worte von Johannes sehr wichtig: Gott hat uns geliebt, ehe wir ihn lieben konnten. Das ist

Joh 3,16–17

Röm 11,20

1.Kor 13,12

1.Joh 4,19

es, was in unser kleines Herz eindringen muss: Die Liebe des großen Herzens Gottes, das uns ganz versteht. An dieser Liebe müssen wir festhalten.

Wir leben in einer Zeit, in der die ganze Welt in Aufruhr ist, und wir können noch erschütterndere Ereignisse erwarten als die, die wir bereits erlebt haben. Da gibt es nur eine Hoffnung, nur eins, woran wir in jeder Lage festhalten können: Jesus und sein Reich. Im Leben und im Tod, in Zeiten der Freude und in Zeiten des Gerichts bleibt er unser einziger Erlöser.

Schon Paulus warnt uns vor gefährlichen Irrlehren, und auch heute sind sie weit verbreitet, sogar unter sogenannten Christen. Deshalb wollen wir am einfachen, kindlichen Glauben an den Sohn Gottes, den Menschensohn, festhalten und unser brüderliches Leben auf diesen Felsen bauen.

Kol 2,4–23

Warum können so viele Menschen heutzutage keinen Glauben finden? Ich denke, dafür gibt es verschiedene Gründe. Manche Menschen sind zufrieden mit dem Geschehen um sie her und sind stolz darauf, in einer Zeit hoher Kultur und Zivilisation zu leben. Sie sind blind für die Leiden der Menschheit und der ganzen Schöpfung. Sie haben Gott aus den Augen verloren.

Andere verzweifeln. Denn sie erkennen die Ungerechtigkeit des Mammons und leiden mit den Unterdrückten. Aber in ihrem Mitleiden vergessen sie, dass wir alle schuldig sind. Statt sich über die Schuldverwicklung aller Menschen klarzuwerden, geben sie einer bestimmten Klasse oder Nation die Schuld. Sie sehen die Schöpfung, nicht den Schöpfer. Auch sie haben Gott aus den Augen verloren.

Wieder andere erkennen wohl die Sünde, Schuld und Schwäche der Menschen, aber sie haben kein Herz, keine Geduld mit den Unterdrückten und leiden nicht mit ihnen. Weil sie Gott aus den Augen verloren haben, verschließen sie ihre Ohren dem Schrei der ganzen Schöpfung. Sie haben keinen wirklichen Glauben, oder sie glauben nur um ihres eigenen Seelenheils, nicht aber um der leidenden Menschheit willen.

Nur wenn wir Gott finden, können wir zum Glauben kommen. Haben wir Gott gefunden, dann fangen wir an, die Not der Menschheit von seiner Sicht aus wahrzunehmen; dann können wir glauben, dass er diese Not überwinden wird. Der Mensch muss erkennen, dass Gott die Welt auch heute liebt. In der Nacht des Gerichts, die über unsere sogenannte Zivilisation hereinbricht, muss der Mensch hören, dass Gott ihn noch immer liebt und dass er seine Schöpfung liebt. Glaubensbotschaft ist Liebesbotschaft.

Zweifel   *Aus einem Brief:* Du wirst niemals – auch nicht dir selbst – die Existenz Jesu beweisen können. Der Glaube muss eine innere Erfahrung sein. Solange du den Gegenstand deines Glaubens intellektuell zu beweisen suchst, werden deine Bemühungen dir selbst im Wege stehen. Ich kann die Wirklichkeit Jesu nicht beweisen, ich habe nichts als meinen lebendigen Glauben. Thomas zweifelte, dass Jesus wirklich von den Toten auferstanden war: „Erst will ich meine Hand in seine Seite legen, vorher glaube ich nicht." Dann sah er Jesus und glaubte. Jesus aber sagte: „Selig sind, die nicht gesehen haben und doch glauben!"

Joh 20,25–29

Wer an der Liebe Gottes und seiner Nähe zweifelt, nachdem er ihm sein Leben übergeben hat, begibt sich in die Nähe des Todes. Es ist gut, das Böse in sich selbst zu erkennen, aber wir dürfen niemals Gottes große Gnade anzweifeln, auch nicht im Gericht. Der Zweifel kann einem Menschen das Leben zur Hölle machen. Unser Glaube muss immer wieder Erneuerung und Vertiefung erfahren.

Wer glaubt, er sei ein zu großer Sünder, wer daran zweifelt, dass Jesus ihm helfen kann – bindet sich an den Teufel. Er zweifelt den Sieg des Kreuzes an und hindert den Heiligen Geist, von seinem Herzen Besitz zu nehmen. Diesem Zweifel muss man widerstehen. Nicht umsonst steht im Evangelium, dass Jesus die Sünden der ganzen Welt trägt, und: „Suchet, so werdet ihr finden; klopfet an, so wird euch aufgetan". Christus, der wahrhaft Lebendige, starb am Kreuz, um alle Dinge mit Gott zu versöhnen. Diese Versöhnung geht über unseren menschlichen Verstand hinaus, aber wir wissen, dass sie

Mt 7,7

für jeden von uns vorbereitet ist und dass wir zu Buße
und Befreiung gerufen sind.

Aus einem Brief: Die einzige Hilfe für deine inneren
Qualen findest Du im Glauben an Gott. Das mag theo-
retisch klingen, aber nur durch den Glauben kann Licht
in dein Leben eindringen. Denke an die Bergpredigt, wie
Jesus seine Jünger das Beten lehrt: „Schließ dich ein in
deine Kammer, und Gott, der ins Verborgene sieht, wird

Mt 6,6

dich erhören". Wenn du das tust und glaubst, dass Gott
dich erhört, wirst du die Gnade Gottes finden. Wenn du
glaubst, wirst du vom Bösen befreit.

Lk 12,22–26

Aus einem Brief: Jesus warnt vor der Sorge, denn letztlich ist sie ein Mangel an Vertrauen zum Vater. Befreie
dich von Kummer und Sorge. Dein Herz sei ohne

Joh 14,1

Bangen! Vertraue auf Gott und auf Jesus.
   Du schreibst, es sind immer die kleinen Dinge,
die Zweifel in dir aufkommen lassen. Lasse das nicht
zu! Gott will uns zu Größerem führen. Er ist da von
Anbeginn der Welt, und mit ihm das Wort – Christus.
Alles wurde durch ihn erschaffen. Denke in den großen
Dimensionen der Schöpfung Gottes und seiner Ewigkeit.

Ich möchte jedem Mut zusprechen, der entmutigt ist,
weil seine Versuche, Christus nachzufolgen, fehlge-
schlagen sind. Aus uns selbst können wir ihm nicht

nachfolgen; wir alle sind unfähig dazu. Das kommt daher, dass unsere Hingabe nicht vollkommen ist. Erst wenn wir uns völlig leer machen, wenn wir Gott alles übergeben, kann er wirken. Solange unser Tun von Selbstgefälligkeit bestimmt ist, müssen wir fehlgehen. Immer wieder zeigt Gott uns, wie völlig wir versagen und als Gemeinde und als Einzelne ihm im Weg stehen. In der Nachfolge geht es nicht um unser eigenes Tun, sondern darum, Gott Raum zu geben, damit er in uns leben kann.

Dogmatismus

Aus einem Brief: Möge Gott uns ein weites Herz geben. Wir wollen an sein Wirken in allen Menschen glauben, aber wir dürfen die Geister nicht vermischen. Möge Gott uns einen ungetrübten Glauben schenken, der die Liebe zu allen Menschen einschließt, aber sich mit keinerlei Dunkelheit vermischt – einen Glauben, der alles versteht und alles vergibt und doch in keinem i-Tüpfelchen von der Wahrheit abweicht.

Joh 1,29

Wir müssen den ganzen Christus annehmen – seine Schärfe wie auch seine Liebestat am Kreuz. Christi Liebe zu allen Menschen ist die Liebe des Lammes, das die Sünde der Welt trägt. Dennoch ist seine Verkündigung der ewigen Verdammnis notwendig für Gottes zukünf-

Joh 5,29–30

tige Herrschaft der Liebe, Einheit und Gerechtigkeit. Dies zu ändern oder abzuschwächen wäre eine Entstellung seiner Botschaft.

Aus einem Brief: Du behauptest, es ist dogmatisch, dies oder jenes zu glauben. So eine Feststellung ist abstrakte Theologie. Es ist die Schuld der Kirchen: Sie haben Millionen von Menschen den Eindruck vermittelt, bestimmte Glaubensinhalte seien nichts als Dogmen; dabei waren es die Kirchen, die sie zu Dogmen gemacht haben.

Wir sind frei von jeglichem Zweifel an den Wundern Gottes. In absoluter Freiheit glauben wir an das Wunder der Geburt Jesu und daran, dass Gott in Jesus zu uns kam. Aber wir wollen diesen Glauben niemandem aufzwingen, und wir lehnen allen theologischen Streit darüber ab. Für uns besteht kein Zweifel, dass Jesus von Nazareth unmittelbar von Gott kam, und dass er eins mit ihm war und ist. Darüber können wir jedoch nicht auf dogmatischer Ebene disputieren. Wir wollen nichts mit Dogmatismus zu tun haben, denn er ist tödlich. Wir glauben an den Heiligen Geist und hoffen auf ihn.

Die Geburt Christi ereignet sich immer wieder neu: Wo zwei oder drei in seinem Namen zusammen sind – wo er mit dem Glauben der Maria angenommen wird – da wird der lebendige Christus ins Leben gerufen. Wenn wir an den Heiligen Geist glauben, dann wird das fleischgewordene Wort in unseren Herzen lebendig; dann wird sich uns das Wort als der Sohn Gottes erweisen.

Joh 1,14

Diese Fleischwerdung ist Realität. Weil du nicht daran glaubst, kannst du in einer Kirche bleiben, in der nichts zur Veränderung ungerechter Zustände getan wird. Du beklagst die soziale Ungerechtigkeit, aber du gehörst einer Kirche an, in der die Liebe Gottes nicht zur Tat wird, in der die materielle Welt getrennt ist von der geistigen Welt. Hier liegt eine scharfe Trennung vor zwischen Glaube und tatsächlicher Erfahrung. Du nennst unseren Glauben dogmatisch. Tatsache ist jedoch, dass alles religiöse Leben, das nicht auch die materiellen und menschlichen Gegebenheiten verändert, dogmatisch und eine Gefahr für den inneren Menschen ist.

Mt 7,13,14

Wir müssen „eng" in der rechten Weise werden – eng in dem Sinn, dass wir allein für Christus leben. Damit meine ich ganz und gar nicht, dass wir religiöser werden sollen. Niemand war so weitherzig wie der gekreuzigte Christus, dessen ausgebreitete Arme sich nach allen Menschen ausstrecken. Es geht hier um die Entschiedenheit des Herzens, für Christus *allein* zu leben. Besitzen wir diese Entschiedenheit, dann werden wir weitherzig sein, allerdings nicht im weltlichen Sinn einer allgemeinen Toleranz!

Aus einem Brief: Es geht darum, dass wir uns in den entscheidenden Dingen einig sind: Liebe und gegenseitige Offenheit im Kampf gegen Zwang, gegen Selbstsucht, im Verstehen unserer Kinder, für die Befreiung vom Privateigentum und ähnlichen Dingen. Deshalb leben wir in Gemeinschaft. Wir wollen Jesus nachfolgen, keinem anderen; in seinen Fußspuren wollen wir gehen. Wir wollen, dass Gottes Königreich auf diese Erde herabkommt.

Mt 17,27

Du möchtest ein Leben, das frei ist von den Sünden der Gesellschaft. Nicht einmal Jesus war frei von der „Schuld", sich des ungerechten Mammons zu bedienen. Es besteht ein Unterschied zwischen ausgesprochen persönlicher Schuld und der kollektiven Schuld der gefallenen Schöpfung. Von der Kollektivschuld können wir uns nicht loslösen; wir müssten uns auf unser eigenes Stück Land zurückziehen und dadurch allen Kontakt mit unseren Mitmenschen verlieren. Es ist besser, eine

geschäftliche Beziehung mit jemandem zu haben als
überhaupt keine Beziehung.

Du schreibst: „Warum können wir nicht dafür
arbeiten, dass die Erde wieder für Gottes Herrschaft
gewonnen wird, anstatt mit der Welt den Weg der
Zerstörung zu gehen?" Wie hast du das gemeint? Wie
sollen wir das tun, ohne uns vollständig von der Welt
zu isolieren? Versuche es. Tu was du tun willst. Du wirst
mit lauter Prinzipien enden, aber in völliger Einsamkeit
und Lieblosigkeit.

Aus einem Brief: Prinzipien an und für sich brauchen
nicht zu Lieblosigkeit zu führen, aber nach meiner
Erfahrung führen sie oft zu einem schlimmen Ende.
Ich kannte einen Mann, der weder Geld, noch die Post,
noch einen Pass benutzen wollte. Wiederholt kam er
ins Gefängnis, weil er keine Steuern zahlte. Er war ganz
fest in seinen Prinzipien, aber schließlich verlor er seinen
Glauben an Jesus und danach auch alle seine Prinzipien.

Aus einem Brief: Wo bleibt Gott in deiner Furcht vor
dem Gebrauch äußerer religiöser Formen? In ihm
wurde alles erschaffen; nichts wurde erschaffen ohne ihn.
Aller Schönheit, der wir auf der Erde begegnen, gab er
Gestalt. Dein Wunsch, auf alle Formen zu verzichten,
ist nicht christlich. Hat sich Jesus nicht selber taufen
lassen? Hat er nicht das Abendmahl oder Gedächtnismahl eingesetzt?

Ein formelles Christentum ist schrecklich, aber
du gehst zu weit mit deinen Befürchtungen. Die Ehe
ist eine Form, ebenso die Tischgemeinschaft und die
gemeinsame Kasse. Du kannst nicht alle Formen einfach
ablehnen; sonst wirst du niemals ein christliches Leben
führen können.

Aus einem Brief: Was nützt es uns, unsere Güter zu
teilen, in Gemeinschaft zu leben und ein und denselben
Glauben zu haben, wenn Menschenseelen verletzt
werden, weil wir keine Zeit mehr haben, unsere Brüdern
und Schwestern zu lieben und dieser Liebe immer
wieder Ausdruck zu geben? Wir müssen achthaben, dass
wir niemals von Prinzipien beherrscht werden, wie gut
und richtig sie auch immer sein mögen. Das „korrekte"
Prinzip als solches ist tödlich. Es tötet die Seele.
„Korrekte" Prinzipien führten zu Gethsemane. Zu leicht
nehmen sie den Platz ein, der nur Gott gehört, seiner
Güte und seiner Gnade. Unsere Prinzipien müssen stets
von der Liebe zueinander, von Gottes Erbarmen und
von seiner Gnade beherrscht sein.

Verbindlichkeit

Viele Menschen haben sich an einen Dualismus gewöhnt, durch den ihr Leben in verschiedene Bereiche auseinanderfällt; das bringt sie in eine große innere Spannung. Dies finden wir auch bei gläubigen Menschen, vielleicht sogar gerade bei ihnen. Doch Jesus kannte nur eins. Er forderte, dass wir alle anderen Juwelen verkaufen, um die eine kostbare Perle zu erwerben. Wir dürfen nicht versuchen, mit dem einen Auge ihm nachzufolgen und mit dem andern Auge nach etwas anderem zu blicken. Wenn wir das tief bedenken, werden wir uns darüber klar werden, dass jeder diese Spannung im eigenen Herzen austragen muss. Alle Geteiltheit muss aufgegeben werden. Wir wollen eines Herzens und eines Sinnes sein, sowohl in uns selbst wie mit unserem Nächsten. Es geht um Leben und Tod. Wenn wir nicht die Einfalt des Herzens und des Geistes finden, dann wird uns unsere Gespaltenheit in Stücke reißen.

Aus einem Brief: Wir müssen bereit sein, zu unseren Überzeugungen zu stehen, sogar den Tod um Jesu willen zu erleiden. Im Hutterischen Geschicht-Buch* finden wir die Geschichte des sechzehnjährigen Müllersohnes, der sich zum Täufertum bekannt hatte. Als er gefangengenommen und zu Tode verurteilt wurde, bot sich ein

Mt 13,45–46

---

*„Geschicht-Buch der Hutterischen Brüder" hrsg. von Prof. Dr. Rudolf Wolkan, Wien 1923. Eine Chronik der Hutterischen Brüder und anderer Täufer des 16. Jahrh. S. 49.

reicher Edelmann an, ihn zu sich zu nehmen und ihn
wie seinen eigenen Sohn zu erziehen, er sollte nur von
seinem Glauben abstehen. Aber der Knabe hielt treu zu
Gott und wurde hingerichtet. Wenn die Nachfolge Jesu
wirklich der Weg ist, den wir gehen wollen, dann müssen
wir trotz uns Selbst und unserer Schwachheit zu solchem
Opfer bereit sein, so schwer es auch sein mag.

Ein Versprechen Gott gegenüber kann nicht auf
menschlicher Treue allein beruhen. Wir sind von Gottes
Treue abhängig. Niemand ist stark genug, aus eigener
Kraft das auszuhalten, was die Märtyrer unter den ersten
Christen und später andere aushalten mussten. Aber
Gott ist treu. Wenn wir uns ihm ganz hingeben, dann
werden seine Engel für uns kämpfen.

Stehen wir noch in der ersten Liebe zu Jesus? Sind
wir bereit alles hinzugeben, ja in den Tod zu gehen um
seinetwillen? Heute haben wir noch Haus und Hof, aber
wir wissen nicht, was die Zukunft bringt. Die Zeiten sind
unsicher. Im Laufe der Geschichte unserer Gemeinschaft
mussten wir von einem Land zum anderen ziehen. Die
Gemeinschaft selbst kann keine menschliche Sicherheit
bieten. Jesus verspricht seinen Jüngern, dass sie verfolgt
Joh 15,20   werden und dass sie leiden müssen. Wir können nichts
Besseres versprechen. Unsere einzige Sicherheit ist
Jesus selbst.

Wir dürfen niemals vergessen, dass Jesus uns den Weg absoluter Liebe gelehrt hat – den Weg, auf dem wir auch unsere Feinde lieben und für die beten, die uns verfolgen. Als Nachfolgern Jesu sind uns nicht nur gute Tage versprochen. Wir müssen auf Verfolgungen vorbereitet sein. Durch die ganze Geschichte hindurch sind Menschen um ihrer Überzeugung willen getötet worden. Wir wollen dankbar sein, dass wir bisher behütet wurden, aber wir wollen auch bereit sein, um unseres Glaubens willen zu leiden.

Äußere Umstände dürfen niemals die Bindung eines Christen an Christus verändern. Das muss ganz klar sein. Der Schutz, den die Gemeinde bietet, kann auch uns auf dem Bruderhof jederzeit genommen werden. Selbst wenn durch Verfolgung nur eine einzige Person unserer Gemeinschaft übrigbleiben sollte, so wäre sie dennoch durch ihr Versprechen gebunden.

Ps 28,1

Wenn wir Gott von ganzem Herzen, mit ganzer Seele und mit ganzer Kraft lieben, wenn wir unser Leben ihm zur Ehre und für sein Reich leben, dann können wir voller Zuversicht in unseren Gebeten sagen: „Mein Herr und mein Fels". Es spielt keine Rolle, ob wir Feinde haben und was sie von uns behaupten: wir werden Gottes Stimme in unseren Herzen vernehmen und ihm treu bleiben.

Wir müssen treu bleiben bis ans Ende. Für einen
Christen ist die Mitte des Lebens die gefährlichste
Zeit. Am Anfang, wenn unser Glaube neu ist, erscheint
Gott uns besonders nah. Nach einigen Jahren schleicht
sich jedoch oft Lauheit ein. Wenn wir in Treue hingegeben bleiben, dann wird Gott uns durch die Jahre
unserer Lebensmitte tragen, doch wir müssen weiterhin
wachsam sein. Aber wir brauchen nichts zu fürchten:
wenn wir Gott treu bleiben, kann uns nichts von seinem
Frieden trennen.

Versuchungen

Versuchung Manchmal frage ich mich, ob wir nicht in einigen Dingen zu weltlich geworden sind. Erfüllen uns Sport oder unsere Geschäfts- und Geldangelegenheiten zu sehr? Das sind eindeutig „weltliche" Ablenkungen und Versuchungen. Aber es besteht ebenso die Gefahr, dass sogar die Gaben, die Gott uns gibt – die Schönheit der Natur, die Freude menschlicher Liebe – zum Ersatz für das wirkliche Erleben Christi werden.

Hebr 2,18 Im Hebräerbrief wird es ganz deutlich, dass Jesus versucht wurde wie jeder andere Mensch. Als Jesus in der Wüste war, kam der Satan und wollte ihn mit Worten aus der Schrift in Versuchung führen. Erst nach der dritten Versuchung vertrieb Jesus ihn mit den Worten: Mt 4,1–10 „Fort mit dir, Satan!".

Der Gedanke, dass Jesus in Versuchung geführt wurde, war mir früher gotteslästerlich erschienen. Aber heute erkenne ich, dass es außer Frage steht: Er wurde versucht, Hebr 4,15 wie jeder andere Mensch. So steht es im Evangelium. Und doch ist es klar, dass Jesus niemals gesündigt hat.

Wo endet die Versuchung, und wo beginnt die Sünde? Dass wir von bösen Gedanken geplagt oder versucht werden, ist an sich keine Sünde. Zum Beispiel, wenn uns ein unreiner Gedanke kommt und wir geben ihm nicht nach, dann sündigen wir nicht. Wenn wir uns aber eine unanständige Zeitschrift kaufen, um uns sexuellen Phantasien hinzugeben – das ist Sünde.

Es kommt darauf an, was wir tun, wenn wir in
Versuchung kommen, welche Haltung wir einnehmen.
Als Jesus vom Satan versucht wurde, hatte er jedes
Mal eine Antwort für ihn bereit. Darum müssen wir
bitten – um eine Antwort in jeder Versuchung.

Wir werden niemals ganz frei sein von Versuchungen;
das sollten wir auch nicht erwarten. Nicht einmal Jesus
hat das erreicht. Aber wir sollen Gott darum bitten, uns
in der Versuchung zu beschützen und uns jedes Mal die
richtige Antwort zu geben.

Aus einem Brief: Ich kann es nicht scharf genug sagen:
Wenn du dein Haar oder deine Figur bewusst zur
Schau stellst oder dich so kleidest, dass andere zu
unreinen Blicken verleitet werden, dann begehst du
eine Sünde, die Gemeindezucht verlangt. In der
Bergpredigt sagt Jesus, dass jeder schuldig ist, der eine
Mt 5,28   andere Person mit unreinen Gedanken ansieht. Wenn
du aber absichtlich andere in Versuchung bringst, bist
du genauso schuldig.

Paulus beschreibt den Kampf des Christen gegen böse
Gedanken als siegreichen Kampf, in dem jeder Gedanke
gefangen genommen werden muss „unter den Gehorsam
2.Kor 10,5   Christi". Paulus setzt voraus, dass alle Menschen
Widersprüche und Hindernisse in ihrem Innern haben
und dass diese gefangengenommen werden müssen unter
den Gehorsam gegenüber Christus. Wir alle müssen

diesen Kampf kämpfen. Es soll uns nicht wundern, dass
wir versucht werden; das gehört zum Leben.

Das Wunderbare an den Worten des Paulus ist
seine Gewissheit, dass diese Gedanken gefangengenommen werden können unter den Gehorsam gegenüber Christus. Natürlich fällt uns der Sieg nicht in
den Schoß. Wir müssen uns darüber klar sein, dass der
Krieg zwischen Gut und Böse ständig für die ganze
Menschheit geführt wird. Dieser Krieg tobt schon
seit dem Sündenfall, besonders aber seit Christi Tod
und dem Herniederkommen des Heiligen Geistes zu
Pfingsten. Wenn jemand von bösen Gedanken gequält
wird, so sollte er daran denken, dass es um einen viel
größeren Kampf geht als den im eigenen Herzen, sogar
um einen größeren Kampf als den der ganzen Gemeinde.

Der Feind ist ein sehr realer. Wenn wir das erkennen,
dann können wir nicht lauwarm sein. Aber Christus
ist ebenso eine Realität. Um wahren Herzensfrieden zu
finden, müssen wir Christus erleben.

Im Hebräerbrief steht, dass Jesus versucht wurde wie wir.
Er hat nicht gesündigt, aber er versteht uns in unserer

Hebr 4,15 Versuchung und Not. Jeder, ob jung oder alt, jeder
Bruder und jede Schwester muss wissen, dass wir einen
Hohepriester haben, einen König, einen Meister, der uns
versteht. In Kapitel 5, Vers 7, lesen wir: „In den Tagen
seines Erdenlebens hat Jesus Gebet und Flehen unter
lautem Schreien und Weinen zu dem emporgesandt,
der ihn aus des Todes Rachen erretten konnte." Wir alle

haben in der Vergangenheit Schuld auf uns geladen und müssen im Gebet vor Gott treten, „mit lautem Schreien und Weinen," in dem festen Glauben, dass er uns und alle, für die wir beten, erretten kann.

Wenn wir absichtlich bösen Gedanken nachgehen – Gedanken der Macht über andere, unreinen Gedanken, hasserfüllten Gedanken oder ähnlichen – so werden wir eines Tages danach handeln. Es ist eine ganz andere Sache, von Gedanken oder Vorstellungen gequält zu werden, die wir eigentlich gar nicht wollen und im Gegenteil alles darum gäben, ein reines Herz zu haben. Aus eigenem Willen wird es uns niemals gelingen, rein zu werden. Wenn wir uns innerlich gegen etwas Böses verkrampfen, kann es dazu kommen, dass das Böse noch größere Gewalt über uns gewinnt. Aber lasst uns nicht vergessen, dass Gott tiefer sieht als wir. Auch wenn wir immer mehr in bösen Gedanken versinken, die wir eigentlich nicht wollen, so wird Gott sehen, dass wir sie nicht wollen, und wird uns helfen.

Sogar Jesus wurde vom Teufel versucht, aber er überwand alles Böse durch sein völliges Vertrauen auf den Vater. Wir werden auch versucht werden, und wenn das geschieht, dann wird es darauf ankommen, ob wir auf Jesus und die Macht des Kreuzes vertrauen. Wenn wir nicht unser ganzes Vertrauen und unseren ganzen Glauben auf Jesus setzen, werden wir unterliegen.

Lk 23,46

Das Gefühl, von Gott verlassen zu sein, bringt entsetzliches Leid. Für den Sohn Gottes muss es ein so furchtbares Erlebnis gewesen sein, dies bei seinem Tod zu empfinden, dass wir es gar nicht fassen können. Und doch rief Jesus aus: „Vater, in deine Hände befehle ich meinen Geist!".

Hier finden wir die Krönung des Glaubens. Das Erlebnis der Gottverlassenheit nahm ihm nicht das Vertrauen und den Glauben an seinen und unseren Vater; Jesus übergab seinen Geist in die Hände des Vaters.

Wenn wir von den Wunden geheilt werden wollen, die uns der Satan mit seinen Pfeilen zugefügt hat – die bösen Gefühle, Gedanken oder Vorstellungen – so müssen wir das gleiche absolute Vertrauen in Jesus haben, wie es Jesus in Gott hatte. Dann können wir, auch wenn wir noch keine Befreiung spüren, uns ihm dennoch ganz und gar hingeben, mit allem, was wir sind und haben. Im Grunde haben wir nichts als unsere Sünde, und die müssen wir im Glauben zu ihm bringen. Dann wird er Vergebung, Frieden und ein reines Herz schenken; und das führt zu einer unbeschreiblichen Liebe.

Wenn Depressionen oder irgendetwas anderes als Jesus unser Herz zu beherrschen drohen, dann müssen wir uns an ihn wenden. Bei ihm finden wir Sieg und Frieden. Ich bin sicher, dass wir durch das Kreuz den Sieg erlangen über alles, was uns im Leben begegnet, was es auch sei.

Sünde   Viele Menschen wissen nicht mehr, was es bedeutet, ein
reines Gewissen zu haben; sie werden täglich mit den
Sünden unserer Zeit belastet. Wir müssen darauf achten,
unser Gewissen rein zu erhalten, und das müssen wir
von Kindheit an tun. Gewöhnen wir uns erst daran, mit
einem schlechten Gewissen zu leben, dann werden wir
alles verlieren: unsere Beziehung zu Gott und unsere
Liebe zu unseren Mitmenschen.

Wer von uns nimmt den Kampf mit der Sünde so
ernst, dass er ihn mit Schreien und Weinen führt? Jesus

Hebr 5,7   hat das getan. Niemand hat jemals so gekämpft wie
Jesus – niemand. Auf kein Herz hatte es der Teufel so
abgesehen wie auf das Herz Jesu. Und weil Jesus einen
viel schwereren Kampf führte, als wir ihn jemals führen
werden, versteht er unser Ringen. Dessen können wir
ganz sicher sein. Aber kämpfen müssen wir. Jesus sagt
denen, die ihm nachfolgen wollen, dass sie ihr Kreuz

Mt 16,24   auf sich nehmen müssen, wie er das seine auf sich nahm.
Euch alle möchte ich aufrufen, so zu kämpfen, wie Jesus
es getan hat – zu kämpfen bis in den Tod.

Der Apostel Paulus nannte sich selbst den ärgsten
Sünder. Das waren nicht bloß fromme Worte, er meinte
es ernst. Er wusste, er war ein Feind Gottes gewesen. Er
hatte die Urgemeinde verfolgt und war verantwortlich
für den Tod vieler Märtyrer.

Zu Pfingsten erkannten die Leute in Jerusalem, dass sie Sünder waren. Sie empfanden sich nicht als gute Menschen. Es ging ihnen „wie ein Stich durchs Herz", und als der Heilige Geist zu ihnen kam, fühlten sie sich seiner nicht würdig. Ja, sie wussten sich als Mörder Christi. Aber gerade wegen dieser Erkenntnis konnte Gott sie gebrauchen. Wenn wir von Gott gebraucht werden wollen, dürfen wir uns nicht gegenseitig anpredigen und von Liebe sprechen, solange wir nicht einsehen, dass wir alle Sünder sind.

Bei der Sünde geht es nicht nur um die niederen Triebe. Die müssen wir alle bekämpfen. Aber es gibt Menschen, die gehen so weit, dass sie in satanische Sünde fallen. Die Achtung und Ehre, die allein Gott gebührt, für sich zu beanspruchen – das ist satanische Sünde. Es ist das Begehren nach Macht über die Seelen und Leiber anderer Menschen, um von ihnen verehrt zu werden. Letztlich ist es der Wunsch, selber Gott zu sein. Das ist der Weg des Widersachers.

Überlassen wir uns den satanischen Sünden, dann werden alle Sünden unserer niederen Triebe auch erwachen: Unreinheit, Habgier, Heuchelei, Neid, Hass, Grausamkeit und schließlich Mord.

Aus einem Brief: Ich danke dir für die ausführliche Darstellung deines Lebens und für deine Bemühung, alle deine Sünden zu bekennen. Wenn ich die Geschichte

deiner Kindheit höre, habe ich tiefes Mitgefühl. Ja, ich
schäme mich, wenn ich an meine glückliche Kindheit
denke. Gott wird gewiss von mir mehr fordern müssen
als von dir.

Deine Vergangenheit ruft mir die Worte Jesu in
den Sinn: „Ich bin nicht für die Gesunden und die
Gerechten gekommen, sondern für die Kranken und die
Sünder". Vergiss das nicht; halte daran fest, auch in den
Stunden der Not und Versuchung.

Mein lieber Bruder, das *ganze* Evangelium müssen wir
sehen und erfahren: Die überströmende Liebe Jesu zu
dem Sünder, für den er gestorben ist, gleichzeitig aber die
Schärfe der Gleichnisse und die erschütternden Worte
für diejenigen, die nicht zur Buße bereit sind: „Da wird
sein Heulen und Zähneklappern".

In der Offenbarung des Johannes finden wir den Kern
des ganzen Evangeliums: nämlich den Lohn, der all
denen ausgezahlt wird, die gute Werke getan haben, und
den Segen, der jedem zuteil wird, der sein Gewand im
Blute des Lammes gereinigt hat. Aber dann kommt die
Schärfe, die wir nicht abschwächen dürfen: „Draußen
sind die Hunde und die Zauberer und die Unzüchtigen
und die Mörder und die Götzendiener und alle, die die
Lüge lieben und tun".

Wenn wir unsere Herzen dem Bösen übergeben, dann
wird der Teufel in uns einziehen und uns beherrschen.
Das geschieht, sobald wir uns eigene Götter machen. Für
die Kinder Israel war es das goldene Kalb. Heute ist es

Lk 5,31–32

Mt 8,12

Offb 22,15

der Mammon – das Geld – der zum Gott geworden ist. Deshalb heißt das erste Gebot: „Liebe Gott von ganzem Herzen, mit ganzer Seele und mit ganzem Gemüt". Natürlich kann man dieses Gebot unmöglich erfüllen, ohne Gott völlig zu vertrauen, ohne wirklich zu glauben, dass nur Gutes von ihm kommt und dass er es stets gut mit uns meint, solange wir seinen Willen tun.

Das zweite Gebot Jesu ist so wichtig wie das erste, nämlich: „Liebe deinen Nächsten wie dich selbst". Der Teufel wird immer versuchen, uns etwas zuzuflüstern, damit wir unserem Nächsten nicht vertrauen. Wenn wir darauf hören, werden unsere menschlichen Beziehungen durch Zwietracht, Misstrauen und Sünde vergiftet. In Deutschland erleben wir das besonders durch den Fremdenhass. Und auf der ganzen Erde können wir es sehen: in Kriegen und in jedem einzelnen Menschenherzen, das von Hass gegen andere erfüllt ist.

Mk 12,30

Mk 12,31

Vor Gott kannst du nichts verbergen. Du kannst deine Sünden vor Menschen verstecken, aber schließlich werden sie alle ans Licht kommen, auch deine geheimsten Gedanken. Ob ein böser Gedanke eine Sünde ist oder nicht, hängt davon ab, ob du ihm Raum gibst oder ob du ihm widerstehst. Schon Martin Luther sagt, dass böse Gedanken wie Vögel kommen und um unsere Köpfe fliegen. Daran können wir nichts ändern. Aber wenn wir es zulassen, dass sie Nester auf unseren Köpfen bauen, dann sind wir dafür verantwortlich.

Hebr 4,13

Aus einem Brief: Ich flehe dich an: Kehre dich für den Rest deines Lebens ab von aller Härte und Grausamkeit, besonders Kindern, Kranken und Schwachen gegenüber. Was sagte Jesus zu seinen Jüngern, als sie Feuer vom Himmel herabrufen wollten, um das Dorf zu zerstören, das sich weigerte, sie aufzunehmen? Er war erschrocken über ihren harten, unkindlichen Geist und wies sie zurecht: „Wisst ihr nicht, welches Geistes Kinder ihr seid? Der Menschensohn ist nicht gekommen, das Leben der Menschen zu vernichten, sondern es zu erhalten".

Lk 9,55–56

Denke stets an Jesus – dann wird dein Herz sich ändern.

Aus einem Brief: Ich kann nicht verstehen, warum du zur Gemeinde gekommen bist und gelogen hast. Als Ananias und Saphira kamen und sich der Gemeinde in Jerusalem anschlossen, aber unaufrichtig waren und Geld zurückbehielten, fragte Petrus sie: „Warum habt ihr euch das in euern Herzen vorgenommen? Ihr habt nicht Menschen, sondern Gott belogen". Er fügte hinzu, sie hätten ja gar nicht zur Gemeinde zu kommen brauchen; dann hätten sie für sich behalten können, was sie besaßen.

Apg 5,4

Warum willst du dich uns anschließen, wenn du gleichzeitig dein Gewissen belastest, indem du Gott und uns belügst? Dafür wirst du Rechenschaft ablegen müssen. Das Schicksal des Menschen ist der Tod; danach wird er von Gott gerichtet. Wenn du dich jetzt und hier nicht verantworten willst, dann musst du es später tun.

Hebr 9,17

Wir können dich nicht zwingen. Im Hebräerbrief heißt es: „Denn wenn wir vorsätzlich in der Sünde beharren,

Hebr 10,26–27

nachdem wir die Erkenntnis der Wahrheit empfangen haben, so gibt es für uns kein Sühnopfer mehr, sondern es bleibt uns nur die Erwartung eines furchtbaren Gerichts und der Zorneifer des Feuers." Dort heißt es auch, dass wir die Stunde der Gnade Gottes nicht verpassen dürfen. Du hast die Freiheit, weiterhin mit Gott zu spielen, aber dann können wir nichts miteinander zu tun haben, und du wirst dich vor Gott allein verantworten müssen. Noch hast du die Chance umzukehren!

Hebr 12,15

„So gibt es nun keine Verdammnis für die, die in Christus Jesus sind. Denn das Gesetz des Geistes, der lebendig macht in Christus Jesus, hat dich frei gemacht von dem Gesetz der Sünde und des Todes". Was für ein herrlicher Gedanke: Alle Sünde ist überwunden. Wenn wir jedoch unsere eigenen Erfahrungen prüfen, dann erkennen wir, dass die Sünde nicht überall überwunden ist. Der Grund dafür ist einfach der, dass wir nicht in Christus Jesus leben, sondern in unserer alten Natur. Es ist eine Illusion zu meinen, dass wir diese niedere Natur nicht haben. Wir sind damit auf die Welt gekommen, und wir können sie nicht ändern, auch nicht mit den besten Vorsätzen. Christus kann sie ändern, wenn wir ihm vertrauen und uns ihm bedingungslos ergeben.

Röm 8,1–2

„Denn die da fleischlich sind, die sind fleischlich gesinnt". Wir erleben das immer wieder: Menschen, deren Gesinnung auf ihrer niederen Natur gegründet ist, bringen Hass, Neid und Eifersucht hervor, so als

Röm 8,5

ob Christus gar nicht gekommen wäre, als ob er nicht
am Kreuz gestorben wäre, als ob sein Opfer umsonst
gewesen wäre. Das ist äußerst schmerzlich. Paulus sagt:
„Denn fleischlich gesinnt sein ist Feindschaft gegen
Gott, weil das Fleisch dem Gesetz Gottes nicht untertan
ist; denn es vermags auch nicht. Die aber fleischlich sind,
Röm 8,7–8   können Gott nicht gefallen". Stärker kann es gar nicht
ausgedrückt werden: Wer seine Begierden nicht überwinden kann, meint nichts Böses zu tun, aber tatsächlich
lebt er in Feindschaft mit Gott. Er unterstellt sich nicht
Gottes Gesetz. Das gilt für alle, die in Unreinheit leben,
in Hass und Eifersucht, Betrug oder anderen Sünden.
Für diejenigen ist es unmöglich, Gott zu gefallen.

Röm 8   Im Römerbrief spricht Paulus über die niedere oder
fleischliche Natur. Es muss uns klar sein, dass hier alle
Begierden gemeint sind: Völlerei, Bequemlichkeit
und sexuelle Begierde. Alles muss dem Geist untergeordnet sein. Wir brauchen Nahrung und Wohnung,
und wir bejahen den sexuellen Verkehr in der Ehe.
Wenn uns aber diese Dinge beherrschen und nicht
Christus, dann sündigen wir. Gott weiß, dass wir
jeden Tag Nahrung brauchen. Aber das darf uns nicht
bestimmen; wir dürfen nicht von gutem Essen abhängig
werden und uns und unsere Kinder verwöhnen. Das
Essen ist natürlich nur ein einfaches Beispiel. Wenn
uns irgendetwas anderes als Christus beherrscht, selbst
geistliche Dinge – frommes Denken oder Lesen – dann
leben wir nach dem Fleisch. Und wenn wir Anhänger

einer Philosophie der Selbstkasteiung sind, wie die des
Buddha, so wäre es dennoch fleischlich, denn damit
blähen wir uns auf und rücken uns selbst und nicht
Christus in den Mittelpunkt.

Alles hängt davon ab, ob wir uns Christus völlig
übergeben haben. Paulus sagt, wer den Geist Christi

Röm 8,9

nicht hat, ist kein Christ. Aber wir selbst können uns den
Geist nicht erwerben. Wir können ihn nur empfangen,
indem wir uns Christus hingeben. Im Evangelium steht:
„Wer bittet, dem wird gegeben; wer anklopft, dem wird

Mt 7,7–8

aufgetan". Mit anderen Worten: Wer bittet, dem wird
lebendiges Wasser geschenkt.

Mit Menschen, die Jahr um Jahr darum kämpfen,
ihre Schwächen zu überwinden, haben wir großes
Erbarmen; aber gleichzeitig müssen wir erkennen, dass
sie im Grunde schuldig sind. Sie können sich nicht
entschuldigen, denn sie haben sich Christus nicht völlig
im Glauben ergeben. Wie Paulus schreibt: „Es gibt nun
keine Verdammnis für die, die in Christus Jesus sind.
Denn das Gesetz des Geistes, der da lebendig macht in
Christus Jesus, hat uns frei gemacht von dem Gesetz der

Röm 8,1–2

Sünde und des Todes". Diese Verheißung steht jedem
offen. Wir können uns nicht vor Gott verstecken und
sagen: „Wir sind zu schwach," oder „Wir wollen uns
ändern, können aber nicht." Letztlich können solche
Ausreden nicht bestehen. Paulus fährt fort:

So sind wir nun, liebe Brüder, nicht dem Fleisch
schuldig, dass wir nach dem Fleisch leben. Denn
wenn ihr nach dem Fleisch lebt, so werdet ihr sterben

Röm 8,12–13

müssen; wenn ihr aber durch den Geist die Taten des Fleisches tötet, so werdet ihr leben.

Das ist stark ausgedrückt. Wer von uns kann behaupten, die niedere Natur habe keinen Anspruch an ihn? Eine solche Freiheit von Sünde ist von der absoluten Hingabe an Christus abhängig. Jede Form von Sünde muss ausgemerzt werden. Dann kann keinerlei Sünde – Eifersucht, Hass, Unreinheit, Lüge usw. – in uns zum Sieg gelangen.

Es gibt Menschen, die nicht mit der Sünde brechen, weil sie meinen, sie könnten es nicht. Das ist eine Unwahrheit. Jesus Christus ist immer da, ebenso der Heilige Geist, und wenn eine Seele wirklich zu Gott aufschreit, so wird der Geist vor Gott für sie eintreten. Deshalb gibt es überhaupt keine Entschuldigung, sich nicht von der Sünde loszusagen. Niemand hat so große Liebe und solches Erbarmen mit dem Sünder, wie Jesus, aber er entschuldigt die Sünde nicht. Lasst uns beten, dass jeder Mensch durch Christus Jesus Befreiung von Sünde finden möge.

Selbstmitleid und Stolz sind eng miteinander verbunden und haben nichts mit dem Kreuz zu tun. Beide sind nur auf das Ich bedacht. Wir müssen uns davon abwenden, sonst werden wir niemals unsere Sündhaftigkeit völlig besiegen. Es wird berichtet, dass zur Zeit der Urgemeinde die Dämonen geschrien haben: „Wer ist

es, der uns die Macht raubt?" Die Glaubenden antwor-
teten mit jauchzendem Siegesruf: „Hier ist Christus, der
Gekreuzigte!"* Das soll auch unsere Verkündigung sein.

Joh 13,34 „Liebet einander" ist eines der wichtigsten Gebote Jesu,
und wir können es nicht ernst genug nehmen. Es gibt
noch andere Gebote, denen wir auch gehorsam sein
müssen: Wir sollen das Geld nicht lieben; wir sollen
nicht Ehebruch treiben; wir sollen den Leib nicht
verunreinigen und vieles andere mehr. Dennoch ist die
Liebe das höchste Gebot Christi. Und deshalb halte ich
Lieblosigkeit für die größte Sünde.

Gott wird jede Form von Lieblosigkeit richten,
aber ganz besonders die Verachtung eines anderen
Menschen, wenn ich ihm das Gefühl gebe, er sei nichts
wert. Christus sagt: „Wer seinem Bruder zürnt, der soll
dem Gericht verfallen; wer das Schimpfwort ‚Narr‘
Mt 5,22 gebraucht, der soll der Glut des Feuers verfallen". Wer
von uns hat seinem Bruder noch niemals gezürnt oder
ihn noch nie verspottet? Wer von uns hat noch nie
herabsetzend von einem anderen gesprochen? Christus
ruft uns auf, in vollkommener Liebe zu leben.

---

*Am Anfang war die Liebe, Hrsg. Eberhard Arnold, Wiesbaden, 1986.

Aus einem Brief: Es tut mir sehr leid, wenn ich
manchmal zu scharf und sogar ärgerlich mit meinen
Brüdern und Schwestern bin. Wir müssen von Jesus
lernen, sanft und freundlich zu sein. Aber wir dürfen
niemals wischiwaschi sein; unser Mitgefühl muss stets
das Salz Jesu enthalten.

Joh 17,14–16

Der Gedanke, „in der Welt, doch nicht von der Welt"
zu sein, ist nicht mit dem Verstand allein zu begreifen.
Natürlich sind wir in der Welt, solange wir leben; wir
sollen jedoch „nicht von ihr" sein. Manche Leute sagen,
tanzen sei „weltlich". Andere meinen, es sei weltlich,
kurze Röcke zu tragen, und wieder andere, dass Alkohol,
eine bestimmte Art Musik oder bestimmte Autos weltlich sind. Es gibt viele sogenannte weltliche Dinge. Wenn
wir im Geist Jesu leben, dann sagt uns unser Gewissen,
welches die Dinge sind, die wir aufgeben müssen. Lasst
uns nicht nach dem verlangen, was vom Fleisch ist; aber
lasst uns gleichzeitig bitten, dass wir davor bewahrt
werden, Regeln und Gesetze aufzustellen, die ein zu
weltliches Leben verhindern sollen. Möge Gott uns
helfen zu unterscheiden, was aus dem Heiligen Geist ist
und was aus dem Geist der Welt ist.

Hätten wir nur das Gesetz, so dürften wir einen
Menschen hassen, solange wir ihn nicht töten. Wir
dürften Schlechtes von jemandem denken, ohne Blut
zu vergießen. Aber das ist nicht genug. Paulus sagt ganz

Röm 7,22–25

richtig: Das Gesetz kann niemals unser Herz verändern;
es ist Jesus, der in uns leben muss. Durch ihn können wir
unsere Feinde lieben, durch ihn können wir unseren Sinn
mit den Gedanken Gottes erfüllen lassen.

Aus einem Brief: Du musst dich ganz fest entschließen,
Jesus nachzufolgen. Es ist nicht wahr, dass du zu schwach
bist, deine Sünden zu überwinden. Das ist eine Lüge
des Teufels. Durch Jesus ist es jedem möglich, die Sünde
zu überwinden. Dafür ist er am Kreuz gestorben. Lebe
allein für ihn!

Mt 5,6–8

„Selig sind, die da hungert und dürstet nach der
Gerechtigkeit; selig sind die Barmherzigen; selig sind,
die reinen Herzens sind". Reinen Herzens zu sein, ist
wohl das Schwerste – es ist leichter, nach Gerechtigkeit
zu hungern und zu dürsten oder barmherzig zu sein. Wir
können unser eigenes Herz nicht rein machen.

Reine Herzen haben nur Kinder; deshalb sagt Jesus,
wir müssen wie die Kinder werden. Und doch: so sehr
wir uns auch bemühen, wie die Kinder zu werden,
immer wieder finden Unreinheit, Neid, Eitelkeit –
alles was nicht aus Gott ist – Eingang in unsere Herzen.
Deshalb müssen wir immer wieder durch Christus gereinigt werden.

Beichte *Aus einem Brief:* Ich habe tiefes Verständnis für
jeden, der von den Sünden seiner Vergangenheit
bedrückt und belastet ist und das Verlangen hat, sie zu
bekennen. Aber nur die Sünden auszusprechen, hilft
nicht. Es wird viel Geld in psychiatrische Behandlungen
investiert, bei denen man alle seine Nöte und Sünden
ausspricht. Das kann eine Hilfe sein, um das Gewissen
zu beruhigen, aber die Psychiatrie an sich bringt keine
wirkliche Befreiung.

Du sagst, du hast deine Sünden bekannt, aber keine
Befreiung gefunden. Die wirst du nur finden, wenn du
im Glauben deine Sünden bekennst, im Glauben an Gott
und an das Kreuz Jesu Christi, der für die Sünden der
Welt gestorben ist. Jede andere Art Sündenbekenntnis
besteht lediglich darin, dass man seine Last auf andere
abwälzt, und später fällt die Last wieder auf einen
zurück. Frieden finden nur diejenigen, bei denen das
Sündenbekenntnis mit einem lebendigen Glauben
verbunden ist. Diesen Glauben wünsche ich dir.

Was die Beichte betrifft, so sollte jede bewusste Sünde
bekannt werden. Das bedeutet aber nicht, nach jeder
Kleinigkeit im Unterbewusstsein zu graben. Wenn Gott
uns durch unser Gewissen zeigt, dass etwas unrecht war,
dann sollen wir es aussprechen und bereinigen, damit es
vergeben werden kann. Wir dürfen uns dabei aber nicht
nur um uns selbst drehen. Wir wollen Jesus finden, nicht
uns selbst.

Mt 16,23

Aus einem Brief: Du fragst, welche bösen Gedanken man bekennen soll. Jedem Menschen kommen Gedanken, die er vertreiben muss: „Hinweg von mir, Satan!". Wenn Du mit dieser Einstellung dem bösen Gedanken entgegentrittst, dann brauchst du ihn nicht zu beichten, aber vergiss ihn sobald wie möglich. Auch wenn du eine kurze Zeitlang mit einem bösen Gedanken ringst, ehe du ihn zurückweist, brauchst du ihn nicht unbedingt zu beichten. Gibst du aber einem bösen Gedanken nach, so dass er ein Teil von dir wird, dann solltest du ihn bekennen. Ich würde dir überhaupt raten, dich nicht zu sehr mit deinen Gedanken zu beschäftigen.

Aus einem Brief: Das vertrauliche Sündenbekenntnis in der Furcht Gottes ist mir heilig, und ich halte es für unrecht, Menschen, die ihre Sünden gebeichtet haben, deswegen abzustempeln. Was das Beichtgeheimnis betrifft, so kann allerdings der Fall eintreten, dass ich sündigen würde, wenn ich das, was ich gehört habe, für mich behielte. Hat ein Gemeindeglied eine ernste Sünde begangen, wie Unzucht, Ehebruch oder sogar Mord (was unter uns noch nie vorgekommen ist), dann würde ich Verrat an Gott und der Gemeinde üben, wenn ich darüber schwiege.

**Geistlicher
Hochmut**

Die Bibel sagt, wir müssen unser Fleisch bekämpfen, worunter man gewöhnlich die sexuellen Triebe oder das unmäßige Essen und Trinken versteht. Das ist aber nicht die einzige Bedeutung von „fleischlicher Begierde". Gewiss ist sexuelle Unreinheit oder ein luxuriöser Lebensstil „fleischlich", aber das Gleiche gilt vom Egoismus, vom geistlichen Hochmut und von allem, was nicht aus Christus ist.

Wir müssen Gott darum bitten, dass er alles Fleischliche in uns absterben lässt, besonders den Hochmut. Wenn wir stolz sind, kann Gott nicht zu uns kommen. Hochmut ist die schlimmste Sünde, weil sie keinen Raum für Gott im Herzen lässt.

Jesus warnt sehr scharf vor falscher Frömmigkeit, davor, als frommer oder guter Mensch vor anderen erscheinen zu wollen. Menschen, die nach solcher Anerkennung trachten, werden im Himmel keinen Lohn empfangen. Sie haben ihren Lohn schon jetzt, indem sie von anderen verehrt werden. Das gilt auch von den Menschen, die ihre Liebestaten zur Schau tragen. Christus sagt, die linke Hand darf nicht wissen, was die rechte tut.

Mt 6,3

Das Bedürfnis, von anderen anerkannt, respektiert oder geehrt zu werden, liegt in jedem von uns. Jesus warnt uns jedoch vor dieser Versuchung und sagt, dass unsere Frömmigkeit nicht vor Menschen zur Schau gestellt werden darf. Gott sieht, was im Verborgenen ist, und wird es belohnen.

Sobald wir meinen, etwas Besonderes zu sein oder etwas Besonderes vertreten zu müssen, sind wir in Gefahr, alle Gaben zu verlieren, die wir von Gott bekommen haben. Was immer wir auch mit Gott erfahren haben – wir selbst bleiben geistlich arm. Die Worte Jesu: „Wehe euch Reichen; wehe denen, die viel besitzen" haben eine tief religiöse Dimension. Wenn wir nicht an dem lebendigen Gott festhalten, sondern an unserer eigenen Erkenntnis der Wahrheit, dann wird unsere Glaubenserfahrung wie ein kalter Stein in unserer Hand liegen.

Lk 6,24–25

Aus einem Brief: Lieber Bruder, du bist stolz auf deine Arbeit gewesen, du hast auf deine Brüder und Schwestern herabgesehen und du hast in einer falschen Demut gelebt. Das ist die tödlichste Art von geistigem Dünkel. Es steht außer Frage, dass du begabt bist, dass du stark bist, dass du klug bist und viel leisten kannst – aber darum geht es nicht. Wir leben nicht in Gemeinschaft um dieser Gaben willen, die sind alle vergänglich. Was ewig bleibt, ist Demut und Liebe – die Liebe: der unvergängliche Schatz im Himmel, von dem Jesus in der Bergpredigt spricht.

Mt 5–7

Mt 11,18–19

Als Johannes der Täufer nicht aß, verachteten ihn die Leute, und als Jesus aß und trank, verachteten sie ihn auch. Wenn man die Brüder oder Schwestern wie unter dem Mikroskop betrachtet, um etwas an ihnen aussetzen zu können – das kann eine Gemeinschaft völlig zerstören. Lasst uns nicht von anderen verlangen, was wir nicht von uns selbst erwarten.

Aus einem Brief: Liebe Schwester, kehre dich ab von deinem Eigensinn und deiner Rechthaberei! Wieviel einfacher wäre es, wenn du ein demütiges offenes Ohr hättest. Wenn wir etwas zu sagen haben, dann müssen wir dem anderen gegenüber offen bleiben. Wir wollen uns miteinander austauschen und aufeinander hören. Müssen wir nicht alle einsehen, dass wir Steine des Anstoßes sind? Gott allein ist gut.

Aus einem Brief: Deine Art, Leute zu beurteilen, ob sie bedeutende oder unbedeutende, starke oder schwache Persönlichkeiten sind, ist völlig unchristlich. Glaubst du, die Apostel waren stark? Sie waren arm im Geist. Ohne Zweifel war Petrus ein Feigling, als er Jesus dreimal verleugnete; seine Geschichte ist durch die Jahrhunderte hindurch berichtet worden; er hat sich nicht geschämt, dass sein Verrat in den vier Evangelien festgehalten wurde, obwohl er sein Leben lang dafür Buße getan hat. Du willst groß sein, du willst stark sein, aber damit fügst du deinen Brüdern und Schwestern

Unrecht zu. Wenn Jesus einem Menschen nahekommt,
sieht er, was in seinem Herzen ist. Er hat Erbarmen mit
dem Sünder, aber er beschönigt die Sünde niemals, er
verurteilt sie. Du musst dein Herz von aller Kritik, von
aller Eifersucht, von allem Hass reinigen und du musst
aufhören, andere Menschen in Kategorien einzuordnen.
Ich denke in Liebe an dich.

Aus einem Brief: Du brauchst nicht zu befürchten, dass
du nicht von Stolz und Neid frei werden kannst. Du
kannst befreit werden! Aber zuerst musst du dir klar-
werden, dass Jesus unvergleichlich viel größer ist als alle
deine Sünden; dann erst kann er sie fortnehmen. Frage
dich einmal, was noch in dir ist, das Jesus daran hindert,
dich völlig zu überwältigen. Wenn Jesus dein Herz
ganz erfüllen soll, musst du es erst leermachen. Lies die
Seligpreisungen, sie beginnen mit den Worten: „Selig
Mt 5,3–12   sind, die geistig arm sind". Das bedeutet, völlig leer und
machtlos vor ihm zu stehen.

Aus einem Brief: Je tiefer du erkennst, dass dein Stolz
dich von Gott trennt, umso tiefer wird der Friede sein,
den du findest. Dein Stolz auf dein reiches Wissen ist
dein größter Feind. Wenn du nur einsehen könntest, wie
armselig du in Wirklichkeit bist, lieber Bruder, und wie
elend in deiner Sünde! Ich wünsche dir ein reuiges Herz.

Aus einem Brief: Ich kann es nicht genug betonen: Dein geistlicher Hochmut – das Wort Gottes hören zu wollen, um dich daran aufzubauen, statt dich davon richten zu lassen und neues Leben zu finden – ist dem Weg Jesu völlig entgegengesetzt. Gib deine religiöse Eitelkeit auf. Sie ist tödlich.

Aus einem Brief: Ich glaube, deine Sündenverstrickung hat ihre Wurzeln in bösem Stolz und Selbstgerechtigkeit. Sobald du einen kleinen Fehler bei anderen entdeckst, kommst du dir geistlich besser vor. Es sollte umgekehrt sein: Als Christen sollen wir demütig sein und daran denken: „Wem viel vergeben ist, der liebt viel". Stolz ist eine giftige Wurzel, die die Liebe an sich zieht, weg von Jesus und den Brüdern. Wenn wir demütig sind, dann muss diese Wurzel absterben, denn dann findet sie weder Wasser noch Nahrung in unseren Herzen.

vgl. Lk 7,47

Zu Zeiten des Paulus gab es Gläubige, die Christus aus Neid und Streitsucht heraus verkündigten, also nicht mit guten Absichten. Das war verheerend, denn es kam daher, dass sie die Ehre von Menschen suchten. Wir wollen in Demut einsehen, dass alle Menschenehre Gott die Ehre raubt, dem sie allein gehört. Wir wollen niemanden ehren als Gott allein; wir wollen keinerlei Ehre für uns selbst beanspruchen.

Phil 1,15

Entscheidend ist, dass Gott in uns zur Wirkung
kommt und unser Wollen und Tun anregt. Damit das
geschieht, müssen wir uns ihm ganz hingeben und der
eigenen Ehre entsagen.

Das Ego Menschen, deren Gedanken nur um sich selbst kreisen,
vergessen, dass das Christentum einen objektiven
Inhalt hat. Das Christentum ist eine Sache, für die der
Mensch sein kleines Ego vergessen muss. Wenn wir im
Mittelpunkt stehen, machen wir Gott sehr klein. Wir
müssen wissen, dass Gott auch ohne uns existiert. Seine
Sache ist unendlich viel größer als unsere Existenz. Wenn
Gott uns für seine Sache gebrauchen kann, so ist das
wunderbar. Aber Gottes Sache besteht, auch wenn wir
nicht dabei sind.

Wer gar nichts erleben will, braucht nur ständig in
sich selbst hineinzuschauen. Je mehr wir nach außen
blicken und von uns selbst weg, um so mehr kann Gott
uns verändern. Manche Menschen – und die tun mir
sehr Leid – neigen dazu, sich ständig selbst zu betrachten
wie in einem Spiegel. Deshalb geraten sie oft in innere
Spannung und können nicht hören, was Gott zu
ihnen spricht.

Wir können uns nicht selbst erlösen oder uns aus
eigenen Kräften bessern. Wir können nur uns selbst
vollkommen Gott hingeben. Wenn wir das rückhaltlos
tun, dann hilft er uns. Das ist unser Glaube, unsere
Überzeugung und unsere Erfahrung. Es gibt keine
Selbsterlösung, und hier müssen wir die Grenzen der
Psychologie und Psychiatrie erkennen. Wir lehnen sie
nicht vollkommen ab, aber sie haben ihre Grenzen.
Gott ist der viel Größere.

Aus einem Brief: Wenn du dich aufrichtig prüfst,
wirst du Stolz, Unreinheit, Egoismus und andere böse
Dinge in dir erkennen. Schau nicht auf dich selbst,
schau auf Christus. In ihm wirst du den vollkommenen
Charakter finden.

Aus einem Brief: Kehr dich ab von dir selbst, von deiner
Angst vor Sünde und davor, möglicherweise gesündigt
zu haben. Öffne dich für Gott und seine Gemeinde. Er
ist nicht so unbarmherzig, dass du in ständiger Furcht
leben müsstest.

    Du neigst dazu, dich selbst zu analysieren und zu
verurteilen in einer Weise, die dich nicht befreit. Man
kann durch eine gewisse Art von Selbstkritik frei
werden. Paulus sagt: „Wer sich selbst richtet, wird nicht
gerichtet". Aber es gibt eine Art, sich selbst zu richten,
die zu schlimmen Depressionen und weg von Gott führt.
Es kommt darauf an, ob wir einen kindlichen Glauben

1.Kor 11,31

an Jesus haben, der uns von aller Sünde befreien will.
Prüfe dich selbst in diesem Glauben, dann wird ein
Segen darauf liegen. So wie du dich jetzt selbst verur-
teilst, läufst du Gefahr, seelisch krank zu werden und
völlig zusammenzubrechen.

Es mag sein, dass du eine starke Neigung zu dieser
oder jener Sünde hast, aber diese Neigung steckt
gewissermaßen in jedem Menschen, und jeder muss
ihr absterben. Alles hängt von dem Glauben ab, dass
Christus für unsere Sünden gestorben ist. Lies
Hebräer 5, 7–9 mit kindlich offenem Herzen:

„Er hat in den Tagen seines irdischen Lebens Bitten
und Flehen mit lautem Schreien und mit Tränen
dem dargebracht, der ihn vom Tod erretten konnte;
und er ist auch erhört worden, weil er Gott in Ehren
hielt. So hat er, obwohl er Gottes Sohn war, doch
an dem, was er litt, Gehorsam gelernt. Und als er
vollendet war, ist er für alle, die ihm gehorsam sind,
der Urheber des ewigen Heils geworden."

Wenn du dies wirklich glaubst, dann wirst du Heilung
finden.

Aus einem Brief: Wenn wir daran denken, was Jesus
täglich für uns tut, so sollte uns das dazu aufrufen, ihn
immer wieder treu zu suchen. Du meinst, du hast nichts,
was du ihm dafür geben kannst. Selbst wenn du deinen

Egoismus und Mangel an Liebe einsehen musst, so denke
ich doch, dass es nicht recht von dir ist, deprimiert zu sein.

Die Urchristen sagten: „Es gibt eine Traurigkeit, die
zu Gott führt, und es gibt eine Traurigkeit, die zum
Teufel führt." Denke einmal tief über diese Worte nach,
dann wirst du dich von deiner Depression, die der Liebe
im Weg steht, abkehren.

Aus einem Brief: Bitte höre damit auf, von anderen
geliebt werden zu wollen. Das hat nichts mit
Christentum zu tun. In dem Gebet des heiligen
Franziskus heißt es: „O Herr, hilf mir, dass ich nicht
danach verlange, geliebt zu werden, sondern zu lieben."
Solange du danach strebst, geliebt zu werden, wirst
du keinen Frieden finden. Für deinen Neid wirst du
immer Ausreden finden, aber die eigentliche Ursache ist
Eigenliebe. Dein ständiges Bedürfnis, geliebt zu werden,
wird dir zum Verderben. Du kannst dich ändern, es gibt
keinen Grund zur Verzweiflung; aber du musst lernen,
deinen Nächsten wie dich selbst zu lieben.

Reinheit

Mt 5,8

Aus einem Brief: Jesus sagt: „Selig sind, die reinen Herzens sind". Das ist die einzige Antwort auf deine Frage über Beziehungen zwischen jungen Männern und Frauen. Der Kampf gegen den Versucher spielt sich ständig überall ab. Jesus rät uns, lieber ein Auge auszu-Mt 5,27–29 reißen, als eine Frau mit begehrlichen Blicken anzusehen. Nur durch eine solche Haltung können wir ein reines Herz erlangen, nicht aus eigener Anstrengung. Wenn unsere Haltung von Gott bestimmt ist, wird er uns zum Sieg verhelfen.

Die Reinheit des Herzens ist ein Geschenk von Gott, und die Gemeinde hat den Auftrag, sie zu behüten. Wir wenden uns gegen die sinnliche Begierde genauso wie gegen das Privateigentum und den Mordgeist. Die Reinheit entspricht dem Willen Gottes; jede Hochzeit in der Gemeinde muss davon Zeugnis ablegen und ebenso das Leben eines jeden Mitglieds. Die Reinheit ist ein Gnadengeschenk, und auf einem reinen Leben, innerhalb oder außerhalb der Ehe, liegt ein besonderer Segen.

Die Macht der unreinen Geister, die einen Menschen zur Sünde treiben kann, darf nicht unterschätzt werden. Wenn man sich auf unreine Dinge einlässt, liefert man sich Dämonen aus. Dann führt die Sexualität des Menschen, von Gott als ein wunderbares Erlebnis

gewollt, zu einer schrecklichen, lebenzerstörenden
Erfahrung. Das gilt nicht nur für die Prostitution,
sondern ist ebenso gültig, wenn ein Mensch sich durch
unreine Handlungen am eigenen Körper selbst befriedigt. Niemand soll denken, er könne der Versuchung zu
masturbieren nachgeben, ohne an seiner Seele Schaden
zu leiden. Er verletzt Gott und sich selbst damit. Er
erlaubt bösen Geistern, in ihm zu wohnen – Dämonen,
von deren grausamen Charakter er keine Ahnung
hat – und eine unreine Atmosphäre strahlt von ihm aus.

Die unverhohlene Darstellung von unreinem Verhalten,
wie es im Fernsehen, in Zeitschriften und Filmen gezeigt
wird, ist ein öffentliches Verbrechen, gegen das wir
protestieren müssen. Es verdirbt die Seelen von Kindern
und Jugendlichen. Alles ist erlaubt. Man denke z.B. an
die Legalisierung homosexueller Beziehungen. Dadurch
gerät die Reinheit der Jugend in Gefahr, und das
Gewissen der Menschen wird abgetötet.

Letzten Endes führt die begehrliche Lust zum
Mord. Man denke an die unzähligen Abtreibungen, die
vorgenommen werden, seit sie gesetzlich erlaubt sind.
Man denke an die seelischen Qualen der vielen jungen
Mädchen und Frauen, die die Schuld auf sich laden, ihr
ungeborenes Kind im Mutterleib zu töten, und an die
vielen daraus resultierenden Depressionen. Die einzige
Antwort auf all dies Elend ist Jesus. In einer Welt, die
sehr dunkel geworden ist, müssen wir in Einheit zusam-
menstehen und für seinen Weg Zeugnis ablegen.

Wenn ein Mensch seinen sexuellen Drang am eigenen Körper befriedigt, fügt er seiner Seele, die nach dem Bilde Gottes geschaffen ist, Schaden zu. Wenn man Dinge, die zu einer heiligen Bestimmung geschaffen sind, für entgegengesetzte Zwecke benutzt, so entweiht man sie. Wie ein königliches Geschlecht durch Versklavung erniedrigt würde, so entwürdigt der Mensch seine edle Bestimmung als Ebenbild Gottes, wenn er seinen Körper missbraucht.

Aus einem Brief: Lieber Bruder, es ist nicht nötig, dass du dich dein Leben lang im Kampf um persönliche Reinheit verkrampfst. Aber du musst allem verborgenen Reiz zur Unreinheit absagen. Jesus kann dich völlig davon befreien. Wenn du nur erkennst, dass du völlig von ihm abhängig bist, dann gibt es Hoffnung für dich.

Aus einem Brief: Liebe Schwester, mir scheint, dass eine erotische Atmosphäre von dir ausgeht; ich möchte dich davor warnen. Es braucht uns nicht zu überraschen, dass Erotik und Sexualität Mächte sind, mit denen sich jeder Mensch auseinandersetzen muss. Da bist du nicht anders als alle anderen Menschen. Aber ich bitte dich inständig: Achte die Gabe der Reinheit, das Licht völliger Enthaltsamkeit und Jungfräulichkeit. Lasse nicht den geringsten Schatten eines zu leichtfertigen Umgangs mit jungen Männern auf dein Leben fallen, auch nicht

durch deine Kleidung oder durch deinen Gang. Bitte
nimm diesen Rat an, er ist in Liebe gemeint.

Aus einem Brief: Lieber Bruder, du sagst, du hast der
Versuchung nicht widerstanden, besonders nicht auf
sexuellem Gebiet. Es ist ungemein wichtig, dass du um
Jesu willen eine entschiedene Haltung einnimmst. Ich
weiß, das ist oft schwer, besonders an der Universität.
Weil aber die Moral immer mehr verkommt, muss man
einen starken Charakter haben, der Nein sagen kann zu
Dingen, die allgemein akzeptiert werden. Ich wünsche
dir Mut dazu.

Aus einem Brief: Trachte nach einem reinen Herzen.
Dann wirst du nicht mehr sündigen, wenn unreine Bilder
oder deine eigene Phantasie dir zur Versuchung werden.
   Du siehst zwar ein, dass du dich von diesen Dingen
lösen musst, aber gleichzeitig gibst du zu, dass du dich
mit ihnen beschäftigt hast. Das ist bereits Sünde. Lauheit
und Unentschiedenheit können deine Haltung der
Versuchung gegenüber nur schwächen. Letztlich kommt
es darauf an, ob dein Leben auf Jesus gegründet ist. Nur
in ihm findest du ein reines Herz.

Vertrauen

Warum ist es so schwer, Christus völlig zu vertrauen? Er will uns sein Leben und seinen Geist schenken. Wenn wir auch nur einen Augenblick lang auf ihn schauen, dann sagt uns unser Herz: Hier ist Einer, dem wir vertrauen können. Und doch kennt jeder von uns Gefühle von Angst und Furcht. Etwas in uns sehnt sich nach Christus; gleichzeitig aber ist etwas in uns, das dem Ego dienen will und nicht bereit ist, sich ihm völlig hinzugeben. Das aber müssen wir tun, denn das Evangelium sagt: Vertraue und glaube! Es genügt nicht, Christus das Gute in uns anzuvertrauen oder ihm unsere Sünden zu bringen und unsere Bürden aufzuladen. Er will uns ganz. Wenn wir uns ihm nicht rückhaltlos übergeben, wenn wir unsere Vorbehalte nicht aufgeben, dann werden wir niemals die innere Freiheit und den Frieden finden, der uns im Evangelium verheißen ist.

Joh 14,1

Wir müssen Christus unser innerstes Sein weihen. Oft sät die dunkle Macht Furcht in unsere Herzen und hält uns ab von der völligen Hingabe an Gott. Als Jesus in der Synagoge zu Kapernaum sprach: „Wenn ihr mein Fleisch nicht esst und mein Blut nicht trinkt, so habt ihr kein Leben in euch", da fanden es sogar viele seiner Jünger schwer, seine Worte zu akzeptieren, und viele verließen ihn. Aber als Jesus die Zwölf fragte: „Wollt ihr auch weggehen?", da antwortete Petrus: „Herr, wohin sollen wir gehen? Du hast Worte des ewigen Lebens; und wir haben geglaubt und erkannt: Du bist der Heilige Gottes".

Joh 6,53

Joh 6,67–69

Dieser Glaube muss auch in uns leben – in unserem Herzen, in unserer Seele, in unserem ganzen Sein. Er muss immer wieder in uns zur Wirklichkeit werden: nicht ein religiöses System, nicht eine Theorie, sondern die Gewissheit, dass wir Jesus völlig vertrauen und ihm alles überlassen können, unser ganzes Leben, in alle Ewigkeit. Es ist nicht notwendig, dass wir das mit unserem Verstand begreifen. Viel wichtiger ist es, im Herzen und mit unserem ganzen Sein zu erfahren, dass wir ihm vertrauen und glauben dürfen.

Nur bei Jesus finden wir Frieden: Wo er ist, da ist Gott. Sogar für diejenigen ist er da, die ihn verlassen, wie viele Leute zu seiner Zeit auf Erden. Sie fanden es zu schwer, seine Worte anzunehmen. Und deshalb beten wir: Hilf uns, Herr! Komm' in unsere Welt! Wir brauchen dich – dein Fleisch, deinen Geist, dein Sterben und dein Leben – deine Botschaft für die ganze Schöpfung.

Weder unsere Feinde noch Verleumdung oder Verfolgung, die über uns kommen können, brauchen wir zu fürchten. Wir müssen Jesus ganz vertrauen. Auch er wurde verleumdet und verfolgt. Wir wollen es nicht besser haben. Wenn wir uns in völligem Vertrauen zu Jesus hinwenden, dann bin ich ganz sicher, dass Gott in seiner Liebe uns behüten wird.

Wir müssen daran glauben und darauf vertrauen, dass wir bei Jesus die Antwort für all unsere Ratlosigkeit, alle Probleme und Sorgen finden. Ich habe Jesus nicht immer genug vertraut, aber ich sehe heute mein mangelndes Vertrauen als Sünde an. Im Leben jedes Menschen gibt es Ratlosigkeit und Sorgen; wir aber wissen, wohin wir uns wenden können. Es ist sehr einfach: Wenn wir etwas nicht verstehen, müssen wir uns auf Jesus verlassen. Das ist nicht immer leicht, und manchmal kostet es einen inneren Kampf, von ganzem Herzen zu vertrauen. Doch Jesus sagt: „Vertraue auf Gott und vertraue auch mir". Eine andere Antwort gibt es nicht.

Joh 14,1

Aus einem Brief: Ich rate dir, rätsele nicht zu viel über schwierige Glaubensfragen, zum Beispiel, warum Gott mitunter Menschen, die er doch liebt, als Werkzeuge seines Zorns gebraucht. Wir wissen nicht genug über Gottes Liebe. Die einzige Antwort auf solche Fragen ist ein völliges und bedingungsloses Vertrauen.

Aus einem Brief: Selbst dann, wenn wir uns in innerer Not befinden, heißt es, sich selbst vergessen und im täglichen Dienst für seine Mitmenschen da zu sein. Dann wird Gott uns auch helfen. Es tut nicht unbedingt gut, immer über uns und unsere Probleme zu sprechen oder unsere Schwierigkeiten anzubringen. Gott weiß, was uns not tut, noch ehe wir ihn bitten. Vertraue ihm wie ein Kind, dann wird er dir helfen.

Sollten wir in Versuchung geraten, das Vertrauen zueinander zu verlieren, etwa als Folge von Kämpfen, die es
zu bestehen galt, oder aus irgend einem anderen Grund,
dann brauchen wir als erstes die innere Stille. Wir brauchen eine Haltung vertrauender Hingabe an Jesus, die
spricht: „Nicht mein Wille, sondern dein Wille." Nur so
werden wir innerlich ganz still. Ich könnte nicht einen
Tag existieren ohne dieses Vertrauen, das mir die nötige
Kraft gibt. Unsere Gemeinschaft wird vergehen, wir alle
werden vergehen; am Ende wird Jesus allein Sieger sein.

Aus einem Brief: Ich weiß von Müttern kleiner Kinder,
dass sie mitunter die Angst packt vor den grauen-
vollen Dingen, die ihren Kindern in der heutigen
Welt zustoßen könnten. Ich kann mich sehr gut in sie
hineinversetzen. Meine beiden ältesten Kinder wurden
während der Bombardierungen Englands im Zweiten
Weltkrieg geboren, als die Bomber jede Nacht über
uns hinwegflogen. Zweimal fielen Bomben ganz in der
Nähe – eine auf unser Land und eine im nächsten Dorf.
Aber größer als unsere Angst vor den Bomben war die
Angst, dass Hitler England erobern könnte. Für uns
Erwachsene hätte das den Tod bedeutet, und es brachte
mich in große innere Not, wenn ich daran dachte, was
dann mit unseren Kindern geschehen könnte.

Heute brauchen wir nicht in Angst vor Bomben zu
leben, aber wir leben in einer Zeit unsäglicher Leiden
und Todesnähe. Es ist absolut denkbar, dass viele von
uns, auch Eltern kleiner Kinder, eines Tages für ihren

Glauben leiden und sterben müssen. Ich bitte dich von
ganzem Herzen, Gott völlig zu vertrauen. Es gibt in der
Bibel viele furchterregende Stellen, besonders in der
Offenbarung. Aber dort heißt es auch, dass Gott selbst
alle Tränen fortwischen wird von den Augen derer,

Offb 21,4 die gelitten haben. Wir dürfen es glauben: Jesus ist
gekommen, nicht um das Gericht zu bringen, sondern
die Erlösung.

„Denn also hat Gott die Welt geliebt, dass er seinen
eingeborenen Sohn gab, damit alle, die an ihn
glauben, nicht verloren werden, sondern das ewige
Leben haben. Denn Gott hat seinen Sohn nicht in
die Welt gesandt, dass er die Welt richte, sondern

Joh 3,16–17 dass die Welt durch ihn gerettet werde“.

Hier erkennen wir das unbeschreibliche Sehnen Gottes,
die Menschheit zu retten. Am Ende werden wir eins sein
mit Gott. Daran wollen wir glauben, auch für unsere
Kinder, selbst wenn wir um Jesu willen leiden müssen.

Wie Sonnenschein über ein Tal breitet sich Gottes
große Liebe über die ganze Welt aus. Es ist wahr, dass es
viele grauenhafte Dinge in der Welt gibt, wie den Krieg:
Kriege werden kommen, aber Gott ist größer, viel größer
als der Mensch; und seine Liebe ist unvergleichlich viel
größer als die der Menschen. Lasst uns nicht in Angst
leben. Lasst uns über das Tal hinweg zu den Bergen
aufblicken und an den großen Gott denken, der alle

Dinge erschaffen hat und der jeden von uns in seiner Hand hält.

Solange wir Jesus und seiner Lehre entsprechend leben, haben wir keinen Grund zur Furcht. Wir wollen ihm treu sein und alle Furcht dahinten lassen.

Wir müssen es lernen, Jesus auch dann zu vertrauen, wenn wir etwas nicht verstehen können. Es wird oft Situationen im Leben geben, deren Hintergründe wir nicht begreifen. Dann ist die einzige Antwort, auf Jesus zu vertrauen.

Ihr werdet durch sehr schwere Zeiten gehen, aber vergesst niemals, dass Gott der letzte Sieg gehört. Das müssen wir immer glauben. Und wenn auch Himmel und Erde vergehen, es wird ein neuer Himmel und eine neue Erde entstehen.

Offb 21,1

Ehrfurcht

Wir sollen Gott fürchten. Ebenso sollen wir uns davor fürchten, seine Schöpfung zu zerstören oder zu kränken. Aber wir brauchen keine Angst vor Gott zu haben. Die Bibel spricht von der Furcht Gottes, aber es gibt eine andere Furcht, die von Gott trennt und die Liebe erkalten lässt. Wehe uns, wenn wir die rechte Furcht mit der falschen verwechseln. Unsere Furcht muss aus unserer Liebe und Ehrfurcht entspringen.

Lk 5,8

Als Petrus erkannte, dass Jesus der Sohn Gottes ist, rief er aus: „Geh weg von mir! Ich bin ein sündhafter Mensch!" Als Sünder fürchtete er sich vor der Klarheit Jesu. Das ist richtig, solange es nicht zu einer Angst führt, die das Vertrauen und Zutrauen zerstört und uns die Kindlichkeit nimmt.

1.Joh 4,18

Mt 25,1–13

Mt 10,28

Aus einem Brief: Der Apostel Johannes schreibt, wer sich fürchtet, der ist nicht vollkommen in der Liebe. Das hat mir viel zu denken gegeben, denn manche Gleichnisse Jesu, wie das von den zehn Jungfrauen, könnten einem Furcht einflößen. Auch das Buch der Offenbarung kann furchterregend wirken. Und Jesus sagt, dass wir uns nicht vor Menschen zu fürchten brauchen, die den Leib töten können, sondern wir sollen uns vor dem fürchten, der Leib und Seele in der Hölle verderben kann. Es gibt also eine Furcht Gottes, die gut und richtig ist. Letzten Endes, solange wir in Gott bleiben, haben wir nichts zu fürchten außer Gott. So sollte jeder wahre Christ sein.

Wir haben uns immer davor gescheut, den Namen Gottes zu gebrauchen, nicht nur weil ein inneres Gefühl uns Vorsicht gebot, sondern weil es in den Zehn Geboten heißt: „Du sollst den Namen des Herrn, deines Gottes, nicht missbrauchen!" Deshalb ist es überaus wichtig, dass Eltern ihren Kindern Hochachtung vor Gott beibringen; dann wird es ihnen nicht einmal einfallen, seinen Namen zu missbrauchen.

2.Mose 20,7

Wir Menschen neigen dazu, Gott und seine Liebe allzu schnell zu vergessen. Das ist das Schlimmste, was der Menschheit zustoßen kann: Wenn sich niemand mehr für Gott interessiert, wenn ihn niemand mehr kennen und für ihn Zeugnis ablegen will, so ist das schlimmer als ihm feindlich gesinnt zu sein. Feindschaft zeigt wenigstens Interesse.

Lk 2,25–39

Wir sollten uns ein Beispiel an Simeon und Hannah nehmen. Sie erwarteten den Messias für das ganze Volk Israel. Selbst wenn es nur zwei sind, dann ist Gott auf dieser Erde noch nicht ganz vergessen. Wir sollten Gott lieben und mit Begeisterung für ihn Zeugnis ablegen und sein Kommen erwarten.

Hingabe

Allen Verhältnissen unserer Zeit zum Trotz müssen wir offen und frei für Gottes Zukunftswillen leben: für brüderliche Gemeinschaft und für das Reich Gottes. Wir müssen bereit und gewillt sein, unseren Widerstand gegen Gott aufzugeben, dann wird er durch seinen Heiligen Geist in uns wirken.

Gott ist immer bereit, immer gegenwärtig. *Wir* sind es, die für seine Sache nicht bereit sind. Wenn wir uns doch nur ganz der Autorität Gottes, dem Weg Jesu und der Macht seines Geistes unterwerfen würden, dann könnte das Feuer entzündet werden, das der ganzen Welt Licht gibt.

Wir kennen alle die Forderungen Jesu: „Verlasse alles was du hast, und komm, folge mir nach! Verkaufe all dein Hab und Gut". „Warte nicht, um deinen Vater zu begraben". „Verlasst eure Fischerboote und eure Netze und kommt mit mir!".

Mt 19,21
Mt 8,22
Mt 4,19

Auch die Jünger kannten die Forderungen Jesu. Auch sie wussten, dass der Mensch – jeder auf seine Art – „reich" genug ist, sich dagegen zu sträuben, weil er das Wenige, was er hat, behalten will und zu Jesus sagt: „Ich kann nicht kommen!". Und so fragten die Jünger voller Bestürzung: „Wer kann dann überhaupt gerettet werden?" Jesus antwortete: „Bei den Menschen ist es unmöglich; aber bei Gott sind alle Dinge möglich".

Lk 14,20

Mt 19,25–26

Wenn wir uns für das Wirken Gottes öffnen und unseren Eigenwillen aufgeben, so ist er immer bereit, uns Glauben und Liebe zu schenken.

Gott will, dass wir ihn um Hilfe bitten. Nicht etwa, weil er ohne unser Bitten nicht handeln könnte oder wollte; aber er wartet darauf, dass wir ihm unsere Herzen und unser Leben bereithalten, damit er – nur er – handeln kann.

Viele Menschen denken darüber nach, warum Gott so ist, warum er den Menschen seinen Willen nicht aufzwingt. Aber Gott wartet auf unsere Bereitschaft. Zwar bestraft er einzelne Menschen und ganze Nationen, um sie zur Umkehr zu bewegen, aber er zwingt ihnen seine Güte niemals auf. Bei Eltern, die ihr Kind am Kragen packen würden, um ihm ihre guten Absichten aufzuzwingen, würde das Kind instinktiv spüren: das ist keine Liebe. Aus demselben Grund zwingt Gott niemandem seinen Willen auf. So stehen wir vor einer folgenschweren Frage: Sind wir bereit, uns Gott freiwillig zu übergeben? Sind wir gewillt, die Fenster unseres Herzens zu öffnen, damit Gott in seiner Güte eintreten und unser Leben bestimmen kann?

Wir müssen uns Gott von ganzem Herzen hingeben, und wenn wir versagen, müssen wir es von neuem tun. Wir alle brauchen täglich die Vergebung für unsere Sünden und unser Versagen. Aber es geht darum, ob wir treu bleiben wollen – treu bis ans Ende unseres Lebens. Das bedeutet, alles hinzugeben – unseren Eigenwillen, unsere Hoffnung auf persönliches Glück, unser Privateigentum, sogar unsere Schwächen – und an Gott und Christus zu glauben. Das ist alles, was gefordert ist.

Jesus verlangt keine Perfektion, aber er will unsere ganze Hingabe.

Aus einem Brief: Was ist wahre bedingungslose Hingabe? Ein Mensch kann sich einem stärkeren Menschen ergeben oder eine Armee einer stärkeren Armee. Man kann sich Gott ergeben, weil er allmächtig ist oder weil man sein Gericht fürchtet. All das ist keine völlige Hingabe. Nur wenn der Mensch erlebt, dass Gott gut ist, dass nur Gott allein gut ist, kann er sich bedingungslos mit ganzem Herzen, ganzer Seele und ganzer Kraft hingeben. Wenn ein Mensch sich mit Leib und Seele Gott ergeben hat, dann wird er andere Menschen suchen, in denen die gleiche Liebe lebendig ist, um sich ihnen hinzugeben. Aber er kann sich anderen Menschen nur anvertrauen, wenn er sich Gott zuerst anvertraut hat.

Aus einem Brief: Wenn wir je eine Gruppe finden würden – auch wenn sie viel kleiner als die unsere wäre – wo die Liebe Jesu völliger und klarer zum Ausdruck kommt als unter uns, dann hoffe und glaube ich, dass wir uns ihr anschließen würden, selbst wenn es den Verlust unserer eigenen kulturellen Identität zur Folge hätte.

Aus einem Brief: Gott muss uns dahin führen, dass wir erkennen, wie elend und schwach, ja, wie geistig arm und vollkommen hilflos wir sind. Wer sich auch nur im Geringsten stark fühlt, dem muss seine Schwachheit offenbart werden. Wenn Gott uns einmal zeigt, wie elend und schwach wir sind, dann fühlen wir uns vollkommen hilflos vor ihm, aber gerade dann steht er uns bei in seiner Gnade und stärkt uns mit seiner unendlichen Liebe. Wir sind ganz und gar von Gott, von Christus und seinem Heiligen Geist abhängig. Eine andere Hilfe gibt es nicht.

Sich dem Willen Jesu ergeben bedeutet, eins mit ihm und mit einander zu werden. Jesus musste so schwer darum ringen, seinen Willen in den Willen des Vaters zu geben, dass er Blutstropfen schwitzte. Böse Mächte umringten ihn, um ihn zu Fall zu bringen, aber er blieb treu. Seine Haltung war: „Dein Wille geschehe, nicht mein Wille". Das sollte auch unsere Einstellung in allen Dingen sein, selbst wenn wir um unseres Glaubens willen verfolgt werden. Was auch geschehen mag – sei es Gefängnis oder sogar der Tod – immer sollten wir sagen: „Dein Wille, nicht mein Wille."

Lk 22,42

Unterwerfung Christus sagt: „Nicht ihr habt mich erwählt, nein, ich habe euch erwählt und an euern Platz gestellt. Ihr sollt nun hingehen und Frucht bringen und eure Frucht soll bleiben". Das ist so wichtig: „Ich habe euch an euern Platz gestellt." Wenn jemand mit seinem Platz im Leben nicht zufrieden ist, kann er großen Schaden anrichten.

Joh 15,16

Aus dieser Unzufriedenheit entsteht Hass. Wir sollen einander lieben und den Platz annehmen, an den Gott einen jeden von uns gestellt hat.

Mt 21,1–7

Als Jesus am Palmsonntag zwei seiner Jünger aussandte, um ein Eselsfüllen zu holen, da hatten sie keine wichtigere Aufgabe auf der ganzen Welt, als die, das Füllen zu holen. Hätte ihnen jemand gesagt: „Ihr seid zu größeren Dingen berufen; einen Esel holen kann jeder," und sie hätten ihren Auftrag nicht erfüllt, so wären sie ungehorsam gewesen. Aber in diesem Moment gab es nichts Größeres für sie, als den Esel für Jesus zu holen. Ich wünsche mir und uns allen, dass wir an jede Aufgabe, groß oder klein, in diesem Gehorsam herangehen möchten. Es gibt nichts Größeres, als Christus gehorsam zu sein.

Demut

Jesus ruft jeden von uns dazu auf, demütig zu sein. Strebt ein Mensch nach persönlichem Erfolg, dann ist eine christliche Gemeinschaft nicht der rechte Platz für ihn. Jeder Mensch kann in diese Versuchung fallen, aber wir müssen dagegen eine klare Stellung nehmen.

Aus einem Brief: Schwach zu sein ist nichts Schlechtes. Unsere menschliche Schwäche ist kein Hindernis für das Reich Gottes, solange wir nicht damit unsere Sünden entschuldigen. Lies 2. Korinther 12, 7–9, wo Paulus schreibt, dass der Herr sich durch unsere Schwachheit in herrlicher Weise offenbaren will. Gewiss ist dies nicht die wichtigste Stelle für die Gemeinde als solche, aber es ist die wichtigste Stelle im Evangelium, was die persönliche Nachfolge betrifft.

Aus einem Brief: Beim Lesen des Markusevangeliums ist mir aufgefallen, dass Jesus betont, wie sehr wir die Demut nötig haben. Er ist nicht gekommen, um bedient zu werden, „sondern dass er diene und sein Leben gebe als Lösegeld für viele". Das ist auch unsere Bestimmung, selbst wenn wir sie nur unzureichend erfüllen.

Mk 10,45

Die Seligpreisungen fordern keine großartigen Menschen mit Heiligenschein, sondern bescheidene Leute.

Mt 5,3–12

Aus einem Brief: Wenn du weißt, dass du manchmal kritisch bist und es dir an Demut fehlt, dann suche sie. Die Demut ist eine Tugend, zu der man sich entschließen kann. Sie macht das Herz weich und macht den Menschen bereit für Gott. Kritik als solche ist nicht unbedingt falsch; sie kann positiv sein, kann aber auch zerstören.

Wir sollten nicht zu viel über unser kleines Herz und unseren schwachen Charakter nachdenken. Niemand ist rein und gut außer Jesus. Er allein ist wirklich vollkommen, und in seiner unendlichen Gnade kann er unser Herz für sein Vorhaben zubereiten. Wir müssen uns ihm hingeben, dann kann er uns führen und gebrauchen, so wie er will. Wir wollen uns von der Versuchung Kains abwenden, der seinen Bruder um dessen Nähe zu Gott beneidete. Lasst uns einfach froh sein, dass wir Jesus angehören, und bereit sein, dass er uns an den Platz stellt, wo wir die meiste Frucht zur Ehre Gottes bringen können.

1.Mose 4,5

Aus einem Brief: Wenn wir die Begrenztheit unserer Existenz so akzeptieren, dass sie uns demütig macht vor Gott, dann werden wir einsehen, dass unsere Hilfe in völliger Abhängigkeit von ihm besteht. Diese Einsicht kann sehr schmerzlich sein, aber wir werden das Leben gewinnen.

Paulus sagt: „Tut nichts aus Eigennutz oder um eitler Ehre willen". Damit meint er nicht nur äußere Eitelkeit – die auch unchristlich ist –, sondern die religiöse Eitelkeit von Menschen, die von anderen verehrt werden wollen. Solche Eitelkeit darf es bei uns nicht geben. Paulus fährt fort: „In Demut achte einer den anderen höher als sich selbst". Das ist das Gegenteil davon, die Brüder und Schwestern in den Schatten

Phil 2,3

Phil 2,3

zu stellen. Wie können wir uns groß tun oder wichtig
nehmen, wenn wir Jesus nachfolgen wollen? „Jesus
erniedrigte sich selbst und ward gehorsam bis zum Tod,
ja zum Tode am Kreuz".

Phil 2,8

Aufrichtigkeit

Sehr viel hängt davon ab, dass unser Leben echt ist und bleibt, und dass wir in jeder Situation nicht mehr, aber auch nicht weniger tun, als das, was Gott von uns fordert. Es besteht eine Gefahr darin, zur intellektuellen Erkenntnis einer Wahrheit zu gelangen und sein Leben nach ihr auszurichten, solange Gott selbst Herz und Seele noch nicht mit dieser Wahrheit erfüllt hat.

Wir sollten niemals fromme Worte gebrauchen, wenn wir sie nicht selbst ernst nehmen. Wenn wir hochtrabende Reden über die Nachfolge halten, uns aber weigern, ihren Forderungen nachzukommen, wird unser inneres Leben Schaden leiden. Lasst uns zurückhaltend sein mit frommen Phrasen und Redensarten über den Glauben. Wenn wir sie benutzen, ohne sie ernst zu nehmen, so wird uns das zerstören. Unsere Heuchelei wird sich besonders an unseren Kindern rächen.

Mt 6,5

Jesus warnt mit aller Schärfe davor, fromm erscheinen zu wollen. Wir wollen natürlich sein und das sagen, was wir wirklich denken; es ist besser, einmal danebenzuhauen, als immer die „richtigen" Worte zu gebrauchen ohne sie ernst zu nehmen.

Aus einem Brief: Nach altjüdischer Tradition benutzt der Hohepriester den Namen Jehovahs nur einmal im Jahr – am Versöhnungstag – und dann nur im

Allerheiligsten des Tempels. Für uns ist diese Ehrfurcht
beim Gebrauch frommer Worte ein wichtiger Ausdruck
religiöser Zurückhaltung. Wir gehen sehr vorsichtig mit
dem Namen Gottes um.

Aus einem Brief: Für dich ist es wichtig, dass du wahrhaftig bist und deine wahren Gefühle offen aussprichst.
Sei lieber zu schroff als übertrieben taktvoll, lieber unverblümt als zu liebenswürdig. Sage lieber ein unfreundliches Wort, das wahr ist, als eins, das „nett" aber unwahr
ist. Ein unfreundliches Wort kann dir hinterher Leid
tun, aber Heuchelei verursacht bleibenden Schaden, der
nur durch besondere Gnade behoben werden kann.

Die Jugendbewegung, in der die Gemeinschaft, der ich
angehöre, ihre Wurzeln hat, war von der Suche nach
Echtheit und Natürlichkeit gekennzeichnet. Etwas von
Jesus war in ihr lebendig.* An erster Stelle stand nicht die
Frage, ob etwas richtig oder gut oder wahr sei, sondern
ob es echt sei. Man hatte es lieber, wenn jemand harmlos
etwas Ungeschicktes oder Verkehrtes sagte, als sich
fromme Reden anhören zu müssen. Man lehnte eine

---

* Jugendbewegung: Sammelbegriff für eine um die Jahrhundertwende im
deutschsprachigen Raum entstandene, aus vielen verschiedenen Gruppen
bestehende Bewegung, die die herkömmlichen bürgerlichen Werte ablehnte
und nach einer neuen Lebensgestaltung in Einfachheit und Naturnähe suchte.
Nach 1933 wurde die Jugendbewegung vom Nationalsozialismus durchsetzt;
Gruppen, die sich nicht „gleichschalten" ließen, wurden verboten
und aufgelöst.

nachgeplapperte Religiosität ab; man rang darum, die
Wahrheit zu finden.

Aus den Tiefen der jugendlichen Herzen bahnte
sich eine neue Einstellung zum Leben an; ein neues
Lebensgefühl fand seinen Ausdruck auf verschie-
denste Art und Weise. Ein innerer Drang führte zu
Gemeinsamkeit im Wandern, Singen und Volkstanzen,
bis hin zum Aufbau von Gemeinschaftssiedlungen.
Das Beisammensein um ein loderndes Feuer wurde
zum inneren Erlebnis, und in der rhythmischen
Bewegung des Kreistanzes fand eine tiefe Sehnsucht der
Herzen ihren Ausdruck. Man strebte danach, nur dem
Gestalt zu geben, was wirklich echt war. Das bedeu-
tete, dass man alles Unnatürliche, Gekünstelte – auch
die Mode – ablehnte. Die innere Erfahrung war das
Wesentliche. Sie durchdrang alle Lebensgebiete.

Aus einem Brief: Es ist nicht der offenkundige Sünder,
der Gott im Wege steht. Die größten Feinde Gottes sind
diejenigen, die den Ruf Christi zur Nachfolge annehmen
und dauernd fromme Worte machen und trotzdem fort-
fahren, dem Teufel zu dienen.

Von solchen Leuten handeln die meisten Gleichnisse
Jesu, nicht von den Ungläubigen. Nur zwei Beispiele:
Alle zehn Jungfrauen in Matthäus 25 machen sich auf,
den Bräutigam zu suchen, aber fünf von ihnen schlafen
ein. In Matthäus 24,48–49 wird der Diener von seinem
Herrn beauftragt, aber er ist untreu. Das ist es, was das
Reich Gottes am meisten hindert: Wenn Menschen,

die den Ruf gehört und beantwortet haben, sich in
den Dienst Satans stellen, während sie noch christliche
Worte gebrauchen.

Mt 23,26–28

Wenn wir in der Nähe Jesu bleiben, finden wir die
Echtheit in ihrer reinsten Form. Wie scharf wendet sich
Jesus gegen eine Frömmigkeit, die versucht, von außen zu
reinigen, und wie klar sagt er uns, dass zuerst das Innere
gereinigt werden muss!

Die Gemeinde

Die Gemeinde

Die Menschheit ist gequält und zerrissen; das ist uns bewusst. Zum Teil ist es die Einsamkeit der Menschen, die nur durch die Erfahrung lebendiger Gemeinde überwunden werden kann. Gemeinde ist nicht identisch mit irgendeiner bestimmten Gruppe oder Organisation. Aber sie ist da: Sie lebt, und sie kommt dort herab, wo Menschen sie gemeinsam in Demut suchen. Dass die Gemeinde da ist, ist die wesentlichste Tatsache auf dieser Erde. Wenn Gott in das Innerste unseres Herzens spricht, wird alle Einsamkeit und sündhafte Entzweiung überwunden; dann erleben wir innere Gemeinschaft mit allen Brüdern und Schwestern.

Wir können nicht sagen, die Gemeinde ist hier oder sie ist dort. Die Gemeinde kommt vom Himmel herab zu denen, die geistlich arm sind. Sie kommt zu denen, die um Christi willen alles aufgeben, auch ihre eigenen Ideen und Ansprüche. Das kann überall geschehen; wenn es geschieht, dann entsteht Einmütigkeit unter den Menschen.

Die Urchristen waren davon überzeugt, dass die Gemeinde bereits vor der Schöpfung da war. Sie besteht im Heiligen Geist. Wo zwei oder drei in seinem Namen versammelt sind, dorthin sendet Christus die Gemeinde – dort, wo jeder sich ganz und gar mit seinem Eigentum, seinem Vorrecht und seiner Macht um Christi willen aufgibt.

Wenn man uns fragt, ob wir *die* Gemeinde seien,
so müssen wir antworten: „Nein, wir sind nicht *die*
Gemeinde." Werden wir jedoch gefragt, ob die Gemeinde
zu uns kommt, so müssen wir bezeugen: Ja, sie kommt
zu uns, wenn wir arm und gebrochen vor Gott stehen.
Je ärmer im Geist ein Kreis von Menschen ist, desto
mehr naht sich ihm die Gemeinde. Unsere eigenen
Vorstellungen müssen vollständig aufgegeben werden,
besonders der Gedanke, Macht oder Einfluss auf andere
auszuüben. Wir müssen wie Bettler arm vor Gott werden.

Wenn wir von der wahren Gemeinde sprechen, meinen
wir gewiss nicht unsere eigene Gemeinschaft, den
Bruderhof. Wir meinen alle die Menschen, die ein Leben
in völliger Einheit mit Christus führen. Nur die Früchte
werden zeigen, wo das der Fall ist.

In den Schriften der Urchristen, zum Beispiel im „Hirten
des Hermas"*, finden wir wiederholt den Gedanken,
dass die Gemeinde da war, ehe irgendetwas erschaffen
wurde. Das ist ein tiefer und bemerkenswerter Gedanke,
ganz entgegengesetzt dem Begriff einer kleinen
Glaubensgemeinschaft, selbst einer großen Vereinigung
von Millionen von Menschen, die sich Kirche nennt.

Wenn wir vom Bruderhof sprechen, dann wollen wir
damit keinesfalls behaupten, dies sei *die* Gemeinde. Die

---

*Eberhard Arnold (Hrsg.), *Am Anfang war die Liebe*, Wiesbaden, 1986, S. 226.

Gemeinde ist etwas viel Größeres. Sie geht zurück zum Ursprung aller Dinge vor der Erschaffung der Welt. Aber wir sehnen uns danach, dass sie auch heute unter uns wirksam sei.

Peter Riedemann, ein Täufer aus dem 16. Jahrhundert, vergleicht die Versammlung der Gläubigen in der Gemeinde mit einer Laterne. Eine Laterne ist unbrauchbar, wenn kein Licht darin ist. Das gilt auch für eine Glaubensgemeinschaft. Sie kann alle Güter gemeinsam halten und ohne jegliches Privateigentum die gegenseitige Liebe und völlige Gemeinschaft praktizieren – das ist noch keine Garantie, dass sie lebendig ist. Die Gemeinde ist ein Geschenk Gottes. Sie kommt zu den geistlich Armen und wird vom Heiligen Geist vereinigt und belebt.

Aus einem Brief: In dieser Weltstunde der Not und Verzweiflung ist nichts wichtiger als in brüderlicher Einheit und Liebe zu leben. Im Vergleich zur ganzen Weltnot mag solch ein Lebensversuch noch so klein, ja fast unsichtbar sein – er wird nicht ohne Einfluss bleiben.

Die Menschen von heute brauchen keine langen Predigten. Der Weg der Nachfolge muss ihnen praktisch vorgelebt werden. Unsere Zeit braucht ein greifbares Beispiel dafür, dass Gott stärker ist als Hass, Not, Sünde und Uneinigkeit.

Gott braucht ein Volk, wo jeder sein Leben ohne Vorbehalt für Gottes Sache einsetzt. Es müssen Menschen sein, die nicht an erster Stelle ihr eigenes

Heil im Sinn haben – Menschen, die im Gebet für die
Nöte ihrer Mitmenschen eintreten – Menschen, die an
den Sieg Gottes glauben.

Eine wahre Gemeinschaft kann nicht einen einzigen Tag
bestehen ohne die Gabe des Heiligen Geistes. In jedem
Beisammensein, im gemeinsamen Schweigen oder im
gemeinsamen Singen – immer erwarten wir die Gabe, die
Gott uns durch den Tod Jesu Christi angeboten hat.

Es wird berichtet, dass die Jünger der Urgemeinde

Apg 4,32   ein Herz und eine Seele waren. Auch ohne organi-
sierte Körperschaft waren sie doch ein Herz und eine
Seele. Sie waren von dem Geist bewegt, der von oben
kommt. Durch diese Bewegung geschah es, dass sie
alles gemeinsam hielten und niemand etwas sein eigen
nannte. Dabei handelte es sich nicht um ein starres
Gesetz, nicht um organisierten Kommunismus nein,
es ging um bewegte Herzen.

Aus einem Brief: Nicht wir können Gemeinde aufbauen
oder gründen oder einen einzigen Menschen verändern.
Wir alle sind ganz und gar abhängig von der Atmosphäre,
von dem Geist Gottes, der unter uns herrscht. Doch
beeinflussen wir alle diese Atmosphäre. Deshalb ist jeder
einzelne dafür verantwortlich, dass kein Geist, der Gott
widerstrebt, in unser Leben eindringen kann.

Sind wir Jesus treu, dann werden wir auch einander treu sein. Wir gehören zusammen. Wer sich Jesus hingibt, wird mit anderen Gläubigen zu einem Leib vereinigt. Es ist wie beim menschlichen Körper: Wenn das Auge durch etwas bedroht wird, so wird der Arm es mit einer schnellen Bewegung zu schützen suchen, selbst wenn er dabei verletzt würde. Das geschieht wie von selbst, gleichsam aus Liebe. So ist es unter denen, die Christus und einander die Treue gelobt haben. Jeder sollte bereit sein, für den anderen zu leiden – der Stärkere für den Schwächeren.

1.Kor 12,12–27

Aus einem Brief: In Jesus und in seinem Geist werden wir alle eins – eins mit der Oberen Gemeinde, eins mit den Aposteln und Märtyrern, eins mit all denen, die mit Jesus eins waren und sind. Weicht unsere Liebe jedoch ab von Jesus, dem Erlöser der Welt, dann wird sogar unser Glaube an die Gemeinde zur Abgötterei.

Es ist paradox: Wir müssen uns von unserer verdorbenen Generation lossagen, und diese Trennung kann nicht scharf genug sein; gleichzeitig aber wollen wir uns mit Christus vereinigen, der für jeden einzelnen auch dieser Generation gestorben ist. Als Gemeinde brauchen wir es am nötigsten, den gekreuzigten Christus zu finden, das Lamm Gottes, das für die Sünden der Welt gestorben ist. Wenn wir mit Christus vereinigt sind, dann können wir nicht kaltherzig sein – nicht gegen eine Frau, die abgetrieben hat, oder gegen irgendeinen Menschen, der sich versündigt hat. Wir werden barmherzig sein.

Aus einem Brief: Unsere Gemeinschaft, der Bruderhof, hat gewisse charakteristische Merkmale, die ihren Ursprung in seiner europäischen Herkunft und deren geschichtlichem Hintergrund haben. Das Gleiche gilt für die „Church of the Brethren", für die Quäker und für andere religiöse Bewegungen. Ich kann gut verstehen, dass man eine gewisse Liebe und Anhänglichkeit zu seiner Kultur und zu Menschen seiner eigenen Herkunft hat. Aber lasst uns einmal an die „Gemeinschaft der Gläubigen" denken, an den Leib Christi, der durch alle Jahrhunderte weiterlebt. Was bedeutet demgegenüber der Bruderhof mit seiner Kultur? Was immer Gutes daran sein mag ist nur solange von Bedeutung, wie er von diesem Lebensstrom erfasst ist. Die Bruderhofgemeinschaft wird vergehen, so wie viele Bewegungen vergangen sind, aber der Strom des Lebens, an dem sie Anteil hat, kann niemals vergehen. Darauf kommt es an.

Hätten wir uns vorgenommen, eine christliche Gemeinschaft mit deutscher Kultur zu sein, um gerade nur solchen Menschen zu dienen, die aus dem Milieu der Jugendbewegung kommen, so wären wir in Gefahr gewesen auszutrocknen, noch ehe wir begonnen hätten. Wir wollen unser Leben vollkommen hingeben und uns dort gebrauchen lassen, wo Gott die Herzen der Menschen bewegt. Wir wollen offen sein für alles,

was Gott gibt; sonst laufen wir Gefahr, die göttliche
Wahrheit einzuengen.

Unser Kreis ist schwach und oft nur allzu menschlich. Unser Auftrag kann jedoch niemals eingeschränkt
werden. Gott kennt keine Schranken.

Je älter ich werde, desto unwichtiger erscheint mir
unsere eigene Gemeinschaft. Wesentlich ist, dass es die
betende Gemeinde Gottes auf dieser Erde gibt. Dazu
wollen wir unser Leben hergeben, dafür wollen wir leben.

Wir müssen eine Dringlichkeit im Innern verspüren:
Wir dürfen das Leben nicht vorübergehen lassen, ohne
uns der Gemeinde völlig hinzugeben. Die Gemeinde
war in Gott, ehe die Welt erschaffen wurde, und sie ist
jetzt als die Obere Gemeinde bei Gott im Himmel, als
die Wolke der Zeugen von allen Enden. Diese heilige
Tatsache darf uns nicht unbeteiligt lassen.

Aus einem Brief: Sind wir als Gemeinde so hingegeben,
ist unser Gemeinschaftsleben so wahrhaftig, ist unser
Zeugnis so voller Salz, dass es eine Wirkung auf die
ganze Welt hat, so wie eine Prise Salz einen ganzen Teller
Suppe würzt? Es genügt nicht, in Gemeinschaft zu leben,
die andern zu lieben und sich gegenseitig Freude zu
machen – Mehr wird verlangt.

Ich glaube, wir leben in der Endzeit. Es ist eine
entscheidende Stunde. Alles hängt davon ab, ob unsere
Lampen bereit sind und ob wir bereit sind, dem

Mt 25,1–13 Bräutigam entgegenzugehen. Jesu Abschiedsreden im
Johannesevangelium machen es eindeutig klar: die
Gemeinde muss einig sein, damit die Welt erkennt,
Joh 17,21 dass Jesus vom Vater gesandt wurde. Was mich zutiefst
erschüttert, ist die Frage: Kann die Welt dies an
uns erkennen?

Gemeinschaft

Es ist an uns, allem Privateigentum, allem Sammeln von Dingen abzusagen. Die Begierde nach irdischen Gütern, sei es für sich selbst, für die eigene Familie oder für die Gemeinschaft, führt zum geistlichen Tod, denn sie isoliert das Herz von Gott und den Mitmenschen. Deshalb wollen wir alles miteinander teilen und gleichzeitig vermeiden, in die Sünde des kollektiven Reichtums zu fallen. Unsere Tür steht jedem offen, der Gott und seine Wahrheit sucht. Wenn die Gemeinde die Güter verwaltet, stehen sie allen zur Verfügung, die sie brauchen.

Mt 19,21 Der Weg Jesu bedeutet völlige Besitzlosigkeit. Diesen Weg haben wir gewählt, und unsere Kinder müssen das von frühester Kindheit an erfahren. Sie sollen wissen, dass unser Geld Gott gehört und nicht uns. Jesus sagt, wir sollen uns keine Schätze auf Erden sammeln, sondern Mt 6,19–20 unseren Schatz im Himmel suchen.

Aus einem Brief: Du fragst, wie wir als einzelne oder als Familie Teil eines Ganzen werden können. Das muss durch den Geist Jesu gegeben werden. Damit das geschehen kann, müssen wir unseren eigenen Vorstellungen und Wünschen ganz entsagen und nur für Jesus und seinen Geist offen sein.

*Aus einem Brief:** Für das Erleben wahrer christlicher
Gemeinschaft, für die Bewegung des Geistes Gottes,
für die Einheit der Gläubigen in der Gemeinde, gibt es
keinerlei Ersatz. So schreibe ich das Folgende in dem
Bewusstsein, dass Worte niemals den Geist der Liebe
Gottes festhalten können, der überall dort weht, wo
Menschen sich ihm bedingungslos hingeben.

Auf Ihre Frage nach der biblischen Grundlage für
unser Leben finden wir in Lukas 14,33 die deutlichen
Worte Christi, dass nur diejenigen seine Jünger sein
können, die sich von allem, was sie haben, lossagen.
Und weiter heißt es in Johannes 16,13: „Wenn der Geist
der Wahrheit kommen wird, wird er die Menschen in
alle Wahrheit leiten." Das geschah zu Pfingsten, als die
Apg 2,44 Nachfolger Jesu ein Herz und eine Seele waren und all
Apg 4,32–34 ihren Besitz als gemeinsames Eigentum betrachteten.
Siehe auch 1. Korinther 12, besonders die Verse 25 und 26.

In einer Kirche, in der man nicht gemeinschaft-
lich lebt, ist es schwer, diese Passage in ihrer vollen
Bedeutung zu erfassen. Das gilt auch für 2. Korinther 8,
13–15.

Die Herzen aller, die zu Pfingsten vom Geist bewegt
waren, strömten über vor Liebe: Die Gläubigen wurden
von einer brennenden Liebe zu Gott und zueinander
erfasst. Ich glaube, auch Sie würden nicht bestreiten,
Apg 4,33 dass „große Gnade bei ihnen allen war". Die Folge
dieser Gnade und Liebe war die Gütergemeinschaft. Das
heutige Christentum ist von einer solchen Gemeinschaft

---

* Aus einem Antwortschreiben an eine Quäkerin aus dem Jahr 1956. In diesem
Auszug werden nur einige ihrer zahlreichen Fragen angesprochen.

der Liebe weit entfernt, wenn beispielsweise jemand im Kirchenblatt dankbar bezeugt, wie wunderbar Gott sein Geschäft aufblühen ließ, seit er begann den Zehnten abzugeben.

Zu behaupten, das Teilen von Geld und Besitz sei die wesentliche Grundlage unseres Glaubens, wäre eine Entstellung der Tatsachen. Es ist eine Auswirkung unseres Glaubens, nicht seine Grundlage. Es ist die Frucht der völligen Hingabe an Christus und seine Liebe. Alles was Gott uns gegeben hat – unseren Besitz, unsere Begabungen, unser ganzes Leben geben wir ihm zurück, damit er allein es durch seinen Geist verwalte.

Auf Ihre Frage, ob Gütergemeinschaft dazu hilft, Seelen für Christus zu gewinnen, können wir nur Nein sagen. Das bloße Teilen der Güter an sich führt keineswegs zu Christus. Ist es aber das Ergebnis überströmender Liebe, dann kann es zu Christus führen.

Viele von uns auf dem Bruderhof sind in nichtchristlichen Verhältnissen aufgewachsen. Was uns anzog, war die *gelebte* Liebe und Bruderschaft. Wir waren der Worte müde; Worte sind billig, man kann sie fast überall hören. Denn wer würde behaupten, er sei gegen Liebe und Brüderlichkeit? Wir suchten Taten statt Worte, Brot statt Steine. Das ist das Angebot Christi an uns: ein neues Leben, in dem die Liebe in Wort und in Wahrheit alles regiert.

Sie fragen, wieviel Gelegenheit ein neu zu unserer Gemeinschaft Hinzugekommener hat, das wahre Evangelium, nicht ein „Bruderhof-Evangelium" zu verkündigen. Was verstehen Sie unter Evangelium?

Was ist die „gute Nachricht", wenn sie nicht bedeutet,
dass es einen anderen Weg geben muss als den des Todes
und der Verzweiflung, der heute in der Welt vorherrscht?
Was ist die „gute Nachricht", wenn nicht die, dass
Menschen als Brüder zusammenleben können in Frieden
und völligem Vertrauen und Liebe zueinander, als
Kinder eines Vaters? Das Evangelium ist mehr als Worte;
es bedeutet Tat und Wahrheit, es ist der Ausdruck einer
lebendigen Erfahrung, einer ganz neuen Lebensweise,
die Christus gebracht hat. Wir rufen die Menschen nicht
dazu auf, sich dem Bruderhof anzuschließen, sondern
in Brüderlichkeit zu leben. Wir wollen dem Evangelium
nichts hinzufügen, aber wir dürfen auch bestimmt nichts
von seinem Inhalt wegnehmen, sondern müssen uns
jeder seiner Forderungen stellen.

Sie fragen, warum wir uns als Gemeinschaft isolieren,
um *in* der Welt aber nicht *von* ihr zu sein. Wir leben
lediglich in dem Sinne abseits, dass wir uns von der
bösen Wurzel des Eigennutzes, der Habsucht und
der Ungerechtigkeit loslösen wollen. Die heutige
Gesellschaft ist im Wesentlichen nicht anders als
zu Jesu Zeiten. Die Menschen sind ebenso ichbe-
zogen und stolz, sie sind auf ihren eigenen Gewinn
erpicht, sie trachten nach Macht und Position. Die
Früchte dieses Übels durchsetzen die Gesellschaft in
vielerlei Form: als Unreinheit, Hass, Alkoholismus,
Armut, Jugendkriminalität, seelische Krankheit und
Depressionen, Gewaltverbrechen und schließlich als
Krieg. Das sind die Früchte des Mammons in einer
unchristlichen Gesellschaft, die Früchte der heutigen

Weltordnung. Das ist die Welt, aus der Christus uns herausgerufen hat und noch immer ruft. Er ruft uns heraus und bringt uns zusammen, um die Stadt Gottes zu bauen, in der allein sein Geist herrscht – die Stadt auf dem Berge, die sich nicht verbergen kann, sondern in die Welt hinaus leuchtet.

Das Evangelium lehrt uns, dass ein Baum – eine Person, eine Gruppe – an den Früchten zu erkennen ist, denn ein guter Baum kann keine schlechten Früchte hervorbringen und ein schlechter Baum keine guten. Ein Leben, das auf Christus gegründet ist, besteht nicht nur aus Worten. Auf unsere Taten kommt es an. Christus will, dass alle Menschen uns als seine Jünger erkennen und zwar an der Liebe, die wir füreinander haben, nicht am Reden über die Liebe zueinander. In seinem letzten Gebet ging es ihm um die Einheit unter seinen Jüngern: „…damit sie alle eins seien. Wie du, Vater, in mir bist und ich in dir, so sollen auch sie in uns sein, damit die Welt glaube, dass du mich gesandt hast". Die Gemeinde soll also in der Welt sichtbar sein. Zur Ehre Gottes soll das Licht des einmütigen Leibes der Gläubigen in die Dunkelheit hinausstrahlen.

Sie fragen: „Wenn man sich genug verleugnet, um den Weg Jesu zu gehen, kann man dann nicht auch außerhalb einer ‚Organisation von Brüdern' ein sinnvolles Leben unter den Menschen führen?" Diese Frage müssen Sie für sich selbst beantworten. Wir sind hier, weil wir erkannt haben, dass ein sinnvolles Leben nicht genügt. Christus verlangt mehr von uns: Er will den ganzen Menschen. Wir sind keine „Organisation von Brüdern"; wir sind

Mt 7,16–18

Joh 13,35; Mt 7,21

Joh 17,21

nichts anderes als eine kleine Schar von Menschen, die
danach trachtet, in der Gegenwart Gottes zu leben. Wir
wollen Jesu Bergpredigt wörtlich nehmen und an ihr
gemessen werden. Das ist nur möglich, wenn wir unser
Leben ganz in seinen Willen geben in dem Glauben, dass
er uns in die Wahrheit führt.

Aus einem Brief: Unser gemeinsames Leben bedeutet
Kampf. Immer wieder müssen wir darum ringen, uns
von allem loszubrechen, was uns von Gott und den
Geschwistern trennt. Dieses Losbrechen, dieses Sich-
selbst-absterben, tut oft sehr weh. Wir glauben, dass
absolut alles von uns gefordert wird: aller Stolz, aller
Eigenwille muss verschwinden; das ganze Gerüst unseres
Lebens und Denkens, in dem wir unsere Sicherheit zu
finden wähnten, muss zusammenbrechen.

Das geschieht nicht durch ein plötzliches
Hereinbrechen des Lichts; es geschieht Schritt für
Schritt. Im Zusammenleben wird es klar, dass es gewisse
Dinge gibt, die uns voneinander trennen, wie z.B. Stolz,
Selbstmitleid, frommes Gehabe. Von diesen Übeln
müssen wir uns abkehren, sobald sie uns bewusst werden.
Schwach werden wir immer bleiben, aber die Quelle
der Kraft zu finden, die in jedem Kampf zum Siege
führt – das ist unsere Freude.

Aus einem Brief: Das gemeinsame Leben mit Brüdern und Schwestern ist ein großes Geschenk. Keine Schwierigkeit ist zu groß, kein Kampf ist zu schwer, wenn die Liebe Gottes in uns brennt und uns zusammenschweißt. Es sollte eine Erleichterung sein zu entdecken, dass ein Leben in der Nachfolge nicht einfach erlernt werden kann, nicht einmal durch harte und schmerzhafte Kämpfe. Vielmehr handelt es sich um eine ständig neue Erfahrung der Gnade. Es ist paradox: Der Gott Abrahams, Isaaks und Jakobs war und ist immer der Gleiche und wird immer der Gleiche bleiben; und doch ist gerade er es, der uns von Eintönigkeit und Gesetzlichkeit befreit. In ihm wird jedes Erlebnis neu, gewissermaßen erstmalig.

Die Gefahr des Materialismus muss uns als Bedrohung für unser Innenleben ständig vor Augen stehen, sei es als Herrschaft des Geldes oder irgendwelcher anderer Dinge. Jesus sagt: „Ihr könnt nicht zwei Herren dienen; ihr könnt nicht Gott dienen und dem Mammon". Die materiellen Dinge an sich sind nicht der Feind, sie gehören zum Leben, aber sie müssen für den Auftrag der Gemeinde eingesetzt werden. Letztlich geht es um unsere Einstellung. Der Verfall unserer Seele führt zur Zerstörung des Lebens durch materielle Dinge. Wenn aber unsere Beziehung zu Jesus und der Gemeinde lebendig ist, dann können wir die Dinge benutzen, ohne uns von ihnen beherrschen zu lassen.

Mt 6,24

Aus einem Brief: Es liegt uns nicht daran, Menschen durch glatte Worte zu gewinnen. Dafür stellt das gemeinsame Leben zu hohe Anforderungen. Heute haben wir Haus und Hof, Arbeit und tägliches Brot. Aber die Geschichte der Täufer, der Quäker und anderer radikaler Bewegungen zeigt, dass wir nicht wissen, was morgen geschieht.

Eine ungeheure Gefahr für ein gottgefälliges Leben, ob man in Gemeinschaft oder anders lebt, ist das Geld – der Mammon. Jesus sagt es deutlich: „Wo dein Schatz ist, da ist auch dein Herz". Der urchristliche Prophet Hermas spricht von der Gefahr, Äcker, Häuser oder irgendwelche andere irdische Werte zu besitzen. Er ruft aus: „Törichter, zwiespältiger, unseliger Mensch: Bedenkst du nicht, dass alle diese Dinge hier dir gar nicht gehören, und dass sie unter einer dir wesensfremden Macht stehen?"* Auch wenn wir in Gütergemeinschaft leben und eine gemeinsame Kasse führen – die Gefahr des Mammons bleibt bestehen. Jesus sagt von sich selbst: „Die Füchse haben Gruben, und die Vögel unter dem Himmel haben Nester; aber der Menschensohn hat nichts, wo er sein Haupt hinlege".

Mt 6,21

Lk 9,58

Wenn neue Mitglieder in unserer Gemeinschaft ihr Gelübde ablegen, fragen wir sie, ob sie bereit sind,

---

* Eberhard Arnold (Hrsg.): *Am Anfang war die Liebe*, Wiesbaden 1986, S.232

sich bedingungslos an Gott, an Jesus Christus und an die Geschwister zu binden. Kann man sich an eine Gruppe von Menschen binden? Ich habe viel über die Bedeutung der Hingabe nachgedacht, von der hier die Rede ist: Hingabe an Gott, an Christus und an die Brüder und Schwestern. Wir kennen das erste Gebot: Du sollst keine anderen Götter haben neben dem einen Gott; und das Gebot Christi, unseren Nächsten wie uns selbst zu lieben. Und wenn einer sagt, er liebe Gott, aber seinen Bruder hasst, so ist er ein Lügner. Wir dürfen also unsere Bindung an Gott nicht trennen von unserer Verpflichtung denen gegenüber, die auch Gottes Geboten folgen wollen.

Andererseits könnte es gefährlich sein, sich bedingungslos an Menschen zu binden oder – wie es hier steht – sich an die Brüder und Schwestern zu binden. Was geschieht, wenn diese fehlgehen, sei es auch ganz unmerklich? Es kann geschehen, dass Glaubensgemeinschaften nach der ersten oder zweiten Generation in gewissen Punkten erstarren. Wenn bestimmte Dinge, die an sich durchaus richtig sind, zum Gesetz gemacht werden, dann wird das innere Leben abgetötet.

Wenn man diese Gefahr erkennt, dann fragt man sich tatsächlich: wie können wir uns dann noch aneinander binden? Nur im Glauben an den Geist Christi kann eine Antwort auf diese Frage gegeben werden.

Aus einem Brief: Ich bin dankbar, dass du offen deine unguten Gedanken über andere Gemeindeglieder

Mt 22,39

1.Joh 4,20

bekannt hast. Gott ist stärker als deine Sympathien und
Antipathien. Er schenkt uns die Liebe, er schenkt uns die
Gemeinschaft, in der Sympathie und Antipathie über-
wunden werden können.

Aus einem Brief: Wie gut kann ich verstehen, dass
unsere Gemeinschaft dich enttäuscht hat. Auch
ich denke mit Schaudern an vieles, was in unserer
Geschichte vorgekommen ist. Aber im Grunde haben
wir uns ja nicht einer Gemeinschaft oder Gemeinde
versprochen, auch wenn wir den Brüdern und
Schwestern die Treue geloben, sondern wir haben uns
Jesus übergeben. Er musste Verrat hinnehmen. Er musste
es ertragen, von all seinen Jüngern verlassen zu sein. Er
musste Gottverlassenheit erfahren. Und doch war ihm
der Wille des Vaters ein und alles. Daran halte ich ganz
fest und rufe dich auf, auch daran festzuhalten. In dieser
Stunde, in der der Feind so viele zerstreut hat, müssen
wir uns Jesu Worte zu Herzen nehmen: „Wer nicht mit
mir sammelt, der zerstreut". Ich möchte meine Treue
zu Jesus und zu den Brüdern und Schwestern darin
beweisen, dass ich mit ihnen sammle.

Mt 12,30

Wenn wir in Gemeinschaft leben wollen, dann können
wir es nur um der Sache Gottes willen tun, sonst
werden wir, auch wenn wir den besten Willen haben,
Schmarotzer am inneren Leben der Gemeinde sein.
Selbst wenn wir mehr Stunden als andere arbeiten, selbst

wenn wir mehr Einnahmen als andere erwirtschaften,
wird unsere persönliche Anstrengung wie eine schwere
Last auf dem Rest der Gemeinschaft liegen. Die Tür
der Gemeinde steht allen Menschen offen. Aber wir
erwarten von jedem, der bei uns bleiben möchte, dass er
den Aufruf zur völligen Nachfolge annimmt. Sonst wird
unsere Gemeinschaft bald zerfallen.

Unser Zeugnis für ein Leben in völliger Gemeinschaft –
für die Tatsache, dass Jesus Menschen sammelt und
vereinigt – steht in vollem Einklang mit seinen Worten
und mit seinem Wesen. Gemeinschaft an und für sich
ist nicht das Entscheidende, das Entscheidende ist
die Liebe. Arbeitsgemeinschaft, Gütergemeinschaft,
Tischgemeinschaft – das alles sind lediglich Früchte
dieser Liebe.

Aus einem Brief: Wir sind stets dankbar, wenn
Gott unsere Gemeinschaft stärkt, indem er uns neue
Mitglieder schenkt. Aber wir wollen niemanden mit
schönen Worten dazu überreden, wir wollen niemanden
überzeugen, sich uns anzuschließen, indem wir einen
guten Eindruck machen. Das gemeinsame Leben bringt
viel Schweres mit sich, und niemand kann den Kämpfen
standhalten, der nicht völlig auf die Kraft Gottes
vertraut. Aus uns selbst haben wir keine Kraft: Gott ist
die Quelle unserer Kraft.

Die Leitung der Gemeinde

Eine wirklich christliche Gemeinde ist nur dann ein lebendiger Organismus, wenn eine klare Leitung vorhanden ist. Das Schiff der Gemeinde braucht einen Steuermann, der sich in aller Demut von oben her führen lässt. Er muss die Bruderschaft, die er leitet, achten und respektieren. Er muss auf die Stimme des Heiligen Geistes horchen, wie dieser in der versammelten Gemeinde spricht. Er darf sich nicht isolieren. Durch enge Zusammenarbeit mit allen Mitgliedern kann in jeder Angelegenheit eine klare Richtung gefunden werden. Das gilt für Fragen des Glaubens, für alle praktischen Belange und für die innere Haltung der Gemeinde.

Das Amt der Gemeindeleitung sollte, wie jeder echte Dienst in der Gemeinde, von einem Organ des Leibes ausgeführt werden. Und dieser Dienst muss liebevoll, aufrichtig und in kindlicher Weise ausgeübt werden. Wer eine besondere Verantwortung trägt, ist nicht höher als irgendein anderer in der Gemeinde. Keiner ist bedeutender, keiner ist geringer: wir alle sind Glieder eines Leibes.

Wahre Gemeindeleitung bedeutet Dienst. Deshalb ist es verhängnisvoll, wenn sie als Machtstellung über andere missbraucht wird. In einer Glaubensgemeinschaft, in welcher die Brüder und Schwestern sich freiwillig in offenherzigem Vertrauen der Gemeinde hingeben, ist solch ein Missbrauch besonders verheerend.

Unter einer diktatorischen Herrschaft gehorcht das Volk den Machthabern, auch wenn es ihr Vorgehen innerlich als verderblich ablehnt. In einer Gemeinde von Gläubigen aber, die Vertrauen zur Gemeindeleitung haben, wird der Missbrauch der Autorität zum Seelenmord.

Wenn wir Brüder mit der Leitung der Gemeinde beauftragen, dann müssen wir darum bitten, dass ihnen durch Gottes Geist viel gegeben werde. Wir müssen sie aber auch so sein lassen, wie Gott sie geschaffen hat. Sie sollen sich nichts anmaßen, sondern nur das zum Ausdruck bringen, was ihnen von Gott her gegeben wird. Mehr erwarten wir nicht. Es würde einen unglücklichen Ausgang haben, wenn sich jemand in eine Rolle hineingezwängt fühlt, die nicht eigentlich die seine ist. Von einem Ohr erwarten wir nicht, wie ein Auge zu sein.

Wenn von Autorität oder Vollmacht in der Gemeinde die Rede ist, so ist damit niemals Macht über Menschen gemeint. Das sollte ganz klar sein. Jesus gab seinen Jüngern Vollmacht, aber er gab ihnen Vollmacht über Geister, nicht über Menschen. In gleicher Weise wird denen, die zur Leitung der Gemeinde eingesetzt werden, Vollmacht gegeben, aber niemals über Menschen. Das wird allzu leicht vergessen: wir müssen immer wieder zur wahren Demut zurückkehren.

Ein Diener am Wort* steht immer in Gefahr, etwas Falsches zu lehren oder einen Teil der Wahrheit zu verschweigen. Davor habe ich große Furcht, und ich bitte euch, für uns alle, die wir in diesem Dienst stehen, im Gebet einzutreten. Paulus konnte sagen, dass er nichts **2.Tim 3,10–11** vernachlässigt sondern in seinem Dienst als Apostel in **2.Tim 4,7,17** der Gemeinde alles getan hat. Das trifft mich sehr tief. Betet, dass jeder Diener am Wort das ganze Evangelium immer wieder neu der Gemeinde nahebringt, ohne das Geringste zu ändern oder zu verdrehen.

Jesus sagt es deutlich: „Wem viel gegeben ist, von dem **Lk 12,48** wird man viel fordern". Ein Diener am Wort muss wissen, dass von ihm mehr als von anderen gefordert wird. Sein Amt bedeutet kein Vorrecht.

Auch einen leitenden Bruder in der Gemeinde soll man ermahnen, wenn empfunden wird, dass er einen Fehler begangen hat. Ich weiß noch, wie dankbar ich war, als ein Bruder mich einmal nach einer Mitgliederversammlung zur Seite nahm (ich hatte ärgerlich auf jemanden reagiert) und mich fragte: „Bist du ganz sicher, dass dein Ärger vom Heiligen Geist war?" Ich musste zugeben, dass das nicht der Fall gewesen war. So rief

---

* Diener am Wort: ein Bruder, der durch einstimmigen Beschluss von der Gemeinde beauftragt ist, für das innere und äußere Wohl der Geschwister zu sorgen. Der Begriff spiegelt die Auffassung wider, dass in der christlichen Gemeinschaft das Amt der Leitung als Dienst verstanden werden soll.

ich die Geschwister wieder zusammen, um die Sache
in Ordnung zu bringen. Wenn jemand das Gefühl hat,
dass ich oder ein anderer unsere Autorität missbrauchen,
dann bitte ich darum: Tut mir den großen Gefallen, es
offen auszusprechen.

Wir wollen keine Bruderschaft, die an einen Menschen
gebunden ist. Nichts fürchte ich so sehr wie einen
Dienst in der Gemeinde – sei es der Dienst der Lehre,
der Seelsorge oder ein anderer Dienst – durch den ein
Mensch seelisch an einen anderen gebunden wird. Das
ist schrecklich, und ich will damit nichts zu tun haben.
Gemeinsam wollen wir an Christus gebunden sein.

Ich verabscheue es, wenn ein Mensch Macht über die
Seelen und Leiber anderer hat, besonders in einer christlichen Gemeinschaft. Ich habe mir gelobt, dieses Übel
bis an mein Lebensende zu bekämpfen. Und wenn mir
jemand zeigen kann, wo ich Macht über einen Menschen
ausgeübt habe, selbst wenn es mir nicht bewusst war,
dann will ich dafür tiefe Buße tun. Menschliche Macht
ist der ärgste Feind einer lebendigen Gemeinde.

Jesus stellte ein Kind in die Mitte seiner Jünger und
sagte: „Wenn ihr nicht umkehrt und werdet wie
die Kinder, so werdet ihr nicht in das Himmelreich
kommen. Wer nun sich selbst erniedrigt und wie ein

Mt 18,3–4 Kind wird, der ist der Größte im Himmelreich". An diesen Worten sehen wir, wie sehr Jesus das kindliche Wesen liebt. So sollte es auch unter uns sein: In der Ehe sollten beide, Mann und Frau, danach trachten, den niedrigsten Platz einzunehmen. Und in einer Gemeinde sollte jedes Mitglied – ob Ältester, Haushalter oder wer es auch sei – der Geringste sein wollen.

Die Verkündigung der Wahrheit ist Sache eines jeden leitenden Bruders in der Gemeinde. Sie ist eine Gabe, die nicht nur gescheiten oder hervorragenden Persönlichkeiten gegeben ist. Wäre das der Fall, dann hätten die meisten Menschen Grund zur Angst, Nachfolger Jesu oder gar Gemeindeleiter zu sein. Nicht der Verstand des Menschen ist es, der für die Wahrheit empfänglich ist, sondern der kindliche Geist. Jesus sagt: „Wenn ihr nicht werdet wie die Kinder, so werdet Mt 18,3 ihr nicht ins Himmelreich kommen". Der kindliche Geist ist und bleibt *Geist*, und deshalb ist er Vollmacht und Offenbarung. Die Erkenntnis, dass die Wahrheit Kindern und Menschen mit einfältigen Herzen offen- Mt 11,25 bart wird, ist für die Nachfolge Jesu entscheidend.

Aus einem Brief: Für dein Anliegen betreffs unserer letzten Mitgliederversammlung war ich sehr dankbar. So viel stand auf dem Spiel, und doch haben wir uns in belanglosem Gerede verloren. Die Leitung, die ich als

Ältester hätte geben sollen, muss gefehlt haben. Das
ist immer eine Spannung: Man möchte niemandem
etwas aufzwingen, aber wenn jeder nur redet, wie er will,
ist es auch nicht gut, denn dann kann Gottes Geist
nicht sprechen.

Wer von der Gemeinde mit einem besonderen Amt
beauftragt ist – z.B. als Diener am Wort, Haushalter,
Arbeitszuteiler, Vorarbeiter in der Werkstatt – wird
entweder in Demut dienen oder aber über die anderen
herrschen, als wären sie seine Untertanen. Diese Gefahr
besteht auch für Erwachsene, die mit Kindern arbeiten.
Alle Menschen neigen dazu, wichtig sein zu wollen. Und
auch wenn es nur darum geht, gern den Ton angeben zu
wollen, ist es doch der Anfang eines viel größeren Übels,
welches am Ende viel Leid verursachen wird.

Man glaubt es kaum, wieviel Kummer verursacht
wird, wenn jemand, der eine besondere Verantwortung
trägt, andere seine Autorität spüren lässt und die Brüder
und Schwestern wie Untertanen behandelt. Wenn ein
Diener am Wort autoritär auftritt, braucht es einen
gewissen Mut zu protestieren. Aber diesen Mut wünsche
ich allen Geschwistern. Jesus allein ist unser Meister, und
wir alle sind Brüder.

Kein Gemeindeleiter hat ein Verfügungsrecht über die
ihm anvertrauten Seelen. Wie hat Jesus seine Herde dem

Joh 21,15–17 Petrus anvertraut? Er gab ihm keinerlei Recht über die
Lämmer, sondern fragte ihn nur: „Liebst du mich?"
Und dann sagte er: „Weide meine Schafe."
Es ist eine schreckliche Sünde, einem Mord vergleich-
bar, wenn ein mit dem Hirtendienst Beauftragter glaubt,
er habe das Recht, über Seelen zu herrschen. Dasselbe
betrifft auch diejenigen, die Kinder betreuen.

Mit Menschenehre will ich nichts zu tun haben.
Ich bitte euch, niemals einen Menschen zu verehren,
wer immer er sei, sondern nur Christus in ihm. Wir
lehnen es völlig ab, Menschen zu verehren, weil das in
Sektierertum endet. Es ist bezeichnend für eine Sekte,
dass ihr Leiter sich für bedeutend hält. Darin liegt
eine fürchterliche Täuschung. Wir wollen Christus in
unseren Brüdern und Schwestern ehren; wir wollen
einander lieben, wie Christus es uns geboten hat. Aber
wir lehnen den Gedanken menschlicher Größe ab, denn
er ist Torheit vor Gott.
Wir haben das tiefe Verlangen, dass Jesus Christus
seine durchbohrten Hände auf einen jeden von uns
lege und dass alle anderen Mächte ihm weichen. Möge
er stets in unserer Mitte sein, und mögen wir bereit
sein, ihm nach allen Kräften zu dienen. Möge alles
Oberflächliche in uns und alles, was uns hinderlich
ist oder furchtsam macht, hinwegschmelzen. Seine
Herrschaft allein wollen wir anerkennen. Ja, alles ist

in seiner Hand, er ist Herrscher über alle Mächte
und Gewalten, er ist das Haupt der Gemeinde, der
Weinstock, an dem wir nur Reben sind.

Die Offenbarung Jesu Christi duldet keinen menschlichen Glanz neben sich. Jeder menschliche Glanz,
aller Stolz und alle Anmaßung in einem Diener am
Wort muss ausgelöscht werden. Nur Jesu Licht darf in
der Gemeinde leuchten. Gott braucht kein menschliches Licht. Er braucht Männer und Frauen, die in der
Dunkelheit auf sein Licht warten, die nach der Wahrheit
hungern und nach lebendigem Wasser dürsten. Wer das
Evangelium predigt, um Ehre zu erheischen und nicht
anerkennt, dass er ohne Gott machtlos ist, der ist ein
Dieb. Er stiehlt die Worte Jesu und benutzt sie zu seinem
eigenen Ruhm.

Kein Mensch, keine Gemeinschaft kann Frucht bringen,
ohne mit Christus vereinigt zu sein. Wer sich einmal
entschieden hat, Jesus nachzufolgen, wird wie eine Rebe
am Weinstock und kann nicht mehr für sich selbst
leben. Sich aus Stolz und Selbstgefälligkeit von anderen
zu isolieren – das ist der Weg des Teufels, und der
endet im Tod. Es ist mein Wunsch für jedes Glied der
Gemeinde und besonders für ihre Leiter, dass sie in Jesus
Joh 15,4   bleiben – aber noch mehr, dass Jesus in ihnen bleibt.

Gaben

Aus einem Brief: Vergiss niemals, dass ein Liebesdienst die wichtigste Tat des Tages ist. Alles andere hat keinen Wert vor Gott und kann uns sogar von ihm wegführen und von den Geschwistern trennen. Wie eindringlich prägt Jesus uns das in seinem prophetischen Wort über das letzte Gericht ein! Die Frage ist nicht, ob alles gut organisiert ist oder ob wir korrekt handeln, sondern ob wir die Hungrigen speisen, die Fremden aufnehmen, die Nackten kleiden, die Kranken und Gefangenen besuchen. Mit anderen Worten, ob wir aus Liebe und Barmherzigkeit handeln. Lasst uns nie an der Not eines anderen vorübergehen. Lasst uns nie unterlassen, das zu sagen und das zu tun, was der Liebe entspricht.

Mt 25,31–46

Niemand ist so unbegabt, dass Gott ihn nicht gebrauchen könnte, und niemand ist so hochbegabt, als dass er für einfache körperliche Arbeit zu gut wäre. Wir müssen bereit sein, jeden Dienst zu tun, der von uns verlangt wird – bereit, am niedrigsten Platz zu dienen. Wenn es dem Begabtesten in einer Gemeinschaft an Demut mangelt, wenn sein Herz nicht vom Geiste Jesu bewegt ist, wird sein Leben keine guten Früchte tragen.

Mt 25,14–30 Das Gleichnis von den anvertrauten Talenten ist wohl am besten im Zusammenhang mit der Gemeinde

zu verstehen: die Talente oder Goldstücke sind die
Gaben, die den verschiedenen Brüdern und Schwestern
gegeben sind: der eine empfängt Weisheit, ein anderer
Erkenntnis, wieder andere Glauben, die Gabe der
Heilung, der Prophetie, der Unterscheidung, des

1.Kor 12,8–10 Zungenredens und dessen Auslegung. Alle diese
Gaben werden in der Gemeinde für ihre verschiedenen
Aufgaben gebraucht, für die Gemeindeleitung wie für
alles andere. Es besteht kein Wertunterschied zwischen
ihnen. Sie gehören alle zum Leib der Gemeinde: das
Auge ist nicht wertvoller als das Ohr, es sind einfach
zwei verschiedene Sinnesorgane.

Manche Leute meinen, wenn es keine Unterschiede
zwischen den Menschen gäbe, wenn alle Menschen
gleich beschaffen wären, dann wäre wahre Gerechtigkeit
hergestellt. Aber das ist nicht das Evangelium Jesu. Im 25.

Mt 25,24–30 Kapitel des Matthäusevangeliums lesen wir von einem
Mann, dem nur wenig gegeben war, und weil er sich
ungerecht behandelt glaubte, hasste er seinen Meister. Er
unternahm nichts mit seinem Anteil, sondern verhärtete
sein Herz. Es fehlte ihm nicht nur an Liebe, sondern er
war von Hass erfüllt, denn er sagte: „Meister, ich wusste,
dass du ein harter Mann bist."

Wehe dem von uns, der meint, ihm sei nicht sein
gerechter Anteil gegeben worden, andere hätten mehr
von Gott erhalten. Wenn wir solchen Gedanken nachgehen, werden wir so lieblos und neidisch und sondern
uns so ab vom Leib der Gemeinde, dass wir überhaupt
nichts mehr zur Sache beitragen. In unserem Gleichnis

sagt der Meister: „Du hättest mein Geld wenigstens
auf die Bank bringen können", was soviel heißt wie: tue
zumindest das Wenige, zu dem du fähig bist!

Ein Mensch mag überaus intelligent sein, ein anderer
geschickt mit den Händen, ein dritter vielleicht musi-
kalisch besonders begabt. Das sind natürliche Gaben,
die man nicht vergraben sollte, obgleich sie um der
Gemeinde willen oft geopfert werden müssen. Aber
es wäre falsch, wenn einer, der intellektuell begabt ist,
dächte, er könne nur geistige Arbeit tun, sonst würde er

Mt 25,18

seine „Talente vergraben", oder wenn einer, der ausge-
sprochen musikalisches Talent hat, meinte, es wäre
Verschwendung, wenn er niedrige Arbeiten verrichtet.
Wir müssen bereit sein, für das Gesamtwohl der
Gemeinde unsere natürlichen Talente zu opfern.

Aus einem Brief: Du schreibst, du seist nicht sehr
begabt. Das schadet nichts. Niemand hat so wenige
Gaben, dass Gott ihn nicht gebrauchen könnte. Aber
es kommt darauf an, dass die Gaben, die du besitzt, von
Gott in Bewegung gebracht werden. Das Problem ist
niemals ein Mangel an Gaben, sondern der Mangel an
Bereitschaft, von Gott gebraucht zu werden.

Im ersten Korintherbrief (Kap. 12 und 13) spricht Paulus
von vielerlei Gaben: von der Gabe der Prophetie, des
Lehrens, der Heilung, des Zungenredens. Aber er fügt
hinzu: ohne die Liebe sind alle diese großen Gaben

nichtig. Unser gemeinsames Leben ist auch eine Gabe, aber wenn Gott uns nicht immer wieder neue Liebe schenkt, wird die Gemeinschaft leblos wie eine Maschine.

Die Gabe der Unterscheidung der Geister ist lebensnotwendig für eine lebendige Gemeinde. Sie kann nicht erlernt werden, sie muss uns von Gott geschenkt werden. Sobald wir als einzelne oder als Gruppe meinen, weitherzig zu sein indem wir eine Vermischung der Geister in unserer Mitte dulden, verlieren wir den Kontakt mit dem Geist Gottes. Andererseits müssen wir uns davor hüten, mit menschlichem Eifer gegen falsche und unreine Geister zu kämpfen, einander dauernd kritisieren oder korrigieren zu wollen aus lauter Angst, etwas Falsches könne in die Gemeinde eindringen. So wichtig es ist, die Geister zu unterscheiden, so wenig ist es eine Hilfe, sie auf menschliche Weise zu scheiden.

Das Gleichnis vom Weizen und vom Unkraut, die Mt 13,24–30 zusammen auf einem Feld wachsen, zeigt uns, welchen Schaden wir anrichten können, wenn wir versuchen, selbst „das Feld zu säubern." Die Jünger waren voller Eifer, aber Jesus mahnte sie zur Vorsicht, indem er sagte: „Wartet, damit ihr nicht zugleich den Weizen Mt 13,29 mit ausrauft, wenn ihr das Unkraut ausjätet." Es besteht immer die Gefahr, sich gegenseitig zu viel zu korrigieren, sich gegenseitig zu oft zu ermahnen. Nur in völliger Abhängigkeit von Gott finden wir auch hier das richtige Verhalten.

Apg 2,4

Die Gabe des Zungenredens wurde zu Pfingsten durch die Ausgießung des Heiligen Geistes geschenkt. Es war durchaus ein göttliches, heiliges Erlebnis, vor dem wir nur tiefe Ehrfurcht haben können. Ich glaube, auch heute können solche heiligen Momente geschenkt werden, aber wir müssen vor dem Geist des Irrtums auf der Hut sein. Es wird zu leichtfertig davon gesprochen, dass man „vom Geist erfüllt" ist und „Gaben des Geistes" besitzt. Solche Ausdrücke werden oft im Zusammenhang mit dem Zungenreden gebraucht, aber im Neuen Testament werden sie in den wenigsten Fällen darauf bezogen; meist wird das Zungenreden gar nicht erwähnt. Wer wollte behaupten, ein Mensch könne nur mit dem heiligen Geist erfüllt sein, wenn er zum Beweis dafür in Zungen redet? Dreißig Jahre vor Pfingsten waren Elisabeth und Zacharias „mit dem Heiligen Geist

Lk 1,41,67

erfüllt"; und seitdem gibt es unzählige Beispiele, wie Menschen zum Heil gebracht wurden, ohne in Zungen zu reden.

In der Urgemeinde war das Zungenreden eng mit der Buße verbunden. Jesus begann seine Verkündigung mit einem Aufruf zur Buße; und auch der Apostel Petrus beginnt seine Mission mit den Worten: „Tut Buße, und

Apg 2,38

ein jeder lasse sich taufen zur Vergebung eurer Sünden." Wenn wir nicht aufrichtig Buße getan und unseren Glauben auf Jesus Christus gesetzt haben, dann haben wir auch den heiligen Geist nicht empfangen. Leider findet man wenig Bereitschaft zur Buße in vielen der heutigen Bewegungen; eher glauben sie, am Zungenreden das Erfülltsein mit dem heiligen Geist zu erkennen.

Es ist nicht ratsam, das Empfangen des heiligen
Geistes mit einem Überschwang besonderer Emotionen
gleichzusetzen, als ob der Geist nur auf solche Weise
wirken würde. Sein Innewohnen hängt nicht von unseren
Emotionen ab, wohl aber von unserer Vereinigung
mit Christus. Die biblischen Voraussetzungen für den
Empfang des heiligen Geistes sind Buße, Glaube an Jesus,
und die Vergebung unserer Sünden.

Aus einem Brief: Vor der Gabe des Zungenredens,
wie sie in Apostelgeschichte 2 und 1. Korinther 12
geschildert wird, müssen wir tiefe Achtung haben. Es
ist jedoch falsch und ungesund, eine Lehre oder eine
Religion daraus zu machen. Im 13. Kapitel des ersten
Korintherbriefes heißt es, wir sollen um die höheren
Gaben bitten: Glaube, Hoffnung und Liebe, von denen
die größte die Liebe ist. Die Gabe der Liebe führt zu
Jesus Christus, zur Gemeinschaft, zur Verkündigung,
zur Mission; sie führt nicht zum Reden über die eigenen
Geistesgaben. Sind wir mit Liebe erfüllt, so kann es
geschehen, dass wir in Zungen sprechen, wir brauchen
aber nicht darüber zu reden. Jesus sagt: „Geh' in deine
Kammer, schließ' die Tür zu und bete zu deinem Vater,
der im Verborgenen ist; und dein Vater, der in das
Mt 6,6   Verborgene sieht, wird dir's vergelten."

Die charismatische Bewegung legt zu großen Wert
auf das Zungenreden. Sie beruht auf einer falschen
Lehre, die zur Spaltung führt, denn sie bringt nicht Gott,
sondern den Menschen Ehre und Ruhm. Wenn jemand

zu mir käme und sagte, er könne in Zungen sprechen, so
würde ich ihm den Rat geben, darüber zu schweigen und
lieber die Früchte des Geistes vorzuzeigen, wie sie in der
Bergpredigt beschrieben sind. Jesus lehrt uns nicht, in
Zungen zu sprechen, sondern unseren Glauben nicht zur
Schau zu stellen und den Weg der Demut, der Liebe und
der Einheit zu gehen.

Um die Gaben der Prophetie, der Heilung und die
anderen Gaben, die Paulus im ersten Korintherbrief
(Kap. 12 und 13) aufzählt, können wir Gott nur bitten,
wenn wir es nicht um der eigenen Ehre willen tun. Nicht
für uns selbst sollen wir um diese Gaben bitten, aber im
Auftrag des ganzen Leibes Christi auf Erden dürfen wir
es tun. Für uns selbst sollten wir um ein reines Herz,
um Weisheit, Glaube, Hoffnung und Liebe bitten, um
größere Geduld und um mehr Barmherzigkeit.

Nicht die Entwicklung des Menschen wird den Lauf
der Geschichte ändern, sondern allein das Eingreifen
des lebendigen Gottes in das menschliche Leben. Wenn
Gott uns berührt hat, dürfen wir auf eine Änderung der
Herzen hoffen, auf den Geist und auf das Hereinbrechen
des Reiches Gottes. Der Geist bringt göttliche Freude:
Freude an der Liebe, Freude am Teilen mit Schwestern
und Brüdern, Freude an einer reinen Beziehung
zwischen Männern und Frauen, an Gerechtigkeit und

Frieden unter den Völkern und Nationen. Auf uns selbst gestellt, bleiben wir immer arm, hilflos und geplagt. Aber wir dürfen es glauben, dass die Freude an Gott und an seinem Reich Himmel und Erde verändern kann!

Vergebung

Es sollte gar nicht in Frage kommen, dass jemand am Gemeindegebet teilnimmt, der nicht seinem Bruder, seiner Schwester, seinem Nächsten oder sogar seinem Feind vergeben hat. Jesus sagt es deutlich: „Wer nicht vergibt, dem wird nicht vergeben." An dieser Wahrheit dürfen wir kein Jota verändern. Inneren Frieden in Christus werden wir niemals anders als durch Frieden mit unseren Geschwistern erlangen. Nachtragende Gefühle oder Gedanken führen zu Trennung, und Trennung bringt inneren Schaden und schließlich inneren Tod. Vollkommener Friede verlangt vollkommene Aufrichtigkeit. Erst dann werden wir mit unseren Geschwistern in Frieden leben, wenn unser Herz wahrhaftig und unsere Liebe aufrichtig ist.

Mt 6,15

Aus einem Brief: Wahre Sündenvergebung ist nur in Jesus möglich. Viele Menschen verzeihen sich gegenseitig, aber sie lassen Jesus dabei aus. Dann ist wirkliche Hilfe nicht möglich. Im Reformationszeitalter wurde von der Katholischen Kirche, die großen Einfluss auf die Menschen hatte, Sündenvergebung durch den Verkauf von Ablassbriefen gewährt. Heute sind es die Psychologen und Psychiater, die „Sünden vergeben". Sie sagen zu ihren Patienten: „Sie haben nicht gesündigt; Ihr Benehmen ist ganz normal; Ihnen fehlt gar nichts. Sie brauchen kein schlechtes Gewissen zu haben, denn Sie können nichts dafür." So vergibt die Welt Sünden.

Eph 1,7; Kol 1,14

Mt 5,23–24 In vielen Kirchen und christlichen Gemeinschaften werden Jesu Worte: versöhnt euch miteinander, ehe ihr eure Gaben am Altar niederlegt, nicht mehr ernst genommen. So hat Jesus es selbst gesagt, und uns als seinen Nachfolgern ist das Zeugnis seiner Worte anvertraut. Für uns bedeutet das, vom Gemeindegebet fernzubleiben, auch nicht am Abendmahl teilzunehmen, wenn nicht völliger Frieden unter uns ist. Allzu oft geschieht es, dass Menschen zusammen beten, die vorher nicht miteinander ins Reine gekommen waren. Aber weder das gemeinsame Leben noch eine Ehe wird auf diese Weise Bestand haben. Alles muss bereinigt werden, und immer wieder müssen wir einander vergeben.

Mt 6,15 Sobald ich jemandem etwas nachtrage, ist die Tür zu Gott verschlossen. Jeglicher Zugang zu ihm ist mir dann verwehrt. Nur wenn ich anderen vergebe, wird Gott mir vergeben. Ich bin überzeugt, viele Gebete werden nicht erhört, weil der Betende einen Groll gegen jemanden hat, auch wenn es ihm nicht bewusst ist. Mehr als einmal sagt Jesus, dass wir vergeben sollen, bevor wir zum Gemeindegebet kommen. Wer Jesus will, muss vergeben können.

Mt 16,19; 18,18 Wie zur Zeit der Apostel hat die Gemeinde Jesu Christi die Vollmacht, sein Reich jetzt und hier zu vertreten. Sie hat die Vollmacht zu lösen und zu binden, Sünden zu vergeben und unvergeben zu lassen. Kein Gewissen

kann leben ohne Sündenvergebung; und ohne sie
kann niemand ins Reich Gottes gelangen. Doch wenn
wir nicht erst anderen vergeben, können wir keine

Mt 6,14–15 Vergebung empfangen.

Jak 5,16 Im Jakobusbrief lesen wir, wir sollen unsere Sünden
einander bekennen, damit sie vergeben werden können.
Das ist aber nur dann möglich, wenn Jesus in uns lebt.
Ohne ihn gibt es keine Vergebung.

Sofern die Vergebung der Sünden nicht in der
Gemeinschaft mit Jesus, durch seinen heiligen Geist
ausgesprochen wird, bedeutet sie nichts. Es ist Jesus,
der verspricht, im letzten Gericht unser Fürsprecher
zu sein; er ist es, der an jenem Tage die Dämonen und
Teufel endgültig überwinden wird. Aus eigener Kraft
können wir das Böse nicht besiegen, auch wenn wir in
Bruderschaft leben oder uns als Märtyrer verbrennen
lassen. Lebt Jesus nicht in uns und wir nicht in ihm, sind
alle unsere Anstrengungen vergebens.

Offb 1,5–6 Die Worte: „Dem der uns liebt und uns erlöst hat von
unseren Sünden … sei Ehre und Macht von Ewigkeit zu
Ewigkeit" weisen darauf hin, dass nicht wir es sind, die
Sünden vergeben können: Vergebung der Sünden ist nur
möglich durch Christus, der uns liebt und uns durch sein
Blut erlöst hat.

In der einigen Gemeinde sprechen wir die Vergebung
der Sünden aus. Doch diese Vergebung kommt vom

Himmel herab, denn von uns aus haben wir keine Vollmacht. Hier darf nichts menschlich Gemachtes am Werke sein; die Gnade des Kreuzes muss gegenwärtig sein.

Wie eine brennende Kerze sich verzehrt, um Licht zu spenden, so erstrahlt über uns das Licht des auferstandenen Christus durch seinen Tod. Wenn Christus in uns aufersteht, wenn die Sonne aufgeht, ist die Nacht durch den Tag besiegt. So ist es mit der Sündenvergebung. Haben wir einmal erfahren, was es bedeutet, mit Sünden beladen zu sein und dann befreit zu werden, dann geht uns durch die Vergebung unserer Sünden die Sonne Christi neu auf.

Die erlösende Macht der Vergebung, die allein in Jesus geschenkt wird, muss das Zentrum der lebendigen Gemeinde und unserer Zukunftserwartung für die ganze Welt bleiben.

Vergebung bedeutet persönliche Erlösung und Befreiung. Sie muss jedoch immer in dem weit größeren Zusammenhang der Erlösung der ganzen Welt gesehen werden. Unsere Erwartung soll darauf gerichtet sein, dass durch die Vergebung das Reich des Friedens sich über alle Nationen und alle Menschen ausbreitet. Diese Erwartung, die aus jedem Blatt des Neuen Testaments spricht, kommt von Jesus. Sie muss in uns lebendig sein, nicht einfach als etwas, woran wir glauben, sondern als eine brennende Sehnsucht in unseren Herzen.

Sogar ein Mörder kann in Jesus Vergebung finden. Weil
Jesus für uns gestorben ist, spricht sein Blut lauter als das
Blut Abels, der den unschuldig ermordeten Menschen
symbolisiert, lauter als alles anklagende Blut, das von
Menschenhand vergossen wird.

Wir haben das wunderbare Versprechen Christi: wenn
wir vergeben, so kann uns Vergebung widerfahren. Dazu
gehört jedoch die scharfe Warnung: wenn wir nicht
vergeben, so wird auch uns nicht vergeben. Lasst uns
einander mit neuen Augen ansehen und einander als
Gabe Gottes betrachten, obwohl jeder die Schwächen
des anderen kennt.

Kol 3,15

Paulus schreibt an die Kolosser, dass sie berufen sind, im
Frieden Christi als Glieder eines Leibes zu leben. Wir
dürfen uns nicht damit begnügen, den Frieden Gottes
um uns her wahrzunehmen, in unseren eigenen Herzen
muss er wohnen. Die Seele des Menschen lechzt nach
Frieden. Deshalb sagt Jesus in seiner letzten Nacht zu
den Jüngern: „Meinen Frieden gebe ich euch. Es ist nicht

Joh 14,27

der Frieden, wie ihn die Welt gibt."
        Von Natur aus haben wir keinen Frieden, wir sind
gespalten. Aber wir sind dazu berufen, Versöhnung mit
Gott in Jesus zu finden. Er bietet uns die Vergebung
unserer Sünden an, damit wir Einheit und Frieden
mit ihm und miteinander finden. Es ist nicht genug,
nach Frieden für uns selbst, für unsere eigene Seele zu

trachten. Für den ganzen Leib der Gemeinde, ja für die
ganze Schöpfung müssen wir Frieden erhoffen.

Groll

Aus einem Brief: Jeder ernste Christ erlebt Stunden der
Gottverlassenheit, selbst Jesus wurde das nicht erspart.
Dann hilft nur eines: „Vater, in deine Hände befehle

Lk 23,46   ich meinen Geist." Wenn wir uns bedingungslos dem
Vater übergeben, wird er uns den Weg zeigen. Wer
jedoch seinem Bruder nicht vergibt, dem wird gar nichts
gezeigt. Gott wird nicht barmherzig mit ihm verfahren;
solange er in seinem Groll beharrt und nicht vergeben
kann, wird er von Gott verlassen bleiben.

Aus einem Brief: Bleibt ganz fest im Bekämpfen von
Empfindlichkeit und von allem, was die Liebe zerstört.
Geliebter Bruder, geliebte Schwester, ihr seid nicht die
einzigen, die Grund hätten, gekränkt zu sein. Ich werde
von vielen Menschen gehasst und beschuldigt. Gäbe
ich meinen Gefühlen nach, dann wäre mir die Tür zum
Gebet, zu Gott, schon längst verschlossen. Gott erhört
nur diejenigen, die vergeben können.

Aus einem Brief: Es schmerzt mich, dass du in deinem
jungen Alter durch so schwere Kämpfe gehen musst.
Aber lege deine Schwierigkeiten nicht deinem Vater
zur Last. Durch Adam stehen wir alle unter dem Fluch
der Sünde und des Todes, und wir können kein neues

Leben, keine Reinheit des Herzens finden, außer durch das Blut Christi. Das gilt für dich, für mich und für alle Menschen. Halte an Jesus fest.

Aus einem Brief: Du bist verbittert wegen des Betrugs, der in unserer Gemeinde offenbar wurde. Ja, es ist schrecklich – so schrecklich, dass es einem das Herz zerreißen könnte. Aber du häufst Sünde auf Sünde, wenn du jetzt verbitterst. Lies den 22. Psalm und denke daran was Jesus angetan wurde und wie er Spott, Verachtung und Verrat begegnete. Er wurde nicht verbittert.

Aus einem Brief: Du bittest um Vergebung für deinen Neid und deinen Hass. Wir persönlich vergeben dir gerne. Aber die Vergebung der ganzen Gemeinde, d.i. die Erneuerung der Einheit mit Jesus und seiner Gemeinde, kann dir nicht gewährt werden, bevor du dich nicht völlig von deiner Sünde abgekehrt hast.

Wir sind dir nicht böse. Aber wir können nicht die Vergebung im Namen der Gemeinde aussprechen, solange sich deine Buße nicht tiefer bewährt hat. Vielleicht hat das schon begonnen. Wenn dem so ist, dann geh' weiter in dieser Richtung. Gott ist gut, er wird dich nicht verwerfen. Die Gemeinde hat dich lieb, auch sie wird dich nicht verwerfen. Aber vereinigen können wir uns nicht mit dir, solange noch Neid und Hass in dir stecken.

Aus einem Brief: Du schreibst, es war dir unmöglich
deine Arbeit zu tun, so aufgeregt warst du über die
Kränkung, die man dir zugefügt hatte. Dein Ärger muss
ans Licht kommen und überwunden werden. Letztlich
kann das Unrecht, das andere dir antun, dich nicht von
Gott trennen, sondern nur das Unrecht, das du anderen
antust. Das ist überaus wichtig: alle Kränkung und
Bitterkeit muss überwunden werden.

Aus einem Brief: Halte fest an Hoffnung und Glauben!
Dann wird tiefe Freude dein Herz erfüllen und deine
Wunden heilen, eine Freude, die alle Furcht und allen
Pessimismus austreiben wird. Letztendlich soll unser
Weg ein Weg der Freude sein – Freude an Gott und anei-
nander, denn Liebe bedeutet im tiefsten Sinn Freude.

Einheit

"Wie oft habe ich deine Kinder um mich sammeln wollen, wie eine Henne ihre Küken sammelt unter ihre Flügel, und ihr habt nicht gewollt!" Dieses eindringliche Wort, zusammen mit der Bitte Jesu in seinem letzten Gebet "Damit sie alle eins seien, Vater, wie ich eins mit dir bin", ist ein entscheidender und ständiger Aufruf an uns. Diese Worte rufen uns auf den Weg vollkommener Bruderliebe und Einigkeit in Jesus. Sie rufen uns auf, ihm in Einheit nachzufolgen, damit die Welt erkenne, dass wir seine Jünger sind.

Mt 23,37

Joh 17,21

Nichts verbindet und vereinigt Menschen so tief wie die gleiche Hoffnung, der gleiche Glaube, die gleiche Freude und Erwartung. Deshalb ist es traurig, wenn ein Christ allein steht. Es hat stets Menschen gegeben, die um ihres Glaubens willen allein stehen mussten – einige sogar in jahrelanger Gefangenschaft. Aber wo wahre Erwartung lebendig ist, da werden Menschen zueinander hingezogen. Der sie verbindende Glaube führt zu Gemeinschaft, so dass sie einander stärken und ermutigen können. Für Gott einzustehen hat immer eine vereinigende Kraft. Wir wollen darum beten, dass wir mit allen denen, die ihn erwarten, zusammengeführt werden.

Aus einem Brief: Jesus sagt, das wichtigste Gebot sei, Gott von ganzem Herzen, von ganzer Seele und mit

Mt 22,37–39
ganzem Gemüt zu lieben und dann den Nächsten wie
uns selbst zu lieben. In unserer individualistischen Zeit
ist es notwendiger denn je, dass es eine Gemeinschaft
von Menschen gibt, die sich im Sinne dieses Gebotes
absoluter Liebe und Treue aneinander binden. Immer
wieder betont Jesus wie wichtig Liebe und völlige
Joh 14–17 Einheit sind – eine Einheit, wie er sie mit dem Vater hat.
Ich glaube nicht, dass wir diese letzte Einheit jemals
erlebt haben, auch nicht in den heiligsten Momenten.
Gott allein weiß es. Aber wir verstehen unser Leben als
ein Zeugnis dieser Einheit. Die Hingabe an Jesus können
wir nicht von der Hingabe an die Schwestern und
Brüder trennen.

Aus einem Brief: Es stimmt, dass man Jesus überall
dienen kann. Aber wenn durch ihn zwei oder drei ein
Herz und eine Seele werden – dann ist das ein großes
Geschenk, etwas das Menschen nicht machen können.

Gott widerspricht sich nicht. Er sagt nicht zu dem
einen: „Du musst in den Krieg ziehen" und zu dem
andern: „Du darfst nicht in den Krieg gehen"; oder zu
dem einen: „Du darfst dich scheiden lassen" und zu dem
andern: „Du musst deinem Ehepartner treu bleiben."
Wenn wir offene Ohren für die Wahrheit haben und im
Herzen auf Gott hören, dann werden wir merken, dass
er allen Menschen das gleiche sagt, oft sogar in praktischen Dingen.

Wir glauben nicht an die Herrschaft einer Mehrheit über eine Minderheit. Wir glauben, dass durch Christus Einmütigkeit bewirkt wird. Er spricht die gleiche Wahrheit in alle Herzen. Diese Einheit ist eine Gnade, ein Wunder, das wir immer wieder neu erleben. Aber sobald wir Gott und einander untreu sind, kann sie uns wieder genommen werden.

Die Einheit aller Gläubigen ist der einzige Maßstab für die Wahrheit. Wo wahre Einheit fehlt, tritt das Charisma eines Menschen oder die Macht einer starken Persönlichkeit über andere an ihre Stelle. Dann hört man auf andere Menschen, nur weil sie starke Führernaturen sind. Diese Ausstrahlungskraft, dieses Charisma, ist nicht nur eine falsche Basis für Gemeinschaft, sie ist grundlegend gefährlicher Boden.

Das geistliche Leben einer Glaubensgemeinschaft ist nur dann innerlich gesund, wenn die einzelnen die Einheit mit Gott und seinem Geist immer wieder erneut suchen. Nur dann kann das Gewissen jedes einzelnen gesunden, nur dann kann wahre Einigkeit verwirklicht werden.

Es spielt keine Rolle, *wo* Einheit gelebt wird. Wichtig ist allein, dass es einen Ort gibt, an dem in Einheit gelebt wird.

Viele Menschen streben nach religiösen Erlebnissen oder charismatischen Gaben wie das Zungenreden. Aber darin liegt eine Gefahr, nämlich dass im Trachten nach solchen Gaben die wichtigste Botschaft des Evangeliums übersehen wird: Einheit und Liebe. Was würde es der Menschheit helfen, wenn tausende und abertausende in Zungen redeten, aber weder Liebe noch Einheit hätten?

Unser Glaube an Jesus Christus vereinigt uns als Brüder und Schwestern und drängt uns, andere aufzurufen, ihm mit uns gemeinsam nachzufolgen. Wir tun das in völliger Armut des Geistes – wollen keine Mitglieder anwerben, aber wir fühlen den Drang, andere zur Einheit zu rufen. Der heilige Geist zerstreut nicht, er vereinigt.

Mt 12,30

Der Versuch, verschiedene Kirchen und Konfessionen miteinander zu versöhnen, ist nur zu begrüßen. Aber wahre Einheit – die Einheit, die alle Schranken niederreißt – beginnt mit Buße und Umkehr. Als der heilige Geist zu Pfingsten herabkam, fragten die Leute: „Brüder, was sollen wir tun?" Sie waren zutiefst erschüttert, sie bereuten ihre Sünden und wurden ein Herz und eine Seele.

Apg 2,37

Leider ist es in der heutigen ökumenischen Bewegung oft der Fall, dass die Zäune stehenbleiben und man sich über sie hinweg die Hände schüttelt. Wir aber müssen bezeugen, dass wahre Einheit unter Menschen möglich ist, eine Einheit, die nur durch Umkehr und durch eine persönliche Begegnung mit Jesus – dem Menschen Jesus, dem lebendigen Geist, dem Herrn – geschenkt werden kann.

Aus einem Brief: In der ökumenischen Bewegung neigt man dazu, Meinungsverschiedenheiten durch Zugeständnisse zu lösen. Solche Zugeständnisse treten dann an die Stelle von wahrer Buße, tiefgehender Versöhnung und der Einmütigkeit, die eine Frucht der Umkehr ist. Am Ende werden ernste Missstände unter den Teppich gekehrt.

Eine rein gefühlsmäßige Einheit genügt nicht. In unserer Gemeinschaft versprechen wir, offen miteinander zu reden, wenn Probleme auftauchen, uns gegenseitig zu ermahnen und Ermahnungen anzunehmen. Wenn wir diese brüderliche Offenheit vermeiden, weil wir ihre Konsequenzen fürchten, dann ist unsere Einheit keine wirkliche mehr. Gottes Wille ist Tat, und wir müssen ihn in die Tat umsetzen. Tun wir das, so kann Christus eine wahrhaft einige, vom heiligen Geist gereinigte Gemeinde entstehen lassen. Dann können wir keinen Groll mehr auf andere haben, sondern wir werden, wie die erste Gemeinde, ein Herz und eine Seele sein.

Mehr als einmal sagt Jesus, an den Früchten erkennt

Mt 12,33; Lk 6,44 man den Baum. Das dürfen wir niemals vergessen. Wir können alle erkennen, welcher Art der Baum unserer heutigen Gesellschaft ist: seine Früchte sind Unreinheit, Untreue, Ungerechtigkeit, Zerstörung und Mord.

Welcher Art waren die Früchte, die Jesus wollte? Als erste die Einheit. Woran soll die Welt sonst seine Jünger erkennen? Jesus sagt: „Sie alle sollen eins sein, Vater, wie

Joh 17,21 wir eins sind."

Wie könnten wir Früchte der Einheit zeigen, wenn wir gleichzeitig ein Teil unserer heutigen Gesellschaft bleiben? Unsere Gesellschaft wird vom Mammon regiert, vom Geist dieser Welt, „der ein Lügner und Mörder ist

Joh 8,44 von Anfang an". Sie wird von den Geistern des Zerfalls, der Zerstörung und der Trennung beherrscht, nicht vom Geist der Einheit. Wahre Einheit kann nur in einem brüderlichen Leben gefunden werden!

Ist es nicht so, dass Christus die Hingabe des *ganzen* Menschen an seine neue Ordnung verlangt? Die Zeit drängt. Wir müssen unsere Verantwortung auf uns nehmen! Lasst uns mit Christus sammeln und uns mit ihm auf dem einen Weg vereinigen, wie Zweige an dem einen Baum des Lebens!

In einer Gemeinde, die sich vom heiligen Geist leiten lässt, gibt Jesus sich in vielerlei Gestalt zu erkennen, wie die verschiedenen Farben des Regenbogens. Wir sind alle voneinander verschieden: Gott hat uns so erschaffen wie wir sind, und wir sollten nicht versuchen, etwas anderes zu sein. Unser ganzes Herz, unsere ganze Seele, unser ganzes Wesen müssen wir Jesus hingeben: er soll mit uns tun was er will. Dann finden wir wahre Erfüllung im Leben und können einander so lieben, wie wir geschaffen sind, mit all unseren Eigenheiten, auch mit unseren nationalen Eigenarten. In jeder Schwester, in jedem Bruder ist der gleiche Jesus erkennbar.

Gemeindezucht

Jeder, der getauft werden will, soll sich vorher über die Bedeutung der Gemeindezucht im Klaren sein. In der Bruderhof-Gemeinschaft schließt jedes Mitglied durch die Taufe einen Bund mit Gott. Dabei verspricht der Betreffende, niemals wieder bewusst gegen Gott zu sündigen. Sollte es aber doch geschehen und er möchte einen ganz neuen Anfang machen, so bittet er darum, Gemeindezucht auf sich zu nehmen.*

Die kleinen Verfehlungen, die wir alle täglich begehen, können durch unser tägliches Gebet vergeben werden. Handelt es sich aber um ernstere Sünden, so können wir Vergebung erlangen, indem wir sie offen bekennen. Jakobus sagt: „Bekennt einander eure Sünden und betet für einander, dass ihr gesund werdet." Für noch schwerere Sünden ist Gemeindezucht notwendig.

Jak 5,16

Gemeindezucht kann nur auf Bitte des Betreffenden ausgeführt werden. In manchen Fällen wird derjenige von Gemeindegebet und Mitgliederversammlung ausgeschlossen, bis er Buße getan und Vergebung erlangt hat. In anderen Fällen ist der „kleine Ausschluss" angebracht, das heißt, der Betreffende darf nicht am Gemeindegebet teilnehmen, noch soll ihm die Hand zum Zeichen des Friedens geboten werden; am täglichen Leben der Gemeinschaft kann er jedoch teilnehmen. Im Falle einer noch schwerwiegenderen Sünde kann die Gemeinde den

---

* Gemeindezucht, wie sie in diesem Kapitel beschrieben wird, basiert auf den folgenden Bibelstellen: Mt 5,29–30; 9,13; 16,19; 18,8–9; 8,15–20; Lk 15,7–10; Joh 20,22–23; 1.Kor 5,1–5; 1.Tim 1,20.

„großen Ausschluss" anwenden, wobei dem Betreffenden
verkündet wird, dass er vom Reiche Gottes abgeschnitten und vom Gemeindeerlebnis ausgeschlossen ist,
bis er ein bußfertiges Herz gefunden hat.

Sollte ein Bruder oder eine Schwester eine besonders
schwere, willentlich begangene Sünde offenbaren, so
werden die Worte des Paulus ausgesprochen: „Ich über-
gebe dich dem Satan zum Verderben des Fleisches und

1.Kor 5,1–5 der Errettung deines Geistes." Hier sprach der Apostel
von einem Mann, der der Frau seines Vaters beigewohnt
hatte. Selbst nach einem so schweren Vergehen hatte
Paulus den Glauben, dass der Ausschluss zur Errettung
der Seele dieses Menschen dienen kann. Auch wir
glauben und haben es erlebt, dass Menschen, die gesündigt haben, durch die Gemeindezucht völlige Buße
und Vergebung erlangen und wieder treue Brüder und
Schwestern werden können.

Der Schreiber des Briefes an die Hebräer warnt sie
vor der Gefahr, bittere Wurzeln aufwachsen zu lassen,
Hebr 12,15 die das Ganze vergiften können. Diese Warnung gilt
genauso für uns. Das ist der eine Grund, warum wir
Gemeindezucht anwenden, nämlich damit kein Gift
die Gemeinde zerstöre. Der andere ist, der betreffenden
Person durch die Vergebung der Sünden die Möglichkeit
zu einem Neuanfang zu geben, um von nun an ein reines
Leben zu führen.

Niemals darf ein Bruder oder eine Schwester ausgeschlossen werden, solange wir nicht alle erkennen, dass auch wir für unsere Sünden gerichtet werden müssen. Gemeindezucht ist nicht dazu da, Menschen zu richten, sondern um das Böse aus der Gemeinde zu verbannen – etwas, das immer wieder auch in unseren eigenen Herzen geschehen muss.

Wenn eine Schwester oder ein Bruder Gemeindezucht auf sich nimmt, so soll uns das daran erinnern, dass Buße Gnade ist. Tun sie wirklich Buße, so tun sie etwas für die ganze Gemeinde, ja für die ganze Welt, weil das Böse durch Jesus überwunden wird. Deshalb sollen wir eine besonders tiefe Achtung haben vor denen, die unter Gemeindezucht stehen; denn wir wissen, wie sehr wir selbst Gottes Gnade und Barmherzigkeit brauchen.

Niemandem darf auch nur ein Gramm mehr als seine eigentliche Schuld aufgeladen werden. Vielmehr wollen wir dankbar sein, dass Reue, Umkehr und Versöhnung mit Gott möglich sind – für die Ausgeschlossenen, für uns alle, für die ganze Menschheit.

Gemeindezucht ist ein Sieg des Lichts über die Dunkelheit. Mit ihr beginnt die Heilung in einem Menschen. Kann sie in diesem, dem einzig wahren Sinne angenommen werden, dann bedeutet sie Gnade.

Ich glaube, dass die Frage des Ausschließens und Wiederaufnehmens, ja die Frage der Gemeindezucht überhaupt, eng verbunden ist mit der Liebe Jesu

und der Erlösung durch ihn. Er trägt die Sünden der
ganzen Welt. Er nahm den Tod am Kreuz auf sich,
um den Menschen immer wieder die Möglichkeit der
Sündenvergebung und damit der Versöhnung mit Gott
anzubieten.

Der Begriff der Gemeindezucht überhaupt ist
in der heutigen Christenheit verwischt, wenn nicht
fast verloren gegangen. Bei dieser ernsten Frage geht
es jedoch nicht um die Ansicht des Bruderhofes
im Gegensatz zur allgemeinen Christenheit. Unser
Verständnis von Gemeindezucht stützt sich ausschließlich auf die Worte Jesu und der Apostel.

Mt 18,15–20

In einer im Absterben begriffenen Kirche wird oft über
die Schwächen anderer hinter deren Rücken geredet.
Da gibt es kaum Gemeindezucht und daher auch keine
Vergebung. Jesus sagt: „Wenn du deine Gabe auf dem
Altar opferst und dort kommt dir in den Sinn, dass
dein Bruder etwas gegen dich hat, so lasse dort vor dem
Altar deine Gabe und geh zuerst hin und versöhne dich
mit deinem Bruder und dann komm und opfere deine
Gabe", und: „Wenn ihr steht und betet, so vergebt, wenn
ihr etwas gegen jemanden habt, damit auch euer Vater
im Himmel euch vergebe eure Übertretungen." Heißt
das nicht, wir dürfen erst dann beten, wenn wir jedem
Menschen vergeben haben, wo er auch sei, ob er recht
oder unrecht hat, ob er Freund oder Feind ist? Diese
Gebote sind fast völlig in Vergessenheit geraten.

Mt 5,23–24

Mk 11,25

Mt 13,24–30 Das Gleichnis vom Unkraut unter dem Weizen wird oft als Rechtfertigung für Missstände in einer Gemeinde angeführt. Ich glaube, dass dieses Gleichnis sich nicht an erster Stelle auf die Gemeinde bezieht, sondern auf die Welt im Allgemeinen. Es darf nicht zum Anlass genommen werden, Unrecht zu tolerieren. Wenn Sünde in der Gemeinde ans Licht kommt, so muss sie durch Gemeindezucht beseitigt werden, aus Liebe zum Sünder und aus Liebe zur Gemeinde; sonst ist die ganze Gemeinde verloren. Paulus sagt, es darf kein Flecken Eph 5,27 oder Runzel an der Gemeinde sein, sie soll rein sein und Kol 1,22 heilig, wie Jesus selbst heilig ist. Wir dürfen das Böse nicht mit den Worten rechtfertigen: wo Weizen ist, ist auch Spreu.

Der beste Weg, im eigenen Herzen den Teufel zu besiegen, ist die völlige Hingabe an Jesus. Das gilt besonders für Mitglieder, die unter Gemeindezucht stehen, und für solche, die mit bösen Gedanken und Gefühlen zu kämpfen haben. Nur wenn sie sich jedes Mal von neuem Jesus hingeben, werden sie in dem täglichen Kampf ihrer Herzen den Sieg erringen.

Im Hebräerbrief lesen wir: „Der Geist Gottes ist schärfer Hebr 4,12 als ein zweischneidiges Schwert." Diese Schärfe sollten wir in erster Linie gegen uns selbst anwenden. Die Evangelien berichten aber auch von der Barmherzigkeit

und Liebe, die vom Geist Gottes ausgeht, und diese
Liebe sollen wir unseren Mitmenschen erzeigen, und
ganz besonders den Sündern.

Zu Jesus können wir mit jeder Not kommen. Bei ihm
werden wir Barmherzigkeit und Gnade finden. Aber
wir müssen bereit sein, auch seine Schärfe anzunehmen.
Jeder Christ braucht einen Menschen, der ihm in
der Liebe Christi die Wahrheit sagt, ganz gleich, wie
schmerzhaft das ist, damit das Böse in ihm ausgemerzt
werden kann.

Möge Gott uns das Salz der Wahrheit, aber zugleich
seine Barmherzigkeit und Liebe schenken. Dann fallen
wir nicht von einem Extrem in das andere, dann werden
wir nicht in liebloser Schärfe zueinander sprechen. Mein
Vater schrieb einmal: „Wer seinen Bruder ohne Liebe
zurechtweist, ist ein Mörder." Wir alle müssen erkennen,
wo wir lieblos waren und dafür um Vergebung bitten.[*]

Wenn ein Bruder oder eine Schwester sich etwas
zuschulden kommen lässt, so habe ich aus Liebe zu
diesem Menschen die Pflicht, mit ihm oder ihr darüber
zu sprechen. Und wenn mich jemand zurechtweist,

---

[*] Ein ähnlicher Ausspruch Eberhard Arnolds lautet: „Liebe ohne Wahrheit
lügt, aber Wahrheit ohne Liebe tötet."

darf ich nicht empfindlich sein. Ich versichere euch, die
Leute um Jesus haben oft ein energisches Wort zu hören
bekommen. Verglichen mit ihm sind wir wahrscheinlich
noch viel zu höflich. Jesus ehrte seine Mutter, aber er
sagte auch zu ihr: „Frau, was habe ich mit dir zu tun?"
Seine Art Liebe war nicht immer höflich.

Joh 2,4

Aus einem Brief: Wenn du Selbstgefälligkeit,
Lieblosigkeit oder Sünde unter uns bemerkst, dann
mache bitte die Verantwortlichen in der Gemeinde
darauf aufmerksam. Aber bringe bitte keine allgemeinen
Anklagen vor, und sprich nicht mit anderen darüber.
Solche Gespräche sind äußerst gefährlich und tragen
nicht dazu bei, Brüder und Schwestern zusammenzu-
bringen, sondern treiben sie auseinander.

Vom Neuen Testament her ist es ganz klar, dass die
Sündenvergebung mit der Gemeinde zusammenhängt.
Jesus übergibt der Gemeinde die Schlüssel „zu binden
und zu lösen". Wo also auf dieser Erde zwei oder drei
in seinem Namen zusammenkommen, im Sinne bedin-
gungsloser Hingabe an ihn, dort findet man die Schlüssel
zu binden und zu lösen. Vergebung ist niemals eine rein
private Angelegenheit.

Mt 16,19

Gott will, dass wir klarer unterscheiden lernen. Er will aber auch, dass wir mehr Liebe, mehr Verständnis und Barmherzigkeit für andere aufbringen. Gemeindezucht muss sein, aber wir dürfen nicht die Worte Jesu vergessen: „Wer richtet, der wird gerichtet" und „mit dem Maß, mit dem ihr messt, wird man euch wieder messen."

Lk 6,37–38

Taufe

Der Glaube an Jesus Christus, die Gewissheit der
Vergebung der Sünden durch Buße und Umkehr, und
die Eingliederung in den Leib der Gemeinde – diese drei
Dinge sind bei der Taufe von zentraler Bedeutung.

In der Taufe schließen wir den Bund mit Gott und
seiner Gemeinde, in dem wir uns von ganzem Herzen
Jesus hingeben mit allem, was wir sind und haben, in
dem festen Glauben, dass er unsere Sünden vergibt.
Diese Vergebung der Sünden ist nur durch den Tod Jesu
möglich, und wo Jesus Gemeinde stiftet, da ist die Kraft
der Vergebung wirksam.

Möge Gott die Sünden eines jeden vergeben, der
nach der Taufe verlangt. Möge Jesus sie alle durch sein
Blut reinigen, damit sie zu Kindern Gottes und wahren
Brüdern und Schwestern werden.

Die Taufe ist ein sichtbares Zeichen der Umkehr,
deshalb ist sie gleichbedeutend mit völliger Hingabe.
Das heißt, wir geben uns selbst auf, gießen uns ganz
und gar für Jesus Christus aus, so wie man ein Gefäß
ausschüttet, damit wir leer und arm vor Gott stehen.

Eph 1,7

Joh 20,23

1.Joh 1,7

1.Petr 3,21

Röm 6,3–4

Gal 3,25–27

Die Taufe ist das Bekenntnis eines guten Gewissens vor Gott. Das ist nur möglich durch die gnädige Hilfe und die reinigende Kraft des Blutes Christi. Es ist Christi Geist, der Geist der Wahrheit, der zu dem glaubenden Gewissen spricht und es auf die Einheit mit dem Willen Gottes hinweist. Nur hier – in der Einheit eines guten Gewissens mit Gott – ist wahrer Frieden. Hier ist das Gewissen befreit von dem Gesetz und den Mächten unseres Zeitgeistes.

Kol 2,12

Jesus ließ sich im Jordan taufen. Ich glaube, er verstand unter Taufe ein wirkliches Untertauchen. Aber die Form ist nicht das Wichtige. Wenn kein Wasser zum Untertauchen vorhanden ist, kann der Täufling auch mit Wasser übergossen werden. Wichtig ist allein, in der Taufe mit Christus begraben zu werden und mit ihm aufzuerstehen durch den von Gott gewirkten Glauben – gerade so wie Christus von den Toten auferstand.

Die Taufe ist ein Schritt totaler Hingabe an Gott und an die Gemeinde. Dazu dürfen wir niemanden überreden. Es ist jedoch unsere Pflicht, die Menschen zur Buße aufzurufen und sie darauf hinzuweisen, dass das Evangelium die schärfste Verurteilung der Sünde und gleichzeitig die innigste Einladung für den bußfertigen Sünder enthält. Gott lädt uns ein, mit unseren Übertretungen und unserer Not zu ihm zu kommen.

Ihm dürfen wir vertrauen; zu jeder Zeit und in allen Situationen dürfen wir uns an ihn wenden.

Aus einem Brief: Die Taufe macht uns nicht zu besseren Menschen. Wir steigen nicht etwa zu Übermenschen auf, sondern wir bleiben sündhafte Menschen, zu denen Gott herabkommen will. Und das ist ein Wunder, dessen wir niemals würdig sein können. Gott ist jedoch voller Gnade.

Es ist besser sich nicht taufen zu lassen, als einen halbherzigen Schritt zu tun. Es ist besser ungetauft zu bleiben, als sich um der Eltern willen oder um einer Freundschaft willen taufen zu lassen, oder um in der Gemeinde ein abgesichertes Leben zu finden. Die Taufe muss eure persönliche Entscheidung sein, die niemand anderes für euch treffen kann. Millionen von Menschen sind getauft, aber für viele ist die Taufe nur eine leere Form. Jeder, der getauft werden will, sollte sich fragen: „Bin ich bereit, um Jesu willen niemanden mehr zu lieben als ihn, weder meine Frau, noch meine Eltern, noch meine Kinder, damit nur er in mir leben kann? Bin ich bereit, für Jesus und meine Geschwister alles hinzugeben?" Wer nicht dazu bereit ist, der soll sich nicht taufen lassen. Ihr müsst gewillt sein, für ihn zu sterben, damit er selbst in eurem Herzen leben kann. Jesus muss euer einziger Schatz sein.

Röm 8,1–4

Wenn ihr allein um Jesu willen getauft werdet, wird er euch in seiner Liebe annehmen und euch seine Vergebung und seinen Frieden schenken. Er wird in euch wohnen und euch helfen, jede Versuchung zu überwinden. Durch sein Blut werdet ihr reingewaschen.

Röm 6,3–4
Mt 10,38–39
Joh 12,24–26

Recht verstanden, hängt die Taufe untrennbar mit dem Tod und der Auferstehung Jesu zusammen. Taufe bedeutet, wirklich mit Christus zu sterben und danach mit ihm aufzuerstehen. Die Worte „mit Christus sterben" werden so oft gebraucht, dass sie wohl etwas von ihrer Kraft eingebüßt haben. Denken wir aber tiefer darüber nach, was es bedeutet, dass Gott auf diese Erde gekommen und für uns gestorben ist, dann ahnen wir den Ernst seiner Bitte, mit ihm zu sterben.

Die Taufe erfordert eine persönliche Entscheidung, seine Sünden zu bekennen und sein Leben vollständig Jesus zu übergeben. Das bedeutet, lieber zu sterben als bewusst wieder zu sündigen. Es muss zu einer persönlichen Erfahrung werden, dass Christus der Friede des Herzens ist, und dass er für uns gestorben ist. Aber das ist nicht alles. Wir müssen ein tieferes Verständnis der Person Christi bekommen. Es wäre falsch, die persönliche Erfahrung außer Acht zu lassen, doch muss man darüber hinausblicken, um die Größe Gottes und seines Weltalls zu erfassen und gleichzeitig aber auch die Schwere der Not und Sünde der ganzen Menschheit zu erkennen. Möge jeder von uns überwältigt werden von der Größe Jesu, der König ist über das Reich Gottes und

Offb 1,18

der die Schlüssel zur Unterwelt in seiner Hand hält. Er hat die Macht über alle Mächte.

Die Taufe ist keine menschliche Einrichtung, sondern ein Schritt, durch welchen Sünden vergeben und Dämonen durch Jesus Christus und seinen heiligen Geist ausgetrieben werden. Kein Mensch kann das bewirken, auch kein Kreis von Menschen. Wir brauchen die Gegenwart Christi. Deshalb bitten wir ihn, besonders in unseren Taufversammlungen unter uns zu sein; denn er ist es, den wir ehren, er, der unsere Sünden durch den Glauben an seinen Tod vergibt.

Wahre Buße und Umkehr ist die Voraussetzung für die Vergebung der Sünden in der Taufe. Wir alle müssen der menschlichen Gerechtigkeit absagen. Keiner von uns ist gerecht und gut, Gott allein ist gerecht und gut. Am schärfsten trat Jesus gegenüber den „Guten" auf, denjenigen, die das Kreuz nicht brauchten, die meinten, gerettet zu sein – als Abrahams Kinder. Aber Jesus sagt: „Die Starken bedürfen keines Arztes, sondern die Kranken. Ich bin gekommen, die Sünder zu rufen und

Mk 2,17

nicht die Gerechten."

Sind wir einmal bekehrt und getauft und haben den
Entschluss gefasst, Jesus nachzufolgen, dann dürfen wir
unsere Glieder nicht mehr der Sünde zur Verfügung

Röm 6,12–13 stellen. Das ist von grundlegender Bedeutung: der Kopf
muss von Gottes Gnade und seinen Gedanken erfüllt
sein; die Hand darf nicht länger zum Blutvergießen
beitragen oder unzüchtige Handlungen begehen; das
Auge darf nicht länger der sinnlichen Begierde dienen,
sondern es soll Gottes Liebe zu den Brüdern und
Schwestern ausstrahlen.

Sobald wir uns durch die Taufe an Christus hingeben,
versiegeln wir unsere Glieder zu seinem Dienst. Und
doch weiß jeder von uns, dass auch nach der Taufe
Versuchungen an uns herantreten, in dem einen durch
Unreinheit, in dem anderen durch Stolz, oder durch
Hass und Bitterkeit. Niemand gelingt es, sich an den
eigenen Haaren aus dem Schlamm zu ziehen. Wir
mögen uns noch so sehr anstrengen, wir werden uns
niemals selbst ändern können. Nur der Tod Jesu, seine
Vergebung und seine Kraft, das Böse aus den Herzen
zu vertreiben, befreit uns von der Sklaverei der Sünde.
Versuchungen werden immer wieder kommen, aber
aus einer tiefen Glaubenserfahrung heraus können wir

Röm 6 widerstehen. Haben wir nur das Gesetz, das „Du sollst
nicht begehren", und böses Begehren steigt in uns auf,
dann ist es schwer, damit fertig zu werden. Haben wir
jedoch Jesus durch Buße und Umkehr erlebt, dann sind
wir in der Lage zu überwinden. Wir bleiben Menschen,
aber wir sind keine Sklaven der Sünde mehr.

Das Abendmahl

Das Abendmahl ist ein Symbol, ein äußeres Zeichen dafür, dass wir gebrochen vor Jesus treten, dessen Leib für uns am Kreuz gebrochen wurde. Christus will im Herzen all derer, die das Brot brechen und den Wein trinken, gegenwärtig sein. Mit ihm sollen wir schwach werden, um hernach durch die Gemeinschaft mit ihm in seiner Kraft stark zu werden. Brot und Wein sind nur Symbole, aber die Reinheit und Einheit in Christus, die sie symbolisieren und die wir im Abendmahl als Gemeinschaft mit Christus erleben dürfen, sind Realität.

Wie das Getreide von verschiedenen Feldern zu Mehl zermahlen und zu einem Laib Brot geformt wird, wie die Weintrauben aus vielen Weinbergen gekeltert werden, um Wein zu erzeugen – so können wir, die wir aus verschiedenen Nationen und Kulturen stammen, im Abendmahl vereinigt werden. Diese Einheit ist jedoch nur möglich, wenn wir aufhören, uns selbst wichtig zu nehmen.

1.Kor 10,16–17

Das Abendmahl ist ein Mahl der Einheit, und wir müssen uns bereit machen, um im rechten Sinn daran teilzunehmen. Es ist ein Mahl der Erinnerung an Jesus, dessen erlösender Geist der Vergebung für die ganze Welt, für alle Völker und Nationen bereit ist. Weiter ist es ein Mahl der Erneuerung unseres Bundes mit Gott, in dem wir uns, von aller Sündenlast befreit, ihm erneut zum Dienst weihen.

Wenn wir uns daran erinnern, wie Jesus an seinem letzten Abend auf Erden das Mahl einsetzte, dann soll uns das auch daran erinnern, dass jeder Christ bereit sein muss, sein Leben zum Opfer zu geben – ja er sollte es tatsächlich tun – wie Christus es tat. Wir leben in einer Welt, die dem Reich Gottes ebenso feindlich gegenübersteht, wie es zurzeit Jesu der Fall war. Er verspricht uns nicht, dass es uns anders ergehen wird als ihm. Vielmehr, dass seine Jünger verfolgt werden, und ihnen das Gleiche angetan wird wie ihrem Meister.

Joh 15,18–20

Bei der Abendmahlsfeier bezeugen wir die Liebe unseres Herrn Jesu, dessen Tod die Vergebung unserer Sünden ermöglichte, und der uns Liebe und Einheit untereinander schenken will. Eigentlich ist es ein ganz schlichtes Mahl. Jesus bat seine Jünger, es im Gedenken an ihn zu halten, deshalb feiern wir es in diesem Sinn.

Paulus sagt, wer beim Gedächtnismahl in unwürdiger Weise das Brot isst und den Wein trinkt, der isst und trinkt es sich selber zum Gericht. Dass heißt, wir dürfen nicht mit einem von Sünden belasteten Gewissen zum Abendmahl gehen. Wir dürfen es aber auch nicht zulassen, dass uns Gefühle der Unwürdigkeit quälen. Paulus spricht von der inneren Einstellung, mit der wir am Abendmahl teilnehmen sollen, nämlich mit der gleichen Ehrfurcht, wie sie Moses hatte, als Gott ihm

1.Kor 11,27–29

2.Mose 3,5

den brennenden Busch zeigte und sprach: „Zieh deine
Schuhe von den Füßen, hier ist heiliger Boden."

Zur Zeit der Urgemeinde trafen sich die Gläubigen
oft zum Abendmahl, damit die bösen Geister aus ihrer
Mitte vertrieben würden. Erleben wir in der Gemeinde
einen Geisteskampf, dann fühlen wir uns auch gedrängt,
das Abendmahl zu halten. Jörg Blaurock, ein Führer der
ersten Täufer, sagte, wenn es häufig gefeiert wird, dann
werden die falschen Brüder unter uns offenbar.

1.Kor 11,26

Joh 12,24–25

Im Brechen des Brotes und im Trinken des Weines beim
Abendmahl vereinigen wir uns mit Christus im tiefsten
Sinn. Wie Paulus sagt, gedenken wir seines erlösenden
Todes und „verkünden ihn bis er kommt." Wir verkünden
Christi Tod als das größte Ereignis der Geschichte:
durch seine Wunden finden wir Heilung, durch seine
Leiden finden wir Gott; durch sein helles Licht finden
wir die Liebe. Wir beten, dass er allein unser Herr und
Meister sei; wir wollen ihn lieben, sein Leben und seinen
Weg, mit unserem ganzen Sein.
Christus zu lieben, heißt, mit ihm zu sterben. Das
bedeutet, wir müssen uns selbst absterben. Oft kostet das
einen schmerzhaften, längeren Kampf, den wir nur dann
bestehen können, wenn wir Christus und sein Kreuz
über alles lieben. Es geht nicht darum, dass wir uns selbst
quälen, sondern darum, dass wir Jesus finden.

Gewiss sollten wir beim Abendmahl nicht nur an Christi Leiden und Tod denken, sondern ebenso an seine Auferstehung von den Toten und an seine Himmelfahrt zum Vater, an dessen Seite er die Gemeinde und das Herz eines jeden Glaubenden regiert. Und wir sollten uns an sein Versprechen erinnern, dass er wiederkommen wird, um uns zu richten und das Reich seiner Herrlichkeit aufzurichten.

Liebe und Ehe

Liebe

Jesus zeigt uns, was Liebe ist: sein Leben für andere hinzugeben anstatt Leben zu nehmen, lieber der Niedrigste und Demütigste anstatt der Mächtigste sein zu wollen. Die Liebe macht uns frei. Ein Mensch, der über andere herrschen will, trägt eine gequälte Seele in sich – eine in Liebe entbrannte Seele jedoch ist fröhlich. Wir wünschen unseren Ehepaaren, dass die Liebe ihr Leben so bestimmt, dass der Dienst am andern ihnen wichtiger ist, als sich selbst zu dienen. Noch mehr wünschen wir, dass sie sich der großen Sache Gottes hingeben, und dass ihre Liebe zu ihm ihnen über alles geht, auch über ihre Ehe.

Im Bereich der Liebe ist nicht das Äußere, sondern die Beziehung von Herz zu Herz, von Seele zu Seele entscheidend. Vergessen wir nicht, dass der Körper ohne die Seele nur die Form des Menschen, nur Materie ist. Deshalb dürfen wir ihn dennoch nicht verachten: „Wisst ihr nicht, dass euer Leib ein Tempel des Heiligen Geistes 1.Kor 6,19 ist, der in euch ist und den ihr von Gott habt?"

Der Leib ist dafür geschaffen, den Regungen des Herzens Ausdruck zu geben. Ein zartes Lächeln, Augen, die bei einem liebevollen Wort aufleuchten, oder eine zarte Berührung der Hand können zu einer glühenden Umarmung und den Zärtlichkeiten der letzten Erfüllung in der Vereinigung führen. Der Leib ist die sichtbar gemachte Seele.

Aus einem Brief: Sich vom anderen Geschlecht angezogen zu fühlen ist natürlich, aber bei weitem keine genügende Basis, um zu heiraten und eine Familie zu gründen. Es ist auch ganz natürlich, dass ein Mann, der eine Frau liebt, wissen möchte, ob sie die richtige für ihn ist. Auf diese Frage gibt es nur eine Antwort: beide müssen das eindeutige Gefühl haben, dass eine eheliche Verbindung sie näher zu Jesus führen wird.

Der richtige Ehepartner ist nicht einer, der erotisch besonders anziehend ist, sondern der, der den anderen näher zu Jesus führt. Ist eine Ehe nur auf äußere Anziehung gegründet, dann wird sie leicht zerbrechen.

Aus einem Brief: Lasse bei der Wahl eines Ehepartners deine Gefühle nicht oberflächlich von einem zum anderen wandern. Prüfe sie im Blick auf Jesus. Für einen Christen ist der Schritt in die Ehe nur dann richtig, wenn er sicher ist, dass dieser Schritt ihn näher zu Jesus führen wird und dass beide Partner gemeinsam Jesus besser dienen können als allein. Ich glaube nicht, dass ein Christ heiraten sollte, nur um seine körperlichen und emotionalen Bedürfnisse zu befriedigen. Solch ein persönliches Verlangen muss vorhanden sein, darf aber nicht den Ausschlag geben.

Aus einem Brief: Denkst du daran, einen anderen
Menschen durch Heirat fürs ganze Leben an dich zu
binden, so lerne vor allem zu lieben; lerne, dein Herz zu
öffnen, lerne, an den anderen zuerst zu denken.

Aus einem Brief: Was ich jetzt sage, meine ich ernst,
weil es mir um euer Wohl geht: Bevor ihr eine Bindung
eingeht, solltet ihr sicher sein, ob es Gottes Wille
ist, dass ihr zwei zusammengehört. Schrecklich ist
es, wenn Zweifel kommen, nachdem man sich durch
die Verlobung gebunden hat. Aber Zweifel zu haben,
nachdem die Ehe geschlossen wurde, wäre ungleich
viel schrecklicher. Möge Gott euch Klarheit darüber
schenken, ob ihr wirklich zusammengehört. Besser ein
Ende mit Schrecken als ein Schrecken ohne Ende. Ich
sage das aus Liebe zu euch. Möge Gott euch führen.

Aus einem Brief: Deine Frage: „Warum fühle ich mich
zu diesem Jungen hingezogen, wenn er für eine andere
bestimmt ist?" klingt etwas rebellisch, beinahe so, als
ob du Gott anklagen wolltest. So wie unsere schwache
menschliche Natur nun einmal ist, fühlen wir manchmal
gewisse Anziehungen, haben aber keine andere Wahl, als
sie abzulehnen. Ob jemand und wer für dich bestimmt
ist, darüber kann ich nicht urteilen. Das Wichtige für
dich ist, dein Leben Jesus hinzugeben.

Ehe

Mt 5,28

Jesus nimmt den Ehebund so ernst, dass er sogar einen begehrlichen Blick als „Ehebruch im Herzen" bezeichnet. Er gebraucht ein so scharfes Wort, weil er das heilige Geschenk der Einheit zwischen zwei Menschen beschützen will.

In einer wahren Ehe werden Mann und Frau in erster Linie eins im Geist, das heißt: eins im Glauben, eins im Erleben Gottes, und eins in der Reinheit der Gemeinde. Zweitens bedeutet die Ehe, dass ihre Seelen eins sind. Man kann mit jedem gläubigen Menschen eins im Geist sein. Aber das Band, das Mann und Frau in der Ehe verbindet, unterscheidet sich grundlegend von allen anderen Bindungen. Eine besondere Liebe und eine besondere Freude ist zwischen diesen beiden Menschen spürbar, sobald sie einander nahe sind. Weil sie sich ganz besonders lieben, sind sie einander treu und halten ihre Beziehung rein.

Drittens bedeutet die Ehe, dass Mann und Frau ein Fleisch werden in der körperlichen Vereinigung. Wird das Band dieser Vereinigung durch Untreue zerrissen, so ist das eine furchtbare Sünde, denn in Gottes Augen ist damit die Beziehung zerbrochen. Was anfangs ein Segen war, wird zu einem Fluch. Es bleibt nur die Hoffnung, dass durch Buße und durch Gottes Gnade etwas Neues geschenkt werden kann. Es gibt keine Entschuldigung für Ehebruch, besonders für den nicht, der an Jesus glaubt.

Der Segen Gottes liegt auf jedem Ehepaar, ob jung oder alt, welches die Einheit in der rechten Ordnung erfährt: zuerst die Einheit im Geist, dann die Einheit von Herz und Seele, und dann die körperliche

Vereinigung – und nicht umgekehrt: an erster Stelle die körperliche Vereinigung, während nur wenig Herzenseinheit und noch weniger Geisteseinheit vorhanden ist.

Mt 5,27–32

Die Worte Jesu über sinnliche Begierde, Scheidung und Wiederverheiratung nehmen wir sehr ernst, und wir wahren eine scharfe Haltung gegen sexuelle Unsittlichkeit. Kein Mitglied unserer Gemeinde darf sich scheiden lassen und eine neue Ehe eingehen, und kein Wiederverheirateter kann Mitglied werden, solange er oder sie in zweiter Ehe lebt, wenn der frühere Partner noch am Leben ist.

Wir glauben an die lebenslängliche Treue, auch um der Kinder willen, wenn Kinder geschenkt werden. Der Ehebund zwischen zwei Menschen muss ein Bund fürs Leben sein. Daran kann nicht gerüttelt werden, denn „was Gott zusammengeführt hat, das darf der Mensch

Mt 19,6

nicht scheiden."

Die Grundlage für eine wahre Ehe ist die Liebe zu Jesus. Ihr müsst Jesus als lebendige Kraft in euern Bund einbeziehen.

Die Aufgabe des Mannes ist es, Jesus als das Haupt zu

Eph 5,23

vertreten, aber das schließt ein, dass er Jesu Beispiel der Demut folgen muss. Ein Mann, der sich nicht erniedrigen will, kann kein Jünger sein.

Die Aufgabe der Frau ist es, Jesus als den Leib, als die Gemeinde darzustellen. Sie muss sich Maria zum Beispiel nehmen, die sprach: „Hier bin ich, die niedrige Magd des Herrn." Kann sie das nicht annehmen, so ist sie keine Jüngerin Christi.

Lk 1,38

Im tiefsten Sinn bedeutet Ehe Gemeinschaft. Gott sagt: „Es ist nicht gut, dass der Mensch allein sei." Aus einem Wesen schuf er zwei – Mann und Frau – die in der Ehe wiederum eins werden.

1.Mose 2,18

Eine Ehe kann nur Bestand haben, wenn beide Partner demütige und offene Herzen haben. Eifersucht und Überheblichkeit drohen stets, sie zu trennen, aber die Liebe überwindet alles, denn „sie ist weder arrogant noch ungehörig; sie besteht nicht auf ihrer Meinung, sie lässt sich nicht erbittern, trägt nichts nach, freut sich nicht am Unrecht, freut sich aber an der Wahrheit." Dazu gehört auch, dass die Liebe vergebend ist. Wenn man verheiratet ist, entdeckt man mit der Zeit, dass der Ehepartner nicht vollkommen ist. Kann ich aber meinem Partner vergeben, dann wird jeder Tag zu einem neuen Anfang, jeder Tag hält neue Freuden bereit. „Die Liebe erträgt alles, hofft alles, glaubt alles." Keine Last ist zu schwer zu tragen, wenn Liebe da ist. Diese Liebe, die alles erträgt, wird ein Ehepaar, auch angesichts einer schweren Situation, im Glauben und in Hoffnung aufrechterhalten.

1.Kor 13,4–6

1.Kor 13,7

Die eheliche Treue ist von entscheidender Wichtigkeit
für das innere Leben eines jeden Partners, denn zwischen
der ehelichen Liebe in geistig-seelischer Hinsicht und
der sexuellen Vereinigung besteht eine tiefe Verbindung.
In einer rechten Ehe hat die körperliche Vereinigung der
Partner einen tiefen Zusammenhang mit Gott. Sobald
sich aber ihre sexuelle Beziehung von Gott loslöst, führt
sie zu sündhaftem Verhalten, auch innerhalb der Ehe.
Die Heiratsurkunde gibt niemandem die Freiheit, für
den Körper und seine Lüste zu leben.

Wegen der einzigartigen Intimität der sexuellen Sphäre
in der Ehe, findet eine Vereinigung ohnegleichen statt,
wenn sich Mann und Frau einander völlig hingeben.
Diese Vereinigung ist der organische Ausdruck der
ehelichen Liebe, die in der gegenseitigen Hingabe
ihre Erfüllung findet. Jeder Partner kennt das intime
Geheimnis des anderen. Es ist Gottes Wille, dass
Mann und Frau dieses Geheimnis wahren und keinem
anderen preisgeben.

Unsere erste Berufung ist die Nachfolge Jesu, was es
auch kosten möge. Sollte uns ein Ehepartner geschenkt
werden, so sollte unsere Hingabe an Jesus umso stärker
werden, nicht schwächer. Die Ehe sollte uns näher zu
Jesus führen.

Für alle, die in den Ehestand treten, beten wir darum,
dass nichts in ihrem Leben sie von Gottes Liebe trenne,

denn seine Liebe ist immer gegenwärtig und wird sie
zusammenhalten, in Not- und Leidenszeiten, sowie in
Zeiten der Freude.

Der Ehebund enthält das Versprechen, durch dick
und dünn, durch gute und schlechte Tage einander treu
zu bleiben und sich bis an das Lebensende allein von
Gottes Liebe abhängig zu wissen.

Eine der größten Gefahren für eine Ehe ist ständiges
Kritisieren, Unzufriedenheit wegen Kleinigkeiten, weil
man merkt, dass der Ehepartner nicht perfekt ist. Wenn
einer glaubt, er habe in allem Recht, dann ist er der Liebe
gegenüber verschlossen. Mag er auch gottesfürchtig
sein und auf den Willen und das Wort Gottes hören,
der Feind wird ihn stets im Auge behalten, um ihn zu
versuchen, sogar in kleinen Dingen. Wenn die Nörgelei
einmal angefangen hat, dann erkaltet die Liebe. Wir
müssen uns dieser Gefahr bewusst sein. Sind wir aber
bereit, alles zu wagen, alles zu hoffen, alles zu vergeben,
dann wird jeder Tag zu einem neuen Erlebnis der Liebe,
auch wenn es durch schwere Zeiten geht.

Aus einem Brief: Ich denke, du solltest dich ernsthaft
fragen, ob du deiner Frau genug Liebe und Geduld entge-
gengebracht hast und ob du dir wirklich Mühe gegeben
hast, ihre Situation und ihre Bedürfnisse zu verstehen.
Der Ehemann soll die Familie führen; das bedeutet
jedoch in erster Linie, Verständnis für Frau und Kinder

zu haben. Fehlt dieses Verständnis, dann kann er ihnen weder Liebe entgegenbringen noch Führung geben.

Aus einem Brief: Sobald die Dinge zwischen dir und deinem Mann in euern Herzen vor Gott klar geworden sind, wirst du einsehen, dass Schuld bei dir wie bei ihm liegt. Lies 1.Korinther 13,4–7 und denke dabei an deine Ehe:

> Die Liebe ist langmütig, die Liebe ist freundlich und nicht neidisch. Die Liebe prahlt nicht, ist nicht aufgeblasen, verhält sich nicht ungehörig, sie sucht nicht das Ihre, lässt sich nicht zum Zorn reizen, sie rechnet das Böse nicht zu, sie freut sich nicht über die Ungerechtigkeit, sie freut sich aber an der Wahrheit. Da ist nichts, was sie nicht ertragen könnte. Sie glaubt alles, sie hofft alles, sie duldet alles.

Wenn du das liest, wirst du spüren, dass ihr beide schuldig seid und beide die Liebe in eurer Ehe verletzt habt.

Aus einem Brief: Ich glaube, du hast Recht, dein Mann ist innerlich verletzt. Du kannst seine Wunden nicht heilen, aber du kannst ihm gegenüber demütig sein. Demut hat eine heilende Wirkung auf einen Menschen, den wir verletzt haben. Die Bibel sagt: „Ihr Frauen, seid euern Männern untertan", und: „Der Mann ist das Haupt der Familie".

Eph 5,22–24

Ich weiß, dass du deine eigene Last zu tragen hast.
Und du hast Recht, man muss seine Last am Fuß des
Kreuzes niederlegen, um Heilung und Vergebung zu
finden. Dazu gehört, dass wir tiefe Reue empfinden für
das, was wir getan haben. Ich denke an euch beide in
großer Liebe und werde für euch beten.

Aus einem Brief: Lieber Bruder, werde ganz still vor
Gott und lausche im Herzen auf seine Stimme. Sucht
ihn zusammen, du und deine Frau. Es ist Gott, der euch
zusammengeführt hat; Gott wird euch zusammenhalten;
er wird euch behüten.

Sexualität   Der sexuelle Bereich ist keineswegs das Wichtigste in der
ehelichen Beziehung. Die Bedeutung des Sexuallebens
wird heutzutage auf völlig ungesunde Weise übertrieben.
Die Liebe zwischen Mann und Frau wird allzu oft auf
das rein Animalische beschränkt, als sexueller Antrieb
verstanden, und die wahre Bedeutung der Ehe wird
absolut verkannt.

Es liegt auf der Hand, dass es Unterschiede zwischen
Mann und Frau in ihrer biologischen Beschaffenheit
gibt. Aber zu behaupten, der Unterschied zwischen den
Geschlechtern sei bloß biologisch, zeugt von einem rein
materialistischen Denken.

Die Frau verlangt danach, den Geliebten in sich aufzunehmen. Die Frau ist von Natur aus dazu geschaffen zu geben und zu erdulden, zu empfangen, auszutragen, zu nähren und zu behüten. Es gehört zu dem Übel unserer Zeit, dass sich Frauen dagegen auflehnen, die Last der Schwangerschaft und die Schmerzen des Gebärens zu ertragen. Der Mann hingegen sehnt sich danach, in die Geliebte einzudringen und eins mit ihr zu werden. Er ist dazu geschaffen, eher die Initiative zu ergreifen und einzudringen als zu empfangen.

Obwohl er nur ein schwacher Mensch ist, repräsentiert ein echter Mann Christus als das Haupt. Er darf sich jedoch nicht als Herrscher aufspielen, sondern ihm ist die apostolische Aufgabe aufgetragen: „Gehe aus und sammle: Lehre alle Menschen. Tauche sie ein in die Atmosphäre Gottes, in das Leben des Vaters, des Sohnes und des heiligen Geistes". Die Frau ist von dieser Aufgabe keineswegs ausgeschlossen, aber es ist in besonderer Weise der Auftrag des Mannes.

Mt 28,19–20

Es besteht kein Zweifel, dass die Unterschiede zwischen Mann und Frau nicht absolut sind. Eine echte Frau wird Christus und die apostolische Wahrheit vertreten; in einem echten Mann wird man auch den Gehorsam und die Demut einer Maria spüren.

Die Religion von heute ist die Psychologie. Sie analysiert den Menschen als Lebewesen, aber nicht als Ebenbild

Gottes. Freud hat in vielen Punkten recht, aber er ist blind für das Wesentliche: Gott. Die Freud'sche Analyse zieht nicht in Betracht, dass der Mensch als Ebenbild Gottes geschaffen wurde, er erklärt stattdessen den Sexualtrieb als die treibende Kraft im Menschen. Freud führt sogar die Beziehung des Kindes zu Vater und Mutter auf den Sexualtrieb zurück.

Die Psychologen haben Recht, wenn sie lehren, dass es viele Triebe im Menschen gibt, nicht nur den Sexualtrieb, sondern auch die Gier nach Besitz und Macht. Aber ihre Schlussfolgerung, es sei schädlich, diese Triebe zu verdrängen, ist falsch. Sie lässt die Realität Gottes und die Ebenbildlichkeit des Menschen völlig außer Acht.

Eph 5,32

Die eheliche Liebe und Einheit zwischen zwei Menschen hat eine tiefe symbolische Bedeutung. Paulus sagt: „Ich deute es auf Christus und die Gemeinde." In solch heiligem Sinne ist die Ehe zu verstehen, und aus diesem Grunde muss sie Gott völlig untergeordnet sein. Ihr wahres Wesen ist allein in der Beziehung zu Christus und zur Ewigkeit zu begreifen. In dem Augenblick, in dem der sinnliche oder sexuelle Bereich von Gott isoliert und als Selbstzweck angesehen wird, wird die Seele beschmutzt und krank.

Es wäre ein ernstlicher Irrtum zu meinen, dass zwei Menschen, die von Gott her füreinander bestimmt sind, ausschließlich zum Zweck der Fortpflanzung ein Fleisch werden. Es ist einfach nicht wahr, dass die Ehe in diesem begrenzten Sinn ihren Zweck erfüllt. Die Sexualität ist ihrem Wesen nach intim und geheimnisvoll. Sie soll es bleiben, denn sie steht im engsten Zusammenhang mit dem tiefsten und geistigsten aller Erlebnisse: mit der Liebe. Gewiss sind Sex und Liebe nicht das Gleiche, aber zwischen Sex und ehelicher Liebe muss eine tiefe Harmonie bestehen.

Im Gegensatz zu allen anderen Gebieten leiblicher Erfahrungen sind die im engeren Bereich der Sexualität liegenden wesentlich bedeutsamer und tiefer. Ihre Sinnlichkeit hat bestimmte wesentliche Bestandteile, die bis an die Wurzeln des leiblichen Seins des Menschen und geradewegs in seine Seele dringen. Sie hat eine Tiefe und einen Ernst, die weit über die Grenzen des Körpers in die Erfahrungen von Verstand und Geist hineinreichen.

Wenn ein Mensch so tief fällt, dass er sich unreinen Begierden völlig hingibt, so beschmutzt er sich dadurch noch ganz anders als etwa durch Völlerei. Die Befriedigung unreiner sexueller Begierde verwundet den Menschen in seinem innersten Wesen und greift die Seele an.

Der geschlechtliche Bereich des Sinnlichen nimmt im Menschen eine zentrale Stellung ein. Hier begegnen sich Leib, Seele und Geist wie in keinem anderen Bereich unserer menschlichen Existenz. Daher hat das sexuelle Leben eine ihm eigene Intimsphäre, ein Mensch instinktiv vor anderen verbirgt. Sex ist *sein* Geheimnis, etwas, von dem er spürt, dass es an sein innerstes Wesen rührt. Jedes Aufdecken in diesem Bereich legt etwas Intimes und Persönliches offen, gewährt einem anderen Zutritt zu dem eigenen Geheimnis. Deshalb ist das Gebiet des Geschlechtlichen auch seinem Wesen nach das Gebiet der Scham. Wir scheuen uns, unser Geheimnis vor anderen zu lüften.

Wie furchtbar ist eine Zeit, in der Menschen sich selbst und ihren Wert als Person so verachten, dass sie jegliches Schamgefühl verlieren! Für den reinen Menschen ist der sexuelle Bereich sein eigenes, persönliches Geheimnis. Dieses Geheimnis darf nur auf eine einzige Art enthüllt werden, nämlich in der ungeteilten Hingabe an den einen Partner in der Ehe.

Die sexuelle Revolution der 1970er Jahre hat die Seele des Menschen ruiniert. Wir wollen mit unserem Leben etwas ganz anderes bezeugen, nämlich, dass absolute Reinheit und Treue in der Ehe möglich sind.

Der Gedanke der geschlechtlichen Beziehung zwischen Mann und Frau kommt von Gott. Wir brauchen uns unserer Sexualität nicht zu schämen. Dieses Gebiet ist einfach zu heilig, um fortwährend Gesprächsstoff zu sein.

Wegen seiner einzigartigen Natur kann der
Geschlechtsakt zwei sehr verschiedene Gestalten
annehmen: einmal kann er ehrfurchtgebietend, geheimnisvoll, edel, rein und friedevoll sein und dadurch auf
den Menschen erlösend wirken. Er kann aber auch
zu einer verbotenen Hingabe an die unverhüllte Lust
werden, welche die Seele krank macht. Dann gehört er
zum Bereich böser Begierde, die auf den Menschen einen
teuflischen Reiz ausübt.

Jede Art von Entheiligung ist Sünde. Missbrauche ich
einen Menschen, indem ich ihn als Gegenstand und
nicht als Menschen behandle, so verletze ich seine Würde
als Ebenbild Gottes. Es ist sündhafte Entheiligung,
einen Menschen zu verführen, ohne überhaupt daran zu
denken, dass ich selbst für die Seele des anderen verantwortlich bin. Und es ist ein Verbrechen, nicht nur an
Geist, Seele und Leib des anderen, sondern ebenso an
mir selbst.
    Eine schreckliche Sünde ist es auch, eine Person des
eigenen Geschlechts zu verführen. Sowohl das Alte wie
das Neue Testament und die Kirchenväter sprechen ganz
entschieden dagegen und nennen es gottlos und pervers.

Eine Ehe allein aus dem Grunde einzugehen, körperliche Begierden zu befriedigen, ist ganz ausgeschlossen.
Wir können aber unsere Sinne nicht negieren. Wenn du
schönen Gesang hörst, wirst du nicht einfach die Ohren

davor verschließen. Die Schönheit der Schöpfung Gottes nimmst du mit den Augen wahr. Wenn im Frühling die Blumen blühen, erfreust du dich an ihrem Duft. Eine ähnliche Freude wird auch im ehelichen Geschlechtsverkehr erlebt. Getrennt von Gott führt Sex uns in die Dunkelheit der Sünde, aber Sex in der Ehe abzulehnen wäre unnatürlich.

Oft kommen Menschen dem Feuer der Liebe allzu nahe, ohne ein festes inneres Fundament zu haben. Ohne die rechte Gottesfurcht geht man leichtfertig eine geschlechtliche Beziehung ein, und so erleidet das innere Leben schweren Schaden. Gott aber hält uns die Treue, und er erwartet von uns, dass wir treu sind.

Aus einem Brief: Der Geschlechtsakt hat nur in der Ehe seinen Platz. Außerhalb der Ehe ist er Sünde. Die Bibel fordert Enthaltsamkeit vor und außerhalb der Ehe. Bist du also nicht immer den Weg der Reinheit gegangen, dann musst du Vergebung finden, um vor Gott bestehen zu können. Diese Vergebung will Jesus dir schenken.

Ehelosigkeit Die Ehelosigkeit verlangt große Opfer. Es ist aber auch ein großes Geschenk, Christus ungeteilt anzugehören. In gewissem Sinne kann die Beziehung zu Christus für den Unverheirateten eine viel tiefere Bedeutung haben als für

den Verheirateten, weil das Herz dann ausschließlich auf
Christus ausgerichtet werden kann.

Mehr als einmal vergleicht Jesus das Königreich
Gottes mit einem Hochzeitsfest. Er lädt die Seele ein,
sich mit ihm zu vereinigen und will sich ihr ungeteilt
schenken. Nichts kann die Innigkeit dieser Einheit mit
Jesus übertreffen. Dieser höchste Bund der Seele kann
jede Leere füllen. Man denke z.B. an die Zeugnisse
vieler Gläubigen, sowohl in der Vergangenheit wie in
der Gegenwart, die jahre- oder sogar jahrzehntelang um
ihres Glaubens willen in Gefängnissen leiden mussten.
Durch Gottes Gnade kann jeder von uns auch dieses
Band der Liebe und Einheit finden.

Lk 14,16–20 Im Lukasevangelium spricht Jesus von denen, die
die Einladung zum Festmahl ablehnen, weil ihnen ihre
eigenen Interessen wichtiger sind. Letztlich geht es
darum, ganz und gar ungeteilt zu sein. Damit Gott uns
ganz erfüllt, damit wir vollständig frei werden, ihm zu
folgen, müssen wir uns innerlich von allem anderen leer
machen. Die Gefahr eines gespaltenen Herzens ist dann
besonders groß, wenn uns die Sorge um Gegenstände
oder Menschen erfüllt, die tatsächlich unserer Liebe
wert sind. Wenn unser inneres Auge nicht mehr auf
Christus allein gerichtet ist, dann können Mutterschaft,
Vaterschaft, Familie, Kinder – ja, sogar eheliche
Gemeinschaft und Zuneigung – zu Abgöttern werden,
die unsere Liebe leicht völlig in Anspruch nehmen.

Unser Herz muss allein Gott gehören. Unsere Liebe
zu Christus muss so stark werden, dass wir freudig zu

jedem Opfer bereit sind. Es ist unser Gebet, dass wir
sterben, damit Christus von uns ausstrahlt, dass wir
nicht mehr für uns selbst leben, sondern dass Christus
in uns lebt.

Aus einem Brief: Du fragst dich, ob Jesus dich um der
Sache des Reiches Gottes willen zur Ehelosigkeit beruft.
Ich glaube, eine solche Berufung zur Ehelosigkeit ist
möglich, nicht nur für Katholiken. Doch ich wäre sehr
vorsichtig mit einem solchen Gelübde, es muss sorgfältig
bedacht werden.

Aus einem Brief: Deine innere Not und deinen Kampf,
den Gedanken an das Heiraten aufzugeben, kann ich mir
gut vorstellen. Du musst aber wissen, dass du nicht die
einzige bist, die noch keinen inneren Frieden in dieser
Frage gefunden hat und darunter leidet. Wir alle müssen
bereit sein, uns von Gott so gebrauchen zu lassen, wie er
es will. Der Gedanke, Gott würde dich nicht lieben, ist
bestimmt vom Teufel. Du klammerst dich zu sehr an das
eine große Geschenk der Ehe, während es andere, viel
größere Gaben gibt, die Gott auch für dich bereit hat.
Das größte Geschenk aber ist eine brennende Liebe zu
Christus. Dafür alles aufzugeben, müssen wir bereit sein.

Aus einem Brief: Das Verlangen nach einem Partner
ist in jedem Menschen. Daran ist nichts Falsches. Gott
hat es in den Menschen hineingelegt. Doch in der
Nachfolge Jesu können wir unsere Erfüllung finden ohne
zu heiraten, auch wenn es das oft mit vielen Tränen und
Herzensqualen verbunden ist.

Ich wünsche dir, dass du in Christus so völlig geheilt
wirst und eine solche Fülle des Lebens erfährst, dass in
dir keinerlei Leere bleibt. Das ist nur durch eine tiefe
Hingabe an Jesus selbst möglich und dadurch, dass du im
tiefsten Herzen seine Gnade spürst.

Möge dein Leben von Christus allein gelenkt werden,
so wie er es will. Dann wirst du an deinem Lebensende
oder wenn Christus wiederkehrt, bereit sein und als
kluge Jungfrau mit brennender Lampe vor ihm stehen.

Mt 25,1–13

Familienleben

Kinder

Mk 10,14–15

Jesus sagt, nur Kinder – oder solche, die wie Kinder sind – werden in das Himmelreich eingehen können. Im Gegensatz zu Erwachsenen sind Kinder keine zwiespältigen Geschöpfe. Sie sind ungeteilt, sie sind verletzbar, sie sind ganz und gar abhängig von Vater und Mutter. Christus ruft uns zu: werdet wie die Kinder! Das heißt, alles fallen zu lassen, sich nur auf Gott und aufeinander angewiesen zu wissen.

Mt 18,3–6

Wenn wir als Eltern Gott von ganzem Herzen und ganzer Seele lieben, dann werden unsere Kinder die rechte Ehrfurcht vor uns haben. Und wir werden Ehrfurcht vor dem Kind, vor dem wunderbaren Geheimnis des Kindseins, haben. Ehrfurcht vor dem guten Geist, der zwischen Eltern und Kindern wirkt, ist die Grundlage eines wahren Familienlebens.

Mt 18,1–3

„Die Jünger kamen zu Jesus und fragten: ‚Wer ist der Größte im Himmelreich?' Er rief ein Kind, stellte es vor sie hin und sprach: ‚Ich sage euch, wenn ihr nicht umkehrt und werdet wie die Kinder, so werdet ihr nicht ins Himmelreich kommen.'"

Diese Worte Jesu zeigen, welch hohen Wert die Seele eines Kindes in Gottes Augen hat. Wir dürfen gewiss sein, dass die Haare auch auf dem Haupt eines jeden

Lk 12,7

Kindes von Gott gezählt sind, und dass jedem Kind ein

Mt 18,10

Schutzengel zur Seite steht, der immer Zugang hat zum Thron Gottes.

Kindliche Unschuld ist ein ungeheurer Segen. Da aber in allen Kindern auch die Neigung zur Sünde schlummert, müssen wir sie recht leiten, damit sie ihre Kindlichkeit, nämlich ihre Herzensreinheit nicht verlieren. Ein kleines Kind zur Sünde zu verleiten, ist ein

Mt 18,6

furchtbares Verbrechen.

Deshalb ist es eine äußerst wichtige Aufgabe der Eltern und Erzieher, in den kindlichen Herzen eine tiefe Liebe zu Gott, zu Jesus und zu den Mitmenschen zu entfachen. Es muss ihr Anliegen sein, den Kindern von Jesus zu erzählen: wie er in einem Stall zur Welt kam, wie er lebte und wirkte und Kranke heilte, wie er Kinder liebte und segnete, wie er am Kreuz starb und zu Ostern wieder auferstand, und wie bedeutsam die Engelwelt im Leben Jesu war. Es ist wichtig, dass Kinder zur Engelwelt und zum ganzen Leben Jesu eine kindliche Einstellung haben. Kinder erleben alles viel tiefer und wirklichkeitsnäher, als wir ahnen.

Es ist weit wichtiger, Kinder zu einer brennenden Liebe zu Christus zu führen, als sie zu lehren oder gar zu zwingen, morgens und abends auswendig Gebete aufzusagen, die nicht aus dem Herzen kommen. Kinder können lernen, Gott liebzugewinnen durch Lieder und Geschichten aus der Bibel, vor allem durch Geschichten aus dem Leben Jesu. Liebe zu Jesus in den Kindern zu erwecken, ist die vornehmste Aufgabe der Eltern und

Erzieher. Dann wird in ihnen auch der Wunsch geweckt,
zu Jesus zu beten.

Es bringt nichts, die Bibel auswendig zu kennen oder
Kinder dazu zu bringen, sie auswendig zu lernen, wenn
Gott nicht direkt zum Herzen spricht. Wir müssen
uns sehr davor hüten, Kinder unter religiösen Druck
zu setzen. Wir hoffen, dass sie eine einfache, kindliche
Einstellung zu Gott, zu Jesus und zur Bibel entwickeln.

Ebenso wie wir immer wieder unser eigenes Herz
reinigen müssen, so müssen wir auch die Herzen der
Kinder vorbereiten, ein guter Boden für Gottes Wort
zu werden. Gott leidet, wenn ein Herz wie ein fest-
getretener, steiniger oder dorniger Weg geworden ist.
Ständiges Predigen bereitet jedoch keinen guten Boden;
es kann vielmehr das Herz verhärten.

Jeder Bruderhof hat einen eigenen Kindergarten mit
Krippe und eine Schule, in die die Kinder bis zur
achten Klasse gehen.* Wir glauben aber nicht, dass
die Gemeinschaft die Hauptverantwortung für die
Erziehung der Kinder übernehmen sollte. Das ist
Sache der Eltern, die zu Hause die Grundlagen für die

---

*Nach der 8.Klasse gehen die Kinder auf eine unserer weiterführenden
Schulen, die bis zur zwölften Klasse gehen. Viele unserer Jugendlichen machen
danach eine Ausbildung oder gehen auf die Universität.

Erziehung legen. Alle anderen, die in der Schule oder anderweitig für die Kinder sorgen, können lediglich die geistige Atmosphäre des Elternhauses ergänzen.

Die innere Sicherheit des Kindes beginnt mit seiner Beziehung zu den Eltern. Nicht umsonst heißt es in den Zehn Geboten: „Ehre Vater und Mutter." Die Erfahrung zeigt, dass ein Mensch, der als Kind nicht gelernt hat, Vater und Mutter zu ehren, sich später im Leben nur schwer in der Gesellschaft zurechtfindet.

2.Mose 20,12

Aus einem Brief: Gottesfurcht muss mit der Ehrfurcht vor Vater und Mutter beginnen. Die Gottesfurcht ist biblisch, das heißt aber nicht, dass das Kind vor seinen Eltern oder vor Gott Angst haben soll. Es bedeutet nichts anderes, als tiefe Ehrfurcht und tiefe Liebe zu den Eltern zu haben.

5.Mose 6,13

Aus einem Brief: Es heißt, die ersten vier Jahre im Leben eines Kindes seien die entscheidendsten für seine Erziehung.* Hat ein drei- oder vierjähriges Kind Ehrfurcht vor den Eltern und vor Gott, dann ist viel gewonnen. Dominiert aber der Eigenwille schon in diesem Alter, dann wird es sehr schwer sein, ihn später zu überwinden.

---

* vgl. Friedrich Wilhelm Förster, Hauptaufgaben der Erziehung, Freiburg, 1959, S. 69

Aus einem Brief: Was Kindererziehung betrifft, so möchte ich sagen, dass ich im allgemeinen davor Bedenken habe, in Extreme zu fallen und wie ein Pendel von einer Seite zur anderen zu schwingen: von Depression zu übertriebener Freude, von Härte zu Weichlichkeit, von einer zu negativen Einstellung zu einer zu positiven, welche keine realen Probleme mehr sieht. Man muss einen Weg finden, um an alle Schwierigkeiten mit Freudigkeit, Geduld und liebevoller Klarheit heranzugehen.

Wir Eltern sollten uns nicht der Illusion hingeben, unsere Kinder seien perfekt. Wir müssen achtgeben, kein zu rosiges Bild von ihnen zu haben und nicht überempfindlich zu reagieren, wenn jemand sich über ihr Benehmen beklagt. Wir sollten unsere Kinder so liebhaben, dass wir bereit sind, um ihre Seelen zu kämpfen.

Aus einem Brief: Ihr fühlt euch absolut hilflos gegenüber dem schwierigen Benehmen eures Kindes. Bitte versteckt euch nicht hinter einer solchen Ausrede. Wir sind alle hilflos und von Gott abhängig, ihr seid nicht anders. Es ist jedoch eine Sünde, die Hände zu ringen und zu klagen: „Wir sind hilflos!" Als Eltern seid ihr von Gott dazu berufen, euerm Kind zu helfen und es zu lieben, aber auch für es zu kämpfen, und wenn nötig, streng zu sein und fest zu bleiben. Die Hauptsache ist, dass ihr das Herz eures Kindes gewinnt.

Aus einem Brief: Ihr seid besorgt über den Egoismus, die Ichbezogenheit und den Unfrieden bei euern Kindern. Dagegen müsst ihr ganz fest auftreten. Eure Kinder sind, wie ihr schreibt, herrisch, überempfindlich und respektlos, weil sie im Mittelpunkt sein wollen. Macht Schluss mit der Weichheit, die ihr bekannt habt, aber werdet nicht hart, darin liegt auch keine Hilfe. Findet die rechte Festigkeit in der Liebe Gottes, der die Dinge, von denen ihr sprecht, nicht duldet. Wir versagen an den Kindern, wenn wir uns von unseren seelischen Bindungen und Gefühlen bestimmen lassen.

Aus einem Brief: Ich flehe euch an, kämpft um eure Kinder. Es gibt keinen Grund zum Verzweifeln, auch bei wiederholtem Versagen nicht. Man darf den Kampf nicht einfach aufgeben. Wir können es nicht zulassen, dass ein Kind zugrunde geht. Habt Verständnis für eure Kinder, seid streng mit ihnen und dann auch wieder sanft und liebevoll. Es wird nicht immer leicht sein, aber ihr seid vor Gott für eure Kinder verantwortlich.

Aus einem Brief: Ich möchte euch dazu ermutigen, geduldig mit euern Kindern umzugehen. Bis zu einem gewissen Punkt ist Schärfe gesund, Ungeduld jedoch niemals. Möge Gott uns geduldige Herzen schenken.

Aus einem Brief: Ich danke dir für deinen Brief über deinen Sohn. Sein Benehmen scheint mir ganz normal für ein zweijähriges Kind. In meiner Kindheit war es so: meine Eltern meinten, was sie sagten, und es gab keinen Weg daran vorbei. Damit will ich nicht behaupten, dass wir als Zweijährige immer gehorsam waren. Doch später wäre es undenkbar gewesen, den Eltern nicht zu gehorchen. Wir wurden fest, aber nicht hart angepackt, und es bestand nicht der geringste Zweifel, dass Vater und Mutter meinten, was sie sagten.

Aus einem Brief: Danke für euern Brief, in dem ihr über die Schwierigkeiten mit euerm dreijährigen Sohn berichtet. Kinder in diesem jungen Alter brauchen die innere Sicherheit einer festen Hand. Heftige Ausbrüche tun ihnen nicht gut, aber eine feste, liebevolle Führung wird helfen.

Aus einem Brief: Es ist ganz natürlich, dass dich die schwierige Situation deiner Tochter schmerzt. Es wäre ganz unnatürlich, wenn eine Mutter dabei keinen Schmerz verspürte. Aber lasse dadurch deinen Glauben an Gott, an Christus und an die Gemeinde tiefer werden. Dann wirst du auch Glauben für deine Tochter finden und ihr helfen können.

Als junger Mann führte Augustinus ein sündhaftes Leben. Er hatte aber eine sehr fromme Mutter, Monika, die ohne Aufhören für ihn glaubte und betete, bis er

zusammenbrach und Buße tat. Später wurde er ein
Diener Christi, und seit Jahrhunderten beeinflusst er
Menschen in ihrer Suche nach Gott. Ich wünsche dir den
Glauben der Monika. Er beginnt mit dem Schmerz, unter
dem du jetzt leidest. Gott ist größer als all unser Leid.

Aus einem Brief: Es ist kein guter Trend unserer Zeit,
dass solche tiefen Geheimnisse des Lebens wie z.B.
die Geburt eines Kindes rein wissenschaftlich erklärt
werden. Auch wenn wir es rein biologisch erklären
können, wie das Kind aus der Vereinigung von zwei
Zellen im Mutterleib entsteht, so ist das nur die
halbe Wahrheit. Die wirklich wichtigen Dinge – das
Herabkommen einer Seele, das erste Lächeln des Kindes,
die Fähigkeiten des Herzens, der innere Reichtum, den
der Mensch erleben kann – diese Dinge können niemals
erklärt werden. Da stehen wir vor der unsichtbaren
Realität der Ewigkeit.

Einem Kind zu viel über Sexualität, Geburt und
Tod zu erklären kann inneren Schaden anrichten. Es
sollte möglichst vermieden werden. Damit wollen
wir keineswegs eine Erziehung zur Prüderie befür-
worten. Wir glauben aber, dass Geburt und Tod nur im
Zusammenhang mit der himmlischen Welt ihr Bestehen
haben und als dieser Welt zugehörig den Kindern nahe-
gebracht werden sollten.

Bei allem, was wir an Kindern schätzen, müssen wir uns darüber klar sein, dass sie, wie alle Menschen, eine Neigung zur Sünde ererbt haben. Deswegen müssen Eltern und Erzieher den Kampf gegen alles Böse im Kinde aufnehmen, in welcher Form es auch auftritt, als Lügen und Stehlen, als Respektlosigkeit gegenüber Vater, Mutter und Lehrern, oder als sexuelle Unreinheit. Wir müssen auch sehr achthaben, schon von frühester Kindheit an unsere Kinder nicht zu verwöhnen. Es schadet dem Charakter des Kindes, wenn wir seinen Neigungen zu sehr nachgeben. Schlappheit und Mangel an Selbstbeherrschung sind Zeichen von Egoismus, und Egoismus führt stets zur Sünde. Weichheit gegen sich selbst kann noch verschlimmert werden durch eine ungesunde emotionale Beziehung zwischen Kindern und Eltern oder Erziehern.

Wie nimmt man den Kampf gegen die Sünde in Kindern auf? Das ist eine schwierige Frage. Wenn es sich zum Beispiel um Unanständigkeiten handelt, die bei Kindern meist damit beginnen, dass sie sich voreinander entblößen und gegenseitig berühren, fühlt das Kind instinktiv, dass das nicht recht ist. Diese Unanständigkeiten führen fast immer zum Lügen. Wir sollten aus solchen Vorkommnissen keine zu große Sache machen, um die Aufmerksamkeit der Kinder nicht noch mehr auf das sexuelle Gebiet zu lenken. Vielleicht ist es das Beste, mit einer milden Bestrafung die Sache abzuschließen und dann den Kindern zu helfen, ihre Gedanken auf andere Dinge zu lenken.

Wir Erwachsenen vergessen nur zu leicht, dass viele
Dinge für Kinder nicht dasselbe bedeuten wie für uns.
Wir dürfen niemals unsere eigenen Gedanken, Gefühle
oder Erlebnisse in das Kind hineinprojizieren. Auch
dürfen wir nie vergessen, dass es in gewisser Weise bei
Kindern natürlich ist, durch Perioden sexueller Neugier
hindurchzugehen. Das darf nicht mit Sünde verwechselt
werden. Mit zu langem Ausfragen richtet man leicht
Schaden an, weil das Kind sich dabei aus Angst immer
tiefer in Lügen verstricken kann. Wir sollten aber
unsere Kinder so leiten, dass ihre Seelen rein und
unschuldig bleiben.

Es ist ein großes Unrecht, Kinder oder Jugendliche
abzustempeln, vor allem, wenn es sich um geschlechtliche Verfehlungen handelt. In unserer Beurteilung kindlicher Fehltritte sollten wir uns davor hüten, vorschnell
zu negativen Schlüssen in Bezug auf den Charakter eines
Kindes und seine zukünftige Entwicklung zu kommen.
Eher sollten wir ihm dazu verhelfen etwas zu finden, was
sein Interesse erweckt und ihm helfen, einen fröhlichen
Neuanfang zu machen.

Die Erfahrung zeigt, dass wir den Weg zum Herzen
eines Kindes finden, sobald wir an sein Gewissen
appellieren. Im Grunde sehnt sich ja jedes Kind nach
einem reinen Gewissen. Dieses Verlangen sollten wir
unterstützen, denn das Kind leidet, wenn sein Gewissen
belastet ist.

Von einem gewissen Zeitpunkt an ist ein Kind nicht mehr ein Kind im wahren Sinne des Wortes. In dem Augenblick, wo ein Kind bewusst sündigt, hört es auf, Kind zu sein. Dann ist es die Aufgabe der Eltern und Lehrer, dem jungen Menschen zur Umkehr zu verhelfen, und ihn zum Erlebnis der Sündenvergebung durch Jesus hinzuleiten. Durch das Kreuz Jesu kann das verlorengegangene kindliche Wesen neu geschenkt werden.

Aus einem Brief: Fraglos lernen Kinder auf unterschiedliche Art und Weise. Manche Kinder lernen am besten durch Hören, andere durch Anschauung. Wir müssen versuchen, jedem Kind gerecht zu werden. Dabei haben wir nicht vor, alle Kinder in eine akademische Laufbahn zu drängen, das käme gar nicht in Frage. Das Wichtigste ist, dass Kinder von Liebe umgeben sind.

Geistige oder intellektuelle Arbeit muss sein, aber wehe uns, wenn sie auf Kosten des Kindes und seiner Kindlichkeit geschieht. Die törichte Arroganz von Lehrern, sich selbst und andere „Auserwählte" für intellektuell besonders begabt zu halten, und dadurch andere auszuschließen, ist Dummheit und Sünde. Wir wollen uns von Christus regieren lassen, dem Haupt der Gemeinde. In ihm ist echtes kindliches Wesen, wahre Barmherzigkeit und Gnade.

Aus einem Brief an ein kleines Kind: Wenn du Jesus
hören willst, wie er zu dir spricht, musst du in dein Herz
hineinhorchen. Wenn du Gott und Jesus liebhast, wenn
du Vater und Mutter und deine Geschwister liebhast, das
ist die Stimme Jesu, der in dein Herz spricht.

Jugend   Heranwachsende Jungen und Mädchen zu Jesus
zu führen, ihnen zu zeigen, wie wunderbar Gottes
Schöpfung ist, trotz der schrecklichen Unreinheit,
Korruption und Dunkelheit unserer Zeit, das ist eine
herrliche Aufgabe. Besonders wichtig ist es, dass junge
Menschen niemals die Ehrfurcht vor Gott und die
Achtung vor Vater und Mutter verlieren, auch wenn sie
sich schwer versündigen.

Wir Eltern sollten das Vertrauen unserer Kinder
von frühestem Alter an gewinnen und nicht warten,
bis etwa im Alter von fünf oder sechs Jahren Probleme
auftauchen. Warten wir zu lange, so werden wir vielleicht nur noch äußeren Gehorsam erzielen, aber nicht
mehr das innere Echo noch den Respekt, was beides
äußerst notwendig ist, wenn es gilt, Probleme wie Lügen,
Unsittlichkeit und Ungehorsam anzupacken. Wenn
dagegen ein vertrauens- und ehrfurchtsvolles Verhältnis
besteht, kann ein Kind sich unmöglich den Eltern
widersetzen.

Manche Jugendliche gehen durch schwierigere
Entwicklungsphasen hindurch als andere, und wir
dürfen sie nicht zu streng behandeln und verurteilen.
Unsere Hauptaufgabe ist, sie zu Buße, Bekehrung und

Glauben zu führen. Ich glaube nicht, dass dies durch
harte Strafen erreicht werden kann. Solange noch wenigstens ein Fünkchen Ehrfurcht vor Gott und den Eltern
da ist, bleibt der Weg zum Herzen des Kindes offen. Wo
auch dieser letzte Ehrfurchtsfunke erloschen ist, gilt es,
durch fürbittendes Gebet für eine völlige Bekehrung
zu kämpfen, denn das ist etwas, was wir Menschen nie
durch Überredung zuwege bringen können.

Aus einem Brief: Dein Sohn wird langsam erwachsen,
und daraus entsteht dir als Vater eine große Verantwortung. Ich würde ihm sagen, dass die magnetischen
Anziehungskräfte zwischen Jungen und Mädchen ganz
natürlich sind. Aber sie müssen von Gott regiert werden,
und ihre Entfaltung muss für seine spätere Braut aufbe-
wahrt werden. Du kannst mit ihm über die intimen
körperlichen Beziehungen zwischen Mann und Frau
sprechen. Ich meine, du hast schon eine gute Grundlage
gelegt, um ihn aufzuklären. In der öffentlichen Schule
wird er reichlich über diese Dinge hören, und es ist
besser, er hört sie zuerst von dir.

Aus einem Brief: An deiner Stelle würde ich klar und
deutlich mit deinem Sohn über die Entwicklung, die
sein Körper durchmachen wird, sprechen. Sage ihm,
wenn er es jetzt lernt, seine Geschlechtstriebe zu beherrschen, dann wird es ihm später im Leben nicht schwer-
fallen. Wenn er es jetzt nicht fertigbringt, wird er später

einen schweren Kampf haben. Ich würde ihm auch
sagen, dass Sex ausschließlich in der Ehe und nirgendwo
anders seinen Platz hat. Er soll sich rein halten für das
eine Mädchen, das eines Tages seine Braut werden wird.

Es wird nicht leicht sein, das in Worte zu fassen, denn
alles was du sagst, muss unter dem Licht Gottes stehen
und mit Ehrfurcht vor ihm ausgesprochen werden. Ich
bin sicher, er wird dir den rechten Weg zeigen.

Mein Vater hatte stets ein offenes Herz für junge
Menschen – aber er hat keine weltliche oder erotische
Atmosphäre geduldet. Ein großes Herz haben bedeutet
niemals, dem Teufel Zugeständnisse zu machen.

Aus einem Brief an einen 17jährigen: Lieber Bruder, ich
freue mich, dass du einen neuen Anfang machen willst.
Ich glaube, du warst ein recht stolzer junger Mann. Lies
das Alte und Neue Testament, dann wirst du erkennen,
dass der Stolz im Menschen Gott daran hindert, zu ihm
zu sprechen und in ihm zu wirken. In deinem täglichen
Leben hast du dich nur um dich selbst gedreht, aber ich
danke Gott, dass du jetzt mit deiner Ichbezogenheit
Schluss machen willst. Sei ein Beispiel an Hingabe und
Demut, gib in der Schule ein Zeugnis für Jesus, das wird
in unserer Zeit so sehr gebraucht.

Mt 16,26

Aus einem Brief: Ich denke oft an die Worte Jesu: „Was nützt es dem Menschen, die ganze Welt zu gewinnen auf Kosten seiner Seele?", besonders wenn ich sehe, was auf dem Gebiet der Psychologie heutzutage den Jugendlichen beigebracht wird. Ich habe Angst um ihre Seelen. Es bereitet mir Sorge, dass die niederen Instinkte in den Mittelpunkt gerückt und als harmlos angesehen werden, weil sie im Menschen angelegt sind. Es ist gefährlich, die Beschaffenheit der menschlichen Seele zu erklären, ohne ihre Beziehung zu Gott in Betracht zu ziehen.

Aus einem Brief an ein körperlich behindertes Kind: Du hast einen schwachen Körper, aber eine lebendige Seele. Danke Gott dafür! Es gibt viele Menschen auf dieser Welt, die einen starken Körper, aber eine abgestumpfte Seele haben. In Wirklichkeit sind alle Menschen von Gott abhängig, auch wenn sie stark und gesund sind, nur erkennen sie das oft gar nicht. Das Wunderbare ist, dass du es weißt. Halte daran fest, Jesus wird dich durch alles hindurchführen.

Aus einem Brief: Man ist niemals zu jung, um sein Leben Jesus zu geben und seine Nähe zu spüren. Ich freue mich, dass du Gott alles überlassen willst und dass du demütig sein möchtest. Halte daran fest, auch wenn es durch schwere Zeiten geht. Es gibt kein Leben der Nachfolge ohne Not und Kampf. Ich wünsche dir

Gottes Behütung in allem, was du durchmachen wirst.
Mögen die durchbohrten Hände Jesu dich festhalten, so
wie du dich an ihm festhalten willst.

Aus einem Brief: Du hast Recht, die Hauptsache ist
nicht, sich dem Bruderhof anzuschließen, sondern
Christus nachzufolgen. Bist du dir darüber im Klaren,
dann wird Gott dir den besten Weg zeigen das zu
verwirklichen Wir werden dich darin unterstützen, auch
wenn dein Weg nicht der Weg der Gemeinschaft ist.

Aus einem Brief: An Gott ausschließlich als an den
unendlich geduldigen und vergebenden zu denken,
macht aus ihm etwas ganz anderes, als er in Wirklichkeit
ist. Gott will gefürchtet werden: es ist furchtbar, in seine
Hände zu fallen. Deine Auffassung von Gott ist nicht
Gott, sie ist das Werkzeug einer respektlosen jungen
Frau. Bisher hast du dein Leben alleine bestimmt. Ich
bitte dich inständig, habe Ehrfurcht vor Gottes Zorn.

Hebr 10,31

Aus einem Brief: Es ist gut, wenn du erkennst, dass
die Nachfolge Jesu viel Leid, vielleicht sogar den Tod
um seinetwillen bedeuten kann. Da heißt es, mutig
aufzutreten gegen den bösen Geist, dem du in der Welt,
auch in der öffentlichen Schule begegnest. Ich kann gut
verstehen, dass es vieles gibt, was dich in Versuchung
bringt, besonders auf sexuellem Gebiet. Nimmst du

aber eine klare Haltung für Jesus ein, dann wirst du
durch sein klares Licht eine Abscheu vor dieser unreinen
Atmosphäre empfinden. Möge Jesus dich von Tag zu Tag
führen, mögest du niemals von seinem Willen weichen.

Aus einem Brief an einen 13jährigen: Bereits in deinem
Alter steht man vor einer Entscheidung: entweder für
oder gegen Jesus. Entscheidest du dich nicht für ihn, so
wirst du dich gegen ihn entscheiden. Das ist einfach so,
man kann nicht neutral bleiben.

Aus einem Brief an eine Studentin: Jesus sagt, er ist
der gute Hirte, seine Schafe kennen ihn und kennen
seine Stimme.

Joh 10,14

Du gehörst zu seiner Herde, und ich hoffe, du findest
Zeiten der Stille, in denen du seine Stimme hörst und
innere Erfrischung erfährst. Ich weiß, dass es in der
Großstadt viele Dinge gibt, die dich ablenken und dich
ermüden, ganz abgesehen von den vielen Stunden, die
du täglich zu arbeiten hast. Auch wenn du schon so nahe
am Ziel bist, ist dein inneres Leben wichtiger als das
Abschlusszeugnis. Trotzdem möchte ich dich ermutigen,
dranzubleiben. Es ist gut für den Charakter, etwas bis
zum Ende durchzuführen.

Familienbande Christus gab sein Leben für die Gemeinde hin. Er
liebt sie von Herzen. Er ist der Erlöser der Gemeinde,
daher ist sie von ihm abhängig. Im Evangelium wird
die Gemeinde mit einer Braut verglichen, und Christus
mit ihrem Bräutigam. Christus hat aber nicht nur
freundliche Worte für die Gemeinde, er züchtigt sie
Offb 2,16+23   auch mit Schärfe. So darf auch das Familienleben nicht
von weicher Gefühlsbetontheit bestimmt werden,
weder zwischen Mann und Frau, noch zwischen Eltern
und Kindern. Ein allzu emotional betontes Verhältnis
in zwischenmenschlichen Beziehungen zerstört die
Eph 5,22–33   Klarheit Christi.

Aus einem Brief: Ich verstehe, dass du darum ringst,
dem Gebot „Ehre Vater und Mutter" nachzukommen.
Du schreibst, du liebst deinen Vater sehr, und das ist die
Hauptsache: es bedeutet so viel, wie ihn zu ehren. Aber
dass du sein Verhalten missbilligst, ist auch recht vor
Gott. Jesus sagt: „Wenn jemand zu mir kommt und hasst
nicht seinen Vater, Mutter, Frau und Kinder, Brüder
und Schwestern und dazu sich selbst, der kann nicht
Lk 14,26   mein Jünger sein." Das Wort „Hass" braucht dich nicht
zu erschrecken. Jesus lehrt keinen Hass. Hier bedeutet
„hassen" eine klare Haltung gegen etwas Falsches einzunehmen. Wenn du diese Worte und das Gebot, Vater
2.Mose 20,12   und Mutter zu ehren, als eine Richtlinie akzeptierst,
dann wirst du die richtige Einstellung zu deinen
Eltern finden.

Die Forderung Jesu nach Heiligung des Lebens reicht bis in die engsten Familienbande: „Wer Vater und Mutter mehr liebt als mich, der ist meiner nicht wert; und wer Sohn oder Tochter mehr liebt als mich, der ist meiner nicht wert. Und wer nicht sein Kreuz auf sich nimmt und folgt mir nach, der ist meiner nicht wert." Wollen wir Jünger Jesu sein, so müssen wir diese Worte ernst nehmen. Jesus fährt fort: „Wer sein Leben findet, der wird's verlieren, und wer sein Leben verliert um meinetwillen, der wird's finden." Verlieren wir uns also vollständig um Jesu willen, dann finden wir das ewige Leben. Klammern wir uns aber an unsere eigenen Vorstellungen und Ziele, an Eigentum, Familie oder Kinder, dann verlieren wir alles.

Aus einem Brief: Ich fürchte, du hast deine erwachsenen Kinder zu fest an dich gebunden. Das hat auch zur Entzweiung zwischen deinem Mann und dir beigetragen. Deine Töchter sind nicht frei für Gott gewesen. Eltern müssen ihren Kindern Freiheit lassen, auch dann schon, wenn sie noch klein sind, aber umso mehr, wenn sie erwachsen sind. Ich meine nicht die Freiheit Unrecht zu tun, sondern Freiheit von einer falschen seelischen Bindung an Vater und Mutter.

Wir müssen die Worte Jesu recht verstehen: „Wer nicht Vater oder Mutter, Frau und Kinder hasst, kann nicht mein Jünger sein." Jesus meint hier nicht regelrechten

Mt 10,37–38

Mt 10,39

Lk 14,26

1.Joh 3,15

Hass, denn es heißt ja auch: „Wer seinen Bruder hasst, ist ein Mörder." Jesus meint vielmehr, dass er uns über alles gehen muss, auch über alle emotionalen Bindungen der Familie. Oft sind diese seelischen Bande mit dem Mammon vermischt, doch nicht immer. Jeder muss mit sich selbst unerbittlich sein und die Dinge mit der Entschiedenheit Christi angehen.

Eins ist klar: eine Familie, in der keine Liebe herrscht, ist gottlos; aber in einer Familie, die von den vernebelten Emotionen der Blutbande beherrscht ist, wird man keine Liebe zu Gott und zu Christus finden. Lasst uns einander lieben mit der Liebe Christi und des Heiligen Geistes. Dann werden die gottgewollten Bande zwischen Vater, Mutter und Kindern Gottes Segen haben.

Krankheit und Tod

Aus einem Brief: Krankheit ist immer etwas Böses, und doch müssen wir sie annehmen als von Gottes Hand kommend. Das ist ein Paradox, wie wir es auch am Kreuz erkennen können. Gott benutzte das Kreuz, den Menschen zu erlösen; doch zugleich war es ein Werk des Teufels.

Aus einem Brief: Ich kann deine Furcht angesichts der bevorstehenden Operation gut verstehen, ich hätte auch Angst. Doch glaube ich fest, dass du in Gottes Hand bist, er weiß um deine Furcht. Es gibt unendlich viele Bibelstellen, die uns dazu aufrufen, uns nicht zu fürchten, sondern ganz fest auf Gott zu vertrauen. Das wünsche ich dir: Gib dein Leben vertrauensvoll in seine Hände.

Aus einem Brief: Ich würde dir raten, dich nicht so sehr um deine Gesundheit zu sorgen. Der gesündeste Mensch würde verrückt, wenn er dauernd seinen Puls fühlen oder seinen Herzschlag abhören würde. In Wirklichkeit geht es bei dir um die Angst vor dem Tode und vor dem Unbekannten. Aller Wahrscheinlichkeit nach hast du noch einige Jahrzehnte zu leben. Aber du musst dir dessen bewusst sein, dass du einmal vor der Ewigkeit stehen wirst. Wir alle müssen unser Leben so gestalten, dass wir jederzeit der Ewigkeit begegnen können. Kurz bevor meine Tante starb, schien es, als ob sie einen flüchtigen Blick in die Ewigkeit getan hätte. Sie sagte: „Es ist so schön, ja so wunderbar! Das Leben dort ist so viel wirklicher als das hier auf der Erde!" Diese Einstellung war das Ergebnis und die Erfüllung eines Lebens der Hingabe. Das wünsche ich dir und grüße dich in Liebe.

Aus einem Brief: Du schreibst, dass es mit dir körperlich bergab geht. Ich glaube aber, Jesus wird dir mit seiner Liebe und seiner Kraft helfen; wenn nicht durch körperliche Heilung, dann dadurch, dass er dir inneren Frieden und die Freude gibt, deine Krankheit zu ertragen. Ich danke Gott, dass du stets diesen Frieden findest, wenn du dich an ihn wendest. Es ist ein Geschenk, dass du im Blick auf die Not der ganzen Welt dein Leiden als gering ansehen kannst. Das kann nur Gott bewirken. Ich bete um Kraft und Führung für dich.

Aus einem Brief: Falle deinen dunklen und furchtsamen Gedanken nicht zum Opfer. Wenn du Angst vor allem hast – vor dir selbst, vor deiner Schwachheit, vor deiner Sündhaftigkeit, vor anderen Menschen, vor der Möglichkeit, Fehler zu machen, und so weiter – dann wird deine Seele krank werden.

Du hast recht, wenn du sagst:" Die einzig wahre Heilung findet man durch den Glauben an Jesus". Was für eine wundervolle Wahrheit! Durch Jesus verschwindet alle Furcht. Halte daran fest!

Jakobus schreibt, wenn jemand schwer krank ist, soll er die Ältesten der Gemeinde rufen, im Namen des Herrn für ihn zu beten und ihn mit zu Öl salben. In diesem Zusammenhang schreibt er auch: „Bekennt einander eure Sünden und betet für einander, dass ihr gesund werdet. Denn das inständige Gebet eines Gerechten hat große Kraft."

Jak 5,14–16

In diesem Sinne legen wir unseren Schwerkranken die Hände auf. Die Salbung ist ein Ausdruck unseres inneren Beistands und der vollen Vergebung, wo etwas der Vergebung bedarf. So ernst die Krankheit auch sein mag, das Leben des Kranken ist in Gottes Hand, und in der Gemeinde geborgen.

Aus einem Brief: Was müssen wir tun, um die Gabe der Heilung zu empfangen? Im ersten Korintherbrief wird klar gesagt, dass die Gabe der Heilung nicht jedem gegeben ist; wohl aber kann sie der Gemeinde als solcher gegeben werden. Die Bedingung für den Empfang einer so besonderen Gabe ist geistige Armut und ein reines Herz vor Gott. Ist uns also die Gabe der Krankenheilung nicht gegeben, so liegt es wahrscheinlich an uns selbst. Es ist aber auch möglich, dass es nicht Gottes Wille ist.

1.Kor 12,30

Die Gabe der Heilung, wie Gott sie den Blumhardts* in so hohem Maße gab, war bemerkenswert. Gegen Ende seines Lebens hat sich jedoch der jüngere Blumhardt mehr und mehr gescheut, diese Gabe anzuwenden, denn er empfand, dass es nicht länger Gott war, der durch diese Wunderheilungen geehrt wurde. Menschen wurden geheilt, aber nur ihr Körper. Danach prahlten sie mit ihrer Heilung und einige ließen sich sogar deshalb verehren. Blumhardt empfand, dass Gott nicht länger durch ihn wirken konnte, wenn die Heilung nicht mehr Hand in Hand mit der Buße ging.

Blumhardts Haltung sollte uns zu denken geben. Wenn Gott uns eine Gabe gibt, so möchte er, dass wir sie in aller Stille annehmen. Wird uns die Gnade der Krankenheilung gegeben, dann sollen nicht wir dadurch geehrt werden, sondern Gott.

Beide Blumhardts warnten oft: „Empfängst du eine besondere Gnade, lasse sie ein Geheimnis zwischen dir und Gott sein und stelle sie nicht zur Schau. Bleibe natürlich und gib Gott die Ehre." Auch betonten sie, dass Heilung nicht das Wichtigste sei; es ist keine Sünde, krank zu sein. Viel wichtiger ist es, sein Leben Gott zu übergeben, auch im Krankheitsfalle, als geheilt zu werden und dann Gott zu vergessen. Sie fügten hinzu: „Wenn Gott dich heilt, sei froh, aber behalte deine Fröhlichkeit auch in Krankheitszeiten."

---

*Johann Christoph Blumhardt (1805–1880), Autor und Theologe, Pastor der württembergischen Landeskirche; sein Sohn und Nachfolger Christoph Friedrich Blumhardt (1842–1919), Pastor, zeitweise Landtagsabgeordneter

Aus einem Brief: Gott hat in diesen Tagen durch den plötzlichen Tod in eurer Familie zu uns allen gesprochen. Wir wollen euern Schmerz mit euch tragen. Ich weiß, dass dieser Schmerz nicht so schnell vergehen wird, aber vielleicht ist das auch Gottes Wille. Schmerz kann uns etwas ins Herz senken und unser Leben vertiefen.

Nach dem Tod eines Neugeborenen: Es ist sehr schwer zu verstehen, warum ein Menschenleben von Gott gesandt wird, um nur eine Stunde lang auf Erden zu leben. Wir stehen hier vor einem Geheimnis Gottes. Wir möchten fragen: „Warum ist das geschehen? Warum?" Gott allein weiß es. Und wir glauben an ihn und an seinen Sohn, den guten Hirten, auch für die kleinen Lämmer, wie dieses kleine Wesen.

Kurz vor dem Tod des eigenen Kindes: Wir wissen einfach nicht, was hier der Wille Gottes ist – ob dieses Kind zum Leben bestimmt ist oder nicht. Aber das wissen wir: wenn es sein Wille ist, wird das Kind gesund werden. Nachdem die Ärzte gesagt haben, dass sie nichts mehr tun können, bleibt uns immer noch das Versprechen, dass Jesus Christus alles tun kann, wenn wir nur glauben. In irgendeiner Weise wird durch dieses kleine Kind der Wille und die Barmherzigkeit Gottes offenbar werden. Erst wenn der Mensch seine eigenen Bemühungen einstellt, kann das Werk Christi beginnen.

Gott kann nur wirken, wenn wir ihm unser rückhaltloses Vertrauen und unsern unbedingten Glauben schenken. Auf nichts Materielles oder Äußeres sollen wir uns verlassen, weder auf Geld noch auf ärztliche Kunst, nur auf Jesus Christus allein.

Nach dem Tode des eigenen Kindes: Tod ist Zerstreuung, Tod ist Zerstörung, Tod ist Zertrennung. Jesus aber vereint. Wahres Leben bedeutet völlige Vereinigung. Wo Jesus am Wirken ist, geschieht Einheit. Deswegen möchte ich alle aufrufen, zur Vereinigung beizutragen. Wer nicht sammelt, der zerstreut, und wer zerstreut, dient dem Tode. Wer aber sammelt, dient Jesus und der Sammlung der Seinen in der Ewigkeit.

Aus einem Brief: Liebe Schwester, ich kann es gut verstehen, dass du noch immer unter dem Verlust deines Vaters leidest. Es ist niemals leicht, sich mit dem Tod und der Not, die er bringt, abzufinden. Der Tod ist der Feind Gottes und wird erst in der letzten Auferstehung überwunden werden.

Wir dürfen jedoch auch glauben, dass der Tod für einen Nachfolger Christi bedeutet, ihm jetzt ganz nahe zu sein. Es ist verständlich, dass dich der Gedanke an die Ewigkeit erschüttert. Trotzdem brauchst du aber nicht ängstlich in die Zukunft zu blicken. Übergib Jesus einfach alles.

Aus einem Brief: Es tut mir sehr weh, dass ihr so
Schweres erleben müsst. Ein solch schmerzliches
Erlebnis, wie der Tod eines Kindes, erinnert uns stets
daran, dass diese Erde nicht unsere endgültige Heimat ist
und sein kann, bis Jesus Christus die Alleinherrschaft hat
und Sünde, Tod, Leid, Angst und Schmerz überwunden
und völlig besiegt sind. Bis zu diesem Tage – dem
größten aller Tage – können wir dein Kind und alle
anderen Kinder sicher in Jesu Armen wissen.

Was die Frage betrifft, ob man für einen Verstorbenen
beten soll, weiß ich – das muss ich zugeben – keine
richtige Antwort. Ich weiß nicht, ob du mit folgendem
Abschnitt aus dem Johannesevangelium vertraut bist, ob
du diese Worte jemals ganz in dich aufgenommen hast:

Wahrlich, ich sage euch: Wer mein Wort hört und
glaubt dem, der mich gesandt hat , der hat das ewige
Leben und kommt nicht in das Gericht, sondern
er ist vom Tod zum Leben hindurchgedrungen.
Wahrlich, ich sage euch: Es kommt die Stunde und
ist schon jetzt, dass die Toten hören werden die
Stimme des Sohnes Gottes, und die sie hören werden,
die werden leben. Denn wie der Vater das Leben
hat in sich selber, so hat er auch dem Sohn gegeben,
das Leben zu haben in sich selber; und er hat ihm
Vollmacht gegeben, das Gericht zu halten, weil er
der Menschensohn ist. Wundert euch darüber nicht,

Joh 5,24–28

denn es kommt die Stunde, in der alle, die in den Gräbern sind, seine Stimme hören werden.

Lies diese Worte aufmerksam und bedenke sie ernsthaft vor Gott. Vielleicht können sie dir die Tiefe seiner Liebe klar machen.

Jeder Mensch hat Angst vor dem Tode. Aber Christus hat uns versprochen, dass seine ewige Liebe den Tod überwindet und durch alle Ewigkeiten hindurch bestehen bleibt: Hier ist etwas, das in die Tiefen allen Seins und in die Zukunftshoffnung der Vergebung hineinreicht – trotz des physischen Todes – und uns in das Königreich Gottes führt.

Täglich beten wir darum, Jesus als den zu erleben, der in uns wohnt. Wir wissen aber auch, dass er zur Rechten des Vaters sitzt und über die Engelwelten, Mächte und

1.Petr 3,22

Gewalten herrscht, wie auch über seine Gemeinde. Wir haben nur eine schwache Ahnung von der überkosmischen Größe dieser geheimnisvollen Realitäten.

In seiner Abschiedsrede sagte Jesus zu seinen Jüngern, er wolle ihnen eine Stätte bereiten. Es bleibt ein uner-

Joh 14,2

gründliches Geheimnis, was diese Stätte ist und was dort in der Ewigkeit geschieht – in den Sternenwelten und Engelwelten, und mit den Seelen, die in Christus gestorben sind. Als Stephanus gesteinigt wurde, sah er

Apg 7,55

Offb 1,14

den Himmel offen und Jesus zur Rechten Gottes stehen.
Später sah Johannes Jesus mit Augen wie Feuerflammen.
Ich habe den Glauben, dass auch wir Jesus in Person
sehen werden, wenn er wiederkommt.

Stärker als jede menschliche Beziehung ist das grund-
legende Verhältnis des Menschen zu Gott. Alle anderen
Beziehungen sind nur Bilder und Gleichnisse davon.
Letztlich stehen wir vor Gott. Dies wird im Angesicht
des Todes am deutlichsten. Wer je einen Menschen beim
Sterben begleitet hat, weiß, wie unendlich wichtig, wie
wirklich endgültig die innere Beziehung eines Menschen
zu Gott und seine ursprüngliche Bindung an ihn ist. Am
Ende, wenn ein Mensch seine letzten Atemzüge tut, ist
diese Beziehung zu Gott das einzige, was noch zählt.

Vom Evangelium her wissen wir, dass die Liebe zu
Gott nicht von der Liebe zum Nächsten getrennt werden
kann: Der Weg zu Gott führt über den Bruder, über
die Schwester. Meine Erfahrung mit Sterbenden hat
mich gelehrt, dass Gott dem in der letzten Stunde seines
Lebens sehr nahe ist, der nach dem lebendigen Beispiel
Jesu völlig für seine Mitmenschen gelebt hat.

Der Kampf des Menschen gegen Krankheit und Tod ist
ein Kampf, in den wir alle gestellt sind – es ist der Kampf
gegen die Mächte der Dunkelheit. Wenn ein Angriff der
Dunkelheit uns bedroht, müssen wir uns entschieden
auf die Seite des Lichtes Christi stellen. Wir dürfen nicht

verzweifeln, wenn unsere menschlichen Kräfte versagen,
denn gerade dann kann Christus eingreifen. Im Johannes
Evangelium lesen wir: „Das Licht ist noch eine kleine
Zeit bei euch. Wandelt, solange ihr das Licht habt, damit
Joh 12,35   euch die Finsternis nicht überfalle."

Aus einem Brief: Dass euer Kind schon jetzt so viel
Leid und Schmerzen tragen musste, wird wohl für sein
ganzes Leben und auch für euch von großer Bedeutung
und großem Segen sein. Es ist etwas Eigenartiges um das
Leiden eines Kindes. Es ist doch irgendwie ein Tragen
und Erleiden fremder Schuld, so als ob es den Fall der
Schöpfung, den Sold der Sünde tragen müsste, obwohl
das Kind noch gar keinen Anteil an der Sünde hat.
Ich habe oft darüber nachgedacht und glaube, dass das
Leiden eines Kindes in engem Zusammenhang steht
mit dem größten Leid, dem Leiden Gottes, dem Leiden
Christi um diese verlorene Schöpfung. Denn gerade
die Kinder sind es, die dem Herzen Jesu am nächsten
sind, und Jesus hat uns auf sie verwiesen. So glaube ich
auch, dass das unschuldige Leiden eines Kindes für die
Gemeinde von großer Bedeutung sein kann.

Wenn wir zu leiden haben, ist es besonders wichtig, die
Freude im Herzen zu tragen und zu bewahren. Denn
unsere Freude ist ja Jesus, der Auferstandene. Dann
werden die Kräfte seines Lichtes auch Kräfte der Heilung
und völliger Gesundung sein.

Das Böse

Wir leben in einer Zeit, in der viele Menschen das Böse entweder verharmlosen oder nicht glauben, dass es überhaupt existiert. Deshalb begreifen sie weder die Größe von Golgatha noch den Ernst von Gottes letztem Gericht. Dieses Gericht, welches in der Offenbarung Johannes beschrieben ist, werden wir nicht verstehen, wenn wir die Macht des Bösen nicht erfassen. Wenn das Böse verharmlost wird, dann erscheint es als unnötig, einen ernsthaften Kampf dagegen zu führen.

Wäre die Macht des Bösen nicht so furchtbar, so wäre das Kreuz nicht nötig gewesen. Ich habe einmal die Frage gehört: „Warum kann Gott nicht ohne das Opfer Jesu die Sünden vergeben?" Das ist eine versucherische Frage. Haben wir jedoch einmal die enorme Macht des Bösen erkannt, die Gott auf dieser Erde zu bekämpfen hat, dann wissen wir: Es gibt keine Vergebung ohne Golgatha, ohne das Kreuz.

Es gibt Menschen, die versuchen, die Tiefen und das Wesen Satans zu ergründen oder sich bemühen, den Ursprung des Bösen zu entdecken. Das ist verständlich, aber es ist nicht göttlich. Die Herzen zu vieler Menschen in unserer Gesellschaft werden belastet durch alles, was sie über Mord, Unzucht und andere Übel erfahren. Ein wahrer Christ sollte dem Bösen wie ein Kind gegenüber treten und mit den Geheimnissen des Bösen nichts zu schaffen haben.

Der moderne Mensch denkt zu materialistisch. Er sieht
nicht, dass es außerhalb seiner eigenen Person eine gute
Macht und eine böse Macht gibt und dass der Verlauf
seines Lebens davon abhängt, welcher Macht er sein
Herz auftut.

Ich erlebte Hitlerdeutschland als junger Mann und
kannte Menschen, die eigentlich ganz harmlos waren,
die aber plötzlich von etwas sehr Bösem ergriffen und
getrieben wurden. Auch wenn es viele gab – mehr als
wir wissen – die als Folge ihres Protests gegen dieses
Böse ihr Leben verloren, so gab doch die Mehrheit
nach. Es waren nicht nur einige wenige Männer, die hier
eine Nation regierten. Deutschland wurde von bösen
Geistesmächten, von Dämonen regiert.

Wir haben den festen Glauben, dass auch heute, wie
zur Zeit Jesu, Dämonen ausgetrieben und fortgejagt
werden. Wenn Christus auf diese Erde zurückkehrt,
wird völlige Freiheit herrschen, obwohl es durch Gericht
gehen muss.

An den öffentlichen Schulen und Universitäten
begegnet man immer wieder Erscheinungsformen
des Okkulten. Mit aller Schärfe lehnen wir jeglichen
Kontakt mit dämonischen Mächten ab, und wir warnen
auch unsere Kinder ernsthaft davor. Im Bereiche Satans
gibt es Dinge, von denen wir keine Kenntnis haben
sollten. Deutlicher ausgedrückt: wir sollten sie völlig
ignorieren. Heutzutage wird Okkultismus häufig als ein

weiteres wissenschaftliches Fach betrachtet, das man
erforschen kann. Damit wollen wir nichts zu tun haben.

Ein Mensch, der wie ein Kind in Jesus lebt, braucht
sich nicht vor Besessenheit von bösen Geistern zu
fürchten. Wenn er allerdings mit Magie oder Zauberei
zu tun gehabt hat, dann hat er Grund zur Angst. Wir
lehnen auch die „harmloseste" Form von Spiritismus
ab, ebenso wie abergläubische Bräuche wie das Tragen
von „Gesundheitsringen", Tischerücken oder Kontakt
mit Verstorbenen; ebenso jeglichen Aberglauben, wie
z.b. das Tragen von „Gesundheitsringen". Solche Dinge
können ganz unschuldig anfangen, aber sie können
einen Menschen an den Satan binden, ohne dass er sich
dessen bewusst ist. Sie haben nichts mit dem kindlichen
Glauben an Jesus zu tun.

Wir bitten um das Gericht Gottes, damit sein Licht
hereinbrechen kann. Je stärker sein Licht einbricht,
je stärker die Liebe seines eingeborenen Sohnes in
unseren Herzen brennt, desto klarer wird seine Wahrheit
offenbar. Wenn Jesus zu einem Menschen kommt und
ihn mit seinem Licht berührt, so bringt er das Gericht
und gleichzeitig Befreiung und Erlösung. Alle Zweifel,
alles was Menschen kettet und belastet, alle Sünden, die
sie hinabziehen, werden von ihm aufgezeigt, bloßgelegt
und die Menschen werden befreit. Diese Befreiung und
Erlösung – durch das Hereinbrechen des Lichtes Christi

bewirkt – gilt der ganzen Welt. Denn Christus sagt, er sei nicht gekommen, die Welt zu richten, sondern sie zu erlösen.

Joh 12,47

Christus will, dass die Unterdrückten, die Hoffnungslosen sich dem Licht zuwenden und errettet werden. Gerade die Zerschlagenen, die sich am unwürdigsten fühlen, sollen sich von Gottes großer Liebe berühren lassen. Haben sie diese Liebe erst einmal gespürt, dann werden sie wissen, dass Gott auch sie meint und auch sie befreien will. Es sind genau diejenigen, die Jesus annahm: die Übeltäter, die Zöllner, die Prostituierten, die unter den Menschen Verachteten. Er tadelte die Besessenen nicht, er befreite sie. Aber in ihrer Befreiung lag Gericht: die Dunkelheit wurde offenbart und ausgetrieben. Das Böse wurde keineswegs ignoriert, sondern die Menschen wurden davon befreit.

Aus einem Brief: Bis Jesus wiederkommt und uns völlig befreit, werden wir auf dieser Erde immer zwei Feinde zu bekämpfen haben: Zunächst geht es um den Kampf gegen die eigene niedrige Natur; zweitens um einen Geisteskampf, den Kampf gegen Satan und seine Dämonen. Eure Sünde war nicht nur eine Sache der niedrigen Natur, sie war auch satanisch. Das Neue Testament berichtet, als Judas Jesus verriet, „fuhr der Satan in ihn." Ich würde nicht wagen, dies von euch zu behaupten, aber ich glaube, eure Lage tendiert dahin. Ich glaube, der Satan hätte nicht in Judas fahren können, wenn Judas sich ihm nicht schon vorher verkauft hätte.

Lk 22,3

Joh 13,27

Judas war bereits zu den Hohepriestern gegangen; er hatte bereits die Silberstücke angenommen, noch ehe er zum Passahmahl mit Jesus ging, wo der Satan in ihn fuhr. Auch wenn dieser Vergleich zu stark ist, um auf euch zuzutreffen, so habt ihr doch euer Herz bösen Mächten geöffnet. Wo und wann hat das begonnen? Vergesst nicht, dass wahre Reue ein wunderbares Erlebnis ist, das man nicht zu fürchten braucht. Erlebt ihr einmal wirkliche Buße, so werdet ihr euer ganzes Leben lang dafür dankbar sein.

Es ist grauenerregend, dass der Mensch, der nach Gottes Ebenbild geschaffen ist, Waffen gebaut hat, welche Millionen von Menschenleben in kurzer Zeit auslöschen können. Wir müssen Buße tun! Die Tatsache, dass auch vermeintlich zivilisierte Staaten solche Waffen besitzen, zeigt uns die Dringlichkeit, uns für etwas völlig Anderes einzusetzen. Für manche Leute mag dies bedeuten, in die Politik zu gehen, dafür zu arbeiten und zu kämpfen, dass Staatsämter von verantwortlichen Bürgern bekleidet werden, die niemals von diesen Waffen Gebrauch machen würden. Davor haben wir große Achtung, doch wir müssen dem Übel auf einer viel tieferen Ebene entgegenwirken. Der Geist, der die Menschen dazu treibt, Waffen herzustellen, ist ein böser Geist, und wir müssen ihn dadurch bekämpfen, dass wir für den guten Geist leben.

Wir können den Weg Jesu nur beschreiten, wenn wir uns persönlich völlig ändern. Wenn wir behaupten, seine Nachfolger zu sein, aber dabei ein unreines Leben führen, dann haben wir kein Recht, gegen solche Übel wie Ungerechtigkeit zu protestieren. Wir kämpfen nicht gegen Fleisch und Blut – als gute gegen schlechte Menschen – sondern gegen Mächte und Gewalten der Dunkelheit.

Durch unsere sündhaften Taten geben wir bösen Dämonen in unserem Leben und unserer Umgebung Raum. Wir müssen realistisch sein und erkennen: das Böse ist nicht etwas Abstraktes. In der Bibel werden einige Dämonen sogar mit Namen genannt. Kein Mensch, besonders keiner, der behauptet, ein Christ zu sein, hat Grund, sich Dämonen zu öffnen und ihnen mit seinem Leben in irgendeiner Weise zu dienen. Tut er es dennoch, so werden sie nicht nur ihm schaden, sondern ebenso der ihn umgebenden Gemeinschaft.

Lk 8,30

Aus einem Brief: Für Jesus ist das Leben der Gemeinde etwas äußerst Kostbares. Deshalb ist die Seele der Gemeinde ständig in großer Gefahr, vom Satan angegriffen zu werden. Johann Christoph Blumhardt schreibt: Als der himmlische Vater Jesus dazu berief, Kinder des Lichts zu erwecken, sah er bereits voraus, dass Satan ihm folgen und Kinder der Dunkelheit hervorbringen würde; diese Satanskinder würden sogar innerhalb der Gemeinde Christi gedeihen auf dem Boden, auf welchem nur Kinder des Lichts wachsen sollten. Hier

stehen wir vor einer erschreckenden Tatsache, aber wir
müssen damit rechnen. Es geschieht am ehesten dann,
wenn menschliche Macht die Herrschaft übernimmt, da
wo Christi Macht allein herrschen sollte.

Mk 14,62

Jesus sagt, dass alle Menschen den Menschensohn sehen
werden „sitzen zur Rechten der Kraft." Er nennt seinen
Vater „die Kraft". Das ist die größte Wirklichkeit, weit
größer als unser sterbliches Leben. Wenn wir uns vor
dem Bösen fürchten (und diese Furcht kann sehr real
sein), können wir immer auf Jesus vertrauen. Auch er
ist eine Realität. Er ist im Zentrum des Thrones Gottes.
Er ist Haupt und Herz der Gemeinde. Er versteht unser
Herz, wie wir es selbst nicht verstehen.

Es ist ein Irrtum zu glauben, dass wir unser eigenes
Herz kennen. Wir verstehen uns selbst nur oberflächlich,
nur Gott kennt unser Herz wirklich. Auch wenn wir den
schwersten Prüfungen und Angriffen des Bösen ausgesetzt sind, so können wir uns doch stets vertrauend an
Gott wenden, mit fester Hoffnung auf den Sieg.

Nur durch den Gekreuzigten kann man wahren Frieden
finden; auch die einige Gemeinde kann uns nicht dazu
verhelfen. Der einzige Ort, an dem wir Friede und Ruhe
finden können, ist Golgatha. Wir sind nicht in der
Lage, unsere mörderischen oder ehebrecherischen Taten
wegzuwaschen. Um von der Finsternis befreit zu werden,
müssen wir uns dem Licht zuwenden, und am Kreuz

Offb 1,5; 7,14 unsere Sünden niederlegen. Dort reinigt uns das Blut Christi, wie wir in der Offenbarung lesen.

Aus einem Brief: Ich habe deinen verzweifelten Hilferuf vernommen und habe großes Verständnis für dich. Deine Gedanken ängstigen dich so sehr, dass sie Macht über dich gewinnen. Du musst dich von dieser Angst abwenden. Sie flüstert dir diese Gedanken ein und dadurch finden noch verzweifeltere Ängste und Beklemmungen Eingang in dein Herz.

Lasse dich nicht durch deine Angst aus dem Gleichgewicht bringen. Wenn du sie hinter dir lassen und auf Gott vertrauen kannst, dann kann vieles anders werden. Zweifle niemals daran, dass Gott eingreifen und dir helfen will; sei gewiss, dass er dich liebt und dir viel näher ist, als du ahnst.

Mt 28,20 Jesus hat uns versprochen, immer bei uns zu sein, bis an das Ende aller Tage. Aber die dunklen Mächte: Unreinheit, Geldgier, Mord, Hass und Unversöhnlichkeit, die uns umgeben und Brüder und Schwestern in der Gemeinde angreifen, dürfen nicht unterschätzt werden. Jesus muss es vorausgesehen haben, dass die Gemeinde von den Mächten der Hölle ange-griffen werden wird, denn er sagte zu Petrus, dass auch Mt 16,18 sie die Gemeinde nicht überwinden werden. Deshalb müssen wir allezeit wachen und beten.

Zusammen mit der ganzen leidenden Menschheit tragen wir das Verlangen, dass das Netz der Dämonen, welches die Erde umspannt, zerrissen werde, selbst wenn es großen Aufruhr bedeuten würde. Wir haben den Glauben, dass Gott zu seiner Zeit eingreifen wird durch das Hereinbrechen seines Reiches.

Der innere Kampf

Die unsichtbaren Mächte, die uns auf der Erde umgeben, bringen uns entweder großes Leid oder große Freude. Es gibt göttliche Mächte, die uns Frieden, Gerechtigkeit, Freude, Sündenvergebung und Gemeinschaft bringen. Diese Mächte sind in Jesus Christus verkörpert. Aber es gibt auch finstere Mächte: Mord, Neid, Ehrgeiz und Ungerechtigkeit. Auch sie sind unsichtbar. Wenn sie sich aber einmal der Seele eines Menschen bemächtigen, dann treiben sie ihn dazu, böse Taten zu begehen.

Die Mächte, von denen hier die Rede ist, sind nicht etwa abstrakt weil sie unsichtbar sind. Darüber müssen wir uns klar sein. Wir haben es hier mit ganz realen Dingen zu tun, nicht mit einer Philosophie oder einer abstrakten Lehre, sondern mit konkreten Mächten – mit Licht und mit Finsternis, mit Gut und mit Böse, mit Zerstörung und mit Einheit; mit Mächten, die töten wollen und mit Mächten, die Leben bringen wollen.

Als Jesus die Teufel aus besessenen Menschen austrieb, wurden ihre Seelen geheilt. Seine Feinde sagten: „Er treibt die Teufel mit einem Oberteufel aus." Doch Jesus antwortete: „Wenn ich den Teufel mit einem Oberteufel austriebe, wäre sein Reich uneins und würde in sich Lk 11,15–18 zerfallen." Des Teufels Armee ist gut diszipliniert: sie weiß sehr gut, wie man eine Menschenseele, eine Gruppe und sogar ein ganzes Volk angreifen kann. Aus dem Evangelium wissen wir, dass der Kampf zwischen Gott und Satan sich auf der ganzen Erde abspielt. Das gleiche gilt für jedes menschliche Herz. Wir müssen einfach damit rechnen, dass der Teufel wütend ist, wenn zwei, drei oder mehr Menschen in Jesus völlig eins sind. Einen schärferen Kampf zwischen Gott und Satan hat es nie gegeben, als jenen, den Jesus auf Golgatha gekämpft hat. Es schien Jesus sogar, als ob Gott ihn verlassen hätte. Und dennoch legte er seine Seele und seinen Geist voller Vertrauen in die Hand des Vaters. Dadurch war der Sieg errungen, nicht nur für diese Erde sondern für alle Mächte, Gewalten und Engel.

Aus einem Brief: Wir kämpfen nicht gegen Fleisch und Blut, nicht gegen Menschen. Es ist ein Kampf um die Atmosphäre der wahren Gemeinde, um die Atmosphäre Gottes in jeder unserer Gemeinschaften und im Herzen jedes Bruders und jeder Schwester. Wir alle müssen durch Leid und durch Gericht gehen, aber das ist nicht das Ende. Das Gericht ist nur der Anfang zu neuer Freude und Hoffnung. Es bringt den Sieg der Befreiung. Es soll uns für die Liebe, für den Dienst und für Gott frei machen.

Die Atmosphäre in jeder unserer Gemeinschaften muss ständig erneuert werden, damit sie die Liebe und Reinheit Jesu, ja, sein ganzes Wesen ausstrahlt. Nur dann kann unsere Liebe alle Menschen erreichen.

Die Vorstellung, Jesus habe eine neue Philosophie gebracht oder eine Religion gegründet, ist völlig verkehrt. Seine Person, sein Geist, seine Sache, sein Heil stellt keine Philosophie dar, wie die der Griechen oder Ägypter. Er war und ist eine Person, und er selbst ist es, der uns begegnet. Die Worte: „Wenn ihr nicht das Fleisch des Menschensohns esst und sein Blut trinkt, so habt ihr kein Leben in euch" bedeuten mir viel. Das ist keine Philosophie irgendeines großen Mannes; das ist Jesus selbst.

Joh 6,53

Niemand kann Jesus gegenüber gleichgültig bleiben. Man muss sich für ihn oder gegen ihn entscheiden. Die Tatsache, dass wir sündige Menschen sind, hindert uns nicht daran, zu Jesus zu kommen. Auch wenn wir versucht werden, liegt darin kein Hindernis. Und wenn Böses uns quält, so braucht uns das nicht zu hindern. Aber Gleichgültigkeit Jesus gegenüber können wir ebenso wenig dulden, wie den Versuch, mit unserem menschlichen Verstand Jesus auszulegen. „Das ist Gottes Lamm, das der Welt Sünde trägt"; „Für die Vergebung der Sünden hat er diesen Tod auf sich genommen" – wenn wir diese Worte mit dem Herzen statt mit dem Verstand aufnehmen, dann wissen wir: das ist keine Philosophie, das ist Leben.

Joh 1,29

Hebr 9,15

Was Jesus für uns Menschen bedeutet, müssen wir in seiner ganzen Höhe, Tiefe und Breite erfahren. Das Kreuz, welches fest stand und nach wie vor steht, muss uns in einem geistlichen Sinn gegenwärtig sein. Es ragt hinauf zum Himmel, zum Thron Gottes; sein

Querbalken ist wie die ausgebreiteten Arme, die noch immer da sind für eine verlorene Menschheit.

Aus einem Brief: Brüder und Schwestern, lasst uns wach bleiben: Jedes Mal, wenn Gott etwas Gutes unter den Menschen ausrichtet, scheut der Teufel keine Anstrengung, es zu zerstören. Denkt daran, wie Jesus nach seiner Taufe vom Teufel versucht wurde, weil sein Herz so völlig rein war und er ganz und gar Gott angehörte.

Nichts ist dem Fürsten dieser Welt ärgerlicher, als eine Gemeinde in ihrer ersten Liebe. In der Offenbarung lesen wir, wie es dem Teufel bereits zur Zeit des Johannes gelang, der Gemeinde Schaden zuzufügen. Das geschah in solchem Ausmaß, dass Jesus der Gemeinde zu Sardes sagen musste, sie habe nur den Namen, dass sie lebt, sei aber in Wirklichkeit tot. Selbst dieser Gemeinde gab er noch die Möglichkeit aufzuwachen, umzukehren und zur wahren, echten Liebe zurückzukehren.

Offb 3,1

Wenn ich mein tiefstes Herz sprechen lassen darf, so habe ich den Glauben, dass Jesus, um uns völlig zu reinigen, uns so nahe kommen will, als ob sein Blut unser Blut wäre.

Aus einem Brief: Ich protestiere gegen die Auffassung, dass es falsch sei, mit starken Emotionen zu reagieren, wenn Gott beleidigt wird, wenn Brüder und Schwestern rücksichtslos behandelt werden, oder wenn die

Gemeinde angegriffen wird. Ich glaube nicht, dass Jesus ruhig und gelassen war, als die Ehre Gottes auf dem Spiel stand und er die Geldwechsler aus dem Tempel trieb. Bis an mein Lebensende werde ich gegen kühle Nüchternheit protestieren, wenn Gottes Werk in Gefahr ist, zerstört zu werden.

In unserem Eifer für Gottes Sache ist es eine unserer schlimmsten Versuchungen, die Menschen nach theoretischen Maßstäben zu richten. Es muss eine solche Ausgießung des Geistes Gottes über uns kommen, dass alles in uns und unter uns offenbar wird. Dann werden Klarheit und Entschiedenheit von selbst kommen. Lasst uns diese Liebe zu Christus mit tiefstem Ernst von Gott erflehen, damit alle Finsternis und alles Böse in unserer Gemeinde offenbar werden.

Wenn wir uns Jesus im Glauben hingeben, wird er uns reinigen. In seinen Abschiedsreden sagt Jesus: „Ich bin der wahre Weinstock, ihr seid die Reben." Um Frucht zu bringen müssen wir gereinigt werden, und das Winzermesser des Gärtners muss tief in unser Herz schneiden. Als Jünger Jesu bedürfen wir der Reinigung, bedürfen wir dieses Messers, dieser Schärfe in unserem Herzen und in unserem Leben. Wenn wir dem Gärtner, der uns reinigen will, widerstreben, sind wir in den Augen Gottes untreu und können keine Frucht bringen.

Joh 15,5

Joh 15,1–2

Sind wir bereit das Wort Christi tief in unser Herz schneiden zu lassen, oder wollen wir uns immer wieder davor schützen und uns dagegen verhärten? Wir merken gar nicht, wie oft wir Gott im Wege stehen. Aber wir können ihn bitten, uns in seiner Gnade und Liebe mit seinem Wort zu beschneiden, auch wenn es schmerzt.

Wir müssen unser ganzes Vertrauen allein auf Gott setzen. Doch wir müssen auch einander vertrauen. Ohne gegenseitiges Vertrauen können wir nicht leben, obwohl wir genau wissen, dass Menschen versagen. Petrus, der Jesus dreimal verleugnete, war dennoch einer seiner
Joh 18,15–27; 21,15 vertrautesten Apostel. Er versagte. Aber dann ging er hinaus und weinte bitterlich. Auch für uns gibt es keinen anderen Weg, als so tief zu bereuen und so bitterlich zu weinen, wie er es tat.

Auch wenn wir zugeben müssen, dass wir versagt haben, dürfen wir nicht alles verloren geben oder denken, der Boden sei uns unter den Füßen fortgerissen. Gottes Gericht ist Gottes Güte und kann nicht von seiner Gnade und Barmherzigkeit getrennt werden. Wenn wir uns durch die Buße vor Gott demütigen, dann wird unser Leben nichts sein, dann wird Christus in uns leben.

Ganz gewiss ist es Sünde, Gottes Wirken in uns zu benutzen, um unseren eigenen Stolz zu fördern. Aber es ist ebenso eine Sünde, Gottes Wirken zu leugnen, wenn wir versagen. Unser Versagen sollte uns demütigen machen und zu Gott führen.

Die Worte, die der Gemeinde zu Sardes gesagt werden, beinhalten wohl das Schlimmste, was einer Gemeinde gesagt werden kann: „Du hast den Namen, dass du lebst, und bist tot." Ist eine Gemeinde tot, so ist sie wie das Salz, das seinen Geschmack verloren hat und nur noch fortgeworfen wird, um von den Leuten zertreten zu werden. Jede Gemeinde steht in der Gefahr einzuschlafen, ihr Leben zu verlieren. Aber wir haben den Glauben, dass Jesus, wenn er auch nur in einigen wenigen noch Leben findet, Geduld haben wird, damit sie Buße tun.

In der kurzen Geschichte unserer Gemeinschaftsbewegung haben wir den Kampf um die Reinheit der Gemeinde zur Genüge kennengelernt: Wir kennen den Kampf gegen innere Stumpfheit und dagegen, eine Gemeinde zu sein, die den Namen hat, dass sie lebt, aber in Wirklichkeit tot ist. Aber immer dann, wenn Jesus uns züchtigt, gibt er uns Zeit zur Umkehr – als Gemeinde und als einzelne.

Ein Wort aus dem Evangelium ist uns besonders wichtig geworden: wir sollen das Salz der Erde sein. Schmerzlich mussten wir erfahren, wie gefährlich es für eine Gemeinde ist, wenn der Geschmack, die Kraft des Salzes verlorengeht. Salz gibt einer faden Speise Geschmack und verhindert, dass sie verdirbt. Unser Zeitalter braucht das Salz. Unsere Schuld ist es, falsche Geister zu lange toleriert zu haben. Jesus warnt sehr scharf vor falschen Propheten und vor solchen, die von Frieden sprechen, wo kein Frieden ist und von Liebe, wo keine Liebe ist.

Marginalien:
Offb 3,1
Offb 3,3–4
Mt 5,13

Aus einem Brief: Wir müssen den Weg finden, dem
Gebot Jesu – anderen zu vergeben, wie er uns vergibt – zu
gehorchen. Andererseits müssen wir wachsam sein,
damit keine Finsternis in die Gemeinde eindringt. Das
bringt mich manchmal in große Spannung. Paulus
schreibt, wir sollen dem Bruder Verständnis, Vergebung
und Freundlichkeit entgegenbringen.. Das muss sein.
Der Geisteskampf jedoch, in dem wir stehen, macht
es hinreichend klar, dass wir keinerlei Finsternis in das
Leben der Gemeinde hineinlassen dürfen. Möge Gott
uns helfen, die Lösung dieser Spannung auf seinem Weg,
und nur auf seinem Weg zu finden.

Kol 3,12–17

Wenn in jedem Herzen Gott allein waltet, dann werden
wir eine gesunde Gemeinschaft sein, voller Freude,
voller Hingabe und voller Liebe. Jeder wird es an der
Atmosphäre spüren. Jeder wird zum andern gehen
und ihn für zugefügtes Unrecht oder Lieblosigkeit um
Verzeihung bitten. Und das wird nicht geschehen, weil
es uns jemand vorschreibt, sondern aus einem inneren
Drang heraus.

Jede Gemeinde braucht Stimmen, die es wagen, die
Sache Christi zu vertreten, auch wenn es für den, der
seine Stimme erhebt und für die anderen schmerzlich sein sollte. Aber das darf nur in der Liebe Christi
geschehen, sonst versündigen wir uns.

1 Joh 3,8

Jesus kam auf die Erde, die Werke des Teufels zu zerstören. Ihm stehen unzählige Engel Gottes zur Seite, die ihm in diesem Geisteskampf beistehen. Aber auch dem Satan steht ein Heer von Engeln zur Verfügung: böse Geister, Teufel und Dämonen.

Dieser Geisteskampf sieht so aus: Der heilige Geist, der Geist Jesu, hilft uns, Gott zu finden; er schenkt uns seine Gedanken und seine Liebe. Er hilft uns, alle bösen und unreinen Gefühle zu überwinden. Gleichzeitig aber wirkt der Teufel in unseren Herzen und flüstert uns böse, unreine, mörderische, neidische, misstrauische Gedanken ein und das Verlangen nach Macht. Und doch hat jeder von uns einen Schutzengel, der uns behütet, wenn wir nach dem Guten trachten.

Christus muss bis in die tiefsten Tiefen unseres Seins eindringen, tiefer als unsere Gedanken, tiefer als unsere Gefühle – bis in die allerletzten Tiefen hinein. Jeder Mensch, der etwas von großen inneren Kämpfen weiß, hat eine Ahnung davon. Durch Christus wird er den Mut finden, trotz allen Unglaubens zu glauben, auch da, wo scheinbar keine Hoffnung zum Glauben mehr vorhanden ist; und Kraft wird er bekommen, nicht die Hoffnung aufzugeben, in einem anderen doch noch Liebe zu finden.

Aus einem Brief: Es ist verständlich, dass du Angst davor hast, was andere von dir denken könnten. Aber obwohl es verständlich ist, so ist es doch Sünde. Wenn wir uns allein von Gott abhängig wissen, dann haben wir den Mut, gegen jeden aufzutreten, der gegen unser Gewissen oder gegen das eines anderen verstößt oder gar andere schlecht behandelt. Es ist eine Sünde, aus Angst zu schweigen. Diese Sünde habe ich in meinem Leben oft begangen, ich habe aber auch die bitteren Früchte erlebt, die das für mich selbst und für die Gemeinde brachte.

Wir alle kennen die Kämpfe des menschlichen Herzens, aber wir müssen darüber hinausblicken: wir müssen den ungeheuer großen Kampf der ganzen Gemeinde gegen die Finsternis klar erkennen. Und letzten Endes müssen wir das alles im Zusammenhang mit dem viel größeren Kampf sehen, den Gott mit seinen Heerscharen von Engeln und mit seinen Sternen des Lichts und der Harmonie in der ganzen Schöpfung führt.

„Ihr seid das Salz der Erde. Wird aber das Salz fade, womit soll man ihm die Salzkraft wiedergeben? Es hat dann weiter keinen Wert; man muss es wegwerfen und von den Leuten zertreten lassen." Wenn wir Salz sein wollen, dann können wir keine Diplomaten sein, die die Argumente des Bösen gutheißen. Wir können nicht „fair" sein. Wir müssen absolut einseitig sein in unserer Treue zu Gott und zu Jesus.

Mt 5,13

Aus einem Brief: Wir müssen uns für Christus

Mt 12,30
entscheiden, oder wir sind gegen ihn. Die Weltsituation
treibt uns dazu, für Christus einzustehen – gegen Gewalt,
Ungerechtigkeit, Hass und Unreinheit. Es gilt, Zeugnis
zu geben, nicht nur in Worten sondern in Taten. Unser
Leben muss beweisen, dass es einen besseren Weg gibt.

*Aus dem Abendmahlsbund der Bruderhofgemeinschaften:**

Wir wissen uns in Einheit unter Gottes Gericht und
  Gnade gestellt.
Wir geloben, in Ehrfurcht vor Gott, vor Christus und
  vor seinem heiligen Geist zu leben.
Das Kreuz, an dem wir die Vergebung der Sünden finden
  können, ist der Mittelpunkt unseres Lebens.
Wir bekämpfen jeglichen Mangel an Ehrfurcht vor Gott,
  vor Christus und vor seiner Gemeinde.
Wir bekämpfen jeden Missbrauch des Namens Gottes,
  seines Christus und des heiligen Geistes.
Wir bekämpfen alle Ehrfurchtslosigkeit dem kindlichen
  Geist Jesu gegenüber, wie er in den Kindern lebt,
  und wir wollen für diejenigen älteren Kinder
  kämpfen, in denen der kindliche Geist zum Teil
  verlorengegangen ist.

---

* Der Abendmahlsbund, von J. Heinrich Arnold niedergeschrieben, wurde
nach einem Jahr inneren Kampfes am 30. Dezember 1975 von allen getauften
Mitgliedern des Bruderhofs unterschrieben, um die Haltung der Gemeinde zu
verschiedenen wichtigen Themen klarzustellen.

Wir bekämpfen jede seelische und körperliche
Misshandlung von Kindern.
Wir bekämpfen alles Streben nach Macht über Seelen
anderer, einschließlich Kinder. Wir trachten nach der
Atmosphäre der Gemeinde und der Engel Gottes.
Wir geloben, im Gebet um das Licht Jesu zu bitten,
damit alle, die gebunden sind, und alle, die von bösen
Gedanken gequält werden, befreit werden mögen,
und dass alle diejenigen, die der Dunkelheit willent-
lich dienen, geoffenbart und zur Buße gerufen
werden mögen.
Wir bekämpfen den Geist des Mammons und alle
falsche Liebe, die mit dem Mammon verbunden ist.
Wir bekämpfen allen menschlichen Hochmut und jede
Form von Eitelkeit.
Wir bekämpfen allen Stolz, einschließlich des
Kollektivstolzes.
Wir bekämpfen den Geist der Unversöhnlichkeit, des
Neides und des Hasses.
Wir geloben, unsere eigene Macht und unsere eigene
„Größe" am Kreuz niederzulegen.
Wir bekämpfen jede Form der Herabwürdigung anderer,
einschließlich derer, die in Sünde gefallen sind.
Wir bekämpfen jegliche Grausamkeit gegen einen
Menschen, auch wenn er gesündigt hat.
Wir bekämpfen alle Formen von Magie und Neugier
über satanische Finsternis.
Wir bitten um den Mut, freudig bereit zu sein, wenn
wir um der Gerechtigkeit willen leiden und
verfolgt werden.

Wir bitten um die Vergebung unserer Sünden, denn
ohne Jesus können unsere Herzen und unsere Taten
nicht rein sein.

Wir bitten darum, für die Welt leben zu dürfen, wie es
Jesus in Johannes 17 ausdrückt: „Sie alle sollen eins
sein, so wie Christus eins ist mit dem Vater, damit die
Welt glauben kann, dass Christus vom Vater gesandt
ist." Mit Christus bitten wir, nicht aus dieser Welt
herausgenommen zu werden, sondern vor der Macht
des Bösen bewahrt zu bleiben.

Wir bitten Christus, er möge unsere Bruderschaft durch
seine Wahrheit weihen. Die Wahrheit ist das Wort
Christi. Wir bitten darum, dass er uns sende, ein
Licht in der Welt zu sein.

Weltleid

1.Tim 6,10

Joh 8,44

Wenn wir nach den Wurzeln des Leides fragen, so finden wir sie in der Gier nach Besitz, im Geist des Mammons. Dieser Geist ist vom Satan, der der Mörder von Anbeginn war, wie Jesus sagt. Er bringt Finsternis und Tod. Viele, die ihm dienen, verbergen sich hinter großartigen Idealen, aber trotzdem bringt dieser Geist Ungerechtigkeit und Verderben hervor; und das sind die Ursachen allen Leidens, heute und zu allen Zeiten. Wenn wir mit uns selbst ehrlich sind, werden wir sehen, wie eng das Leiden der Welt mit unserer eigenen Schuld und mit der Schuld aller Menschen verknüpft ist. Weil das Leiden allen gemein ist, sind auch wir ein Teil davon und müssen mit allen leidenden Menschen mitleiden.

Es gibt so viel Schmerz auf der Welt! Wenn wir von Gottes Liebe erfüllt sind, werden wir diesen Schmerz selbst erfahren. Wir werden etwas von der Not der Kinder, der Alten, der psychisch Kranken, der Ungewollten und der Hungernden nachempfinden. Wenn wir jedoch unseren Blick nur auf das Leid der Welt richten, dann ist unser Bild einseitig. Um der Sache Gottes willen müssen wir erkennen und verkündigen, dass das Leid eine Frucht der großen Sünde und Schuld der Welt ist, eine Frucht der Rebellion des Menschen gegen Gott.

Gott allein weiß, wieviel von der Weltnot durch menschliche Sünde verursacht wird, und wieviel unverschuldetes Leid ist. Es ist gesagt worden: Wenn man die Sünde der Welt und das Leid der Welt auf eine Waage legt, so halten sie das Gleichgewicht. Ich weiß nicht ob das so stimmt, aber eins ist klar: Sünde und Leid gehören zusammen. Krieg beispielsweise ist Sünde, hat aber auch enormes Leid zur Folge. Gott sieht beides, die Sünde und das Leid.

Wir glauben an das unbeschreibliche Verlangen Gottes, die Menschheit nicht nur von ihrer Not, sondern auch von ihrer Sünde zu erlösen. Es wäre ehrfurchtslos, über die Weltnot zu reden, ohne sich bewusst zu machen, wie sehr Gott durch die Sünde der Welt verletzt wird, an der auch wir teilhaben.

Hätte Gott nicht das Verlangen, die Menschen durch Jesus zu erretten, dann gäbe es nichts als geistlichen und körperlichen Tod auf dieser Erde. Jesus ist das Lamm Gottes, das die Sünden der Welt trägt. Er ist die Antwort, die einzige Antwort, auf alle Sünde und Not.

In den heutigen Weltkirchen hat Geld eine große Macht, aber es fehlt an Mitleid mit den Armen. Das sollte uns auffordern, uns noch viel mehr den Armen zuzuwenden. Wir wissen, dass die ersten Gläubigen in der Gemeinde

zu Rom ihre eigenen Armen und die Armen der ganzen
Stadt ernährten.* Sie lebten in der ersten Liebe zu Jesus,
und daran mangelt es bei uns. Die Stunde ruft uns auf,
zur ersten Liebe zurückkehren.

Aus einem Brief: Das 25. Kapitel des Matthäusevangeliums berichtet die Worte Jesu von den Hungrigen,
den Durstigen, den Nackten und Gefangenen. Auch
wir tragen Sorge um diese Menschen, um den Hunger
und die Not der Welt. Aber was sollen wir tun? Es geht
uns zu gut. Wir sollten weniger essen und mit weniger
auskommen, um mit den Armen zu teilen. Die ersten
Christen fasteten ein oder zwei Tage in der Woche, um
den Armen zu essen zu geben. Es ist nicht genug, nur mit
unseren Brüdern und Schwestern zu teilen. Wenigstens
ein Bruder in jeder unserer Gemeinschaften sollte dazu
ernannt werden, Menschen in Not aufzusuchen, ihnen
Nahrungsmittel und Kleidung zu bringen, und sich
darum zu kümmern, dass sie ausreichende Heizung
haben und was sonst zum Leben notwendig ist.

Aus einem Brief: Du sagst, die Armen haben ja gar keine
Sehnsucht nach Gott, sie sind abgestumpft. Du hättest
einmal längere Zeit in einem Obdachlosenasyl zuge-
bracht. Die Menschen wollten nichts anderes, als selbst

---

* Eberhard Arnold (Hrsg.), *Am Anfang war die Liebe*, Wiesbaden, 1986,
S. 26–27

nach oben gelangen, selbst andere unterdrücken, und so fort. Du sagst sogar, es hätte keinen Zweck zu versuchen, solchen Leuten zu helfen; sie wollen ja nichts anderes.

Aber dies alles, lieber Bruder, ist nicht aus dem Geist der Liebe Jesu. Es ist wahr, dass viele Menschen innerlich stumpf sind, aber diese Apathie ist ein höchster Ausdruck ihrer Not. Sie ist ein Zeichen, wohl das schlimmste Zeichen dafür, wie stark der Feind Jesu, der Mörder von Anfang, noch über die Menschen herrscht. Glaubst du nicht, dass es Jesus tief betrübt, wenn wir über die Not unserer Mitmenschen in so kalter überheblicher Weise sprechen?

Glaubst du, dass dies eine Jesus-Gesinnung ist? Glaubst du, er wäre für uns Menschen gestorben, wenn das seine Einstellung gewesen wäre? Gott hat uns doch nicht dazu beauftragt, so über die Armen und Unterdrückten zu reden. Nein, wir sind gerufen unsere Mitmenschen zu lieben, ganz besonders diejenigen, denen es so schlecht geht, dass sie keinen Ausweg mehr sehen.

Aus einem Brief: Grundsätzlich ist der Bruderhof immer bereit gewesen, einem Obdachlosen Unterkunft für eine Nacht anzubieten. Manchmal brachte uns die Polizei Obdachlose mitten in der Nacht, sogar Familien mit Kindern, und wir haben immer einen Weg gefunden, ihnen ein Nachtquartier zu geben. Unter dem Hitlerregime wurde dem Bruderhof verboten, Gäste aufzunehmen. Wir ließen jedoch die zuständige

Stelle wissen, dass wir niemandem ein Quartier verweigern würden, auch wenn es die Polizei missbilligte; wir würden einer heimatlosen Person niemals die Türe verschließen. Der ganze Sinn unseres Zeugnisses würde verloren gehen, wenn wir nicht gewillt wären, einem Menschen in Not ein Nachtquartier zu geben. Das Wichtigste aber ist die Liebe. Paulus sagt, selbst wenn wir all unseren Besitz den Armen würden, hätten aber keine Liebe, so wäre 1.Kor 13,3   alles nichts nütze.

In den ersten Jahren des Bruderhofs kamen öfter junge Mädchen zu uns, die ein Kind erwarteten und auf der Suche nach einer Bleibe waren. Mein Vater lud sie ein, wenigstens zwei oder drei Nächte bei uns zu verbringen. Manche dieser Mädchen waren von ihren Eltern hinausgeworfen worden und blieben bei uns, bis ihre Babys geboren waren.

Es kamen auch Trinker und Diebe zu uns, und Leute, die von der Polizei gesucht wurden. Einmal wohnte ein Mann bei uns, der einen Mord begangen hatte und deshalb zwanzig Jahre lang im Gefängnis gesessen hatte. Meine Eltern machten sich keine Sorgen über die eventuellen Folgen, die uns Kindern dadurch entstehen könnten. Aber wir waren niemals sexueller Unreinheit ausgesetzt. Unanständiges Benehmen seitens der Menschen, die wir aufnahmen, hat mein Vater nicht geduldet.

Keiner dieser Menschen hat sich uns angeschlossen, und ich glaube nicht, dass auch nur einer von ihnen an uns als Gemeinde interessiert war. Sie waren einfach obdachlos. Aber mein Vater verweigerte keinem von ihnen ein Dach über dem Kopf. Im Hebräerbrief 13,2 heißt es, einige haben, ohne es zu wissen, Engel beherbergt, als sie Fremde aufnahmen.

Wir erleben eine Umwälzung in unserem Land, und die extreme Rechte ist sehr aktiv.[*] Gleichzeitig sind andere, die sich eindeutig für die Ideale von Gerechtigkeit und Frieden unter den Menschen und Nationen einsetzen, auch sehr aktiv. Wir dürfen nicht daneben stehen. Wenn Menschen für ihre Überzeugung ins Gefängnis gehen oder ihr Leben hingeben, müssen wir tiefe Achtung und Ehrfurcht davor haben. Aber wir sollten ein noch tieferes Verlangen haben nach einer Gerechtigkeit, die größer ist als die, die auf die Menschenrechte gegründet ist.

Mich beschäftigt ein Vorfall, der in unserer Nähe geschehen ist, und ich weiß nicht, wie wir darauf reagieren sollen.[**] Ein Mann aus unserer Nachbarschaft wurde durch Schläge auf den Kopf verletzt, weil er antisemitische Plakate entfernte. Wie sollen wir gegen eine solche Gewalttat protestieren? Und wie sollen wir Zeugnis für Liebe und Gerechtigkeit geben?

---

[*] gesprochen im Juni 1964, einige Monate nach der Ermordung John F. Kennedys am 22. November 1963

[**] gesprochen im April 1964

Auf der einen Seite besteht die Gefahr, sich zu sehr in die Politik einzumischen – das ist nicht unsere Aufgabe. Andererseits können wir nicht schweigen, wenn in unserer Nachbarschaft ein solches Unrecht passiert. Es ist unmöglich, hier mit den Schultern zu zucken und zu behaupten, es sei nicht unsere Angelegenheit. Ich habe in den 1930er Jahren in Deutschland gelebt – ich weiß, was es bedeutet, wenn Leute in solchen Situationen schweigen. Hitler konnte in Deutschland nur deshalb an die Macht kommen, weil zu viele Leute sich nicht getraut haben zu protestieren oder sich einzumischen.

Die Welt bewegt sich in eine sehr bedenkliche Richtung. Das Wettrüsten bedeutet, dass die Menschheit sich auf einen Massenmord vorbereitet, wie ihn die Welt noch nicht gesehen hat. In Vietnam werden jeden Tag Menschen gefoltert, verwundet und getötet.* Wo liegt unsere Verantwortung? Dieser Frage müssen wir uns ganz offen stellen. Wir haben sehr wenig getan. Wir haben uns an den Protestmärschen gegen den Rassismus im Süden der USA beteiligt, und wir haben uns offen gegen den Krieg in Vietnam ausgesprochen. Wir haben mit Senatoren und Abgeordneten im Repräsentantenhaus gesprochen und ihnen unsere ernsten Anliegen vorgelegt. Aber das alles ist sehr wenig.

Vergangenheit, Gegenwart und Zukunft liegen in Gottes Hand, und wenn wir unser Leben Gott geben,

---

*gesprochen im August 1965, während des Vietnam-Krieges (1964–1969)

müssen wir bereit sein zu leiden und sogar zu sterben.
Männer wie Michael Schwerner* sind für ihre Überzeugung gestorben, dass die Liebe unter den Menschen
gestärkt werden muss. Wir sollten auch bereit sein zu
leiden und zu sterben, wenn Gott das von uns verlangt.

Unsere Herzen sind klein – ich weiß es von mir
selbst – doch wenn wir uns von Gott bewegen lassen,
dann finden wir die Antwort auf die Frage nach unserer
Verantwortung. Jeder andere Weg wird in die Irre
führen. Wenn Gottes Liebe unsere Herzen bewegt, wird
unser Leben neue Tiefen und Höhen erfahren, und Gott
wird uns führen, das Richtige zu tun. Aber wir müssen
ihn darum bitten, unsere Herzen zu bewegen – heute,
morgen und jeden Tag.

Gleichgültigkeit angesichts von Ungerechtigkeit ist
eine schreckliche Sünde. Deshalb haben wir große
Achtung vor der schwarzen Bürgerrechtsbewegung.
Viele Menschen in dieser Bewegung bringen Opfer für
die Gerechtigkeit, einige haben sogar ihr Leben geopfert. Aber der Kampf um Bürgerrechte als solcher wird
das Reich Gottes nicht herbeiführen. Das dürfen wir
nicht aus den Augen verlieren, trotz unserer Achtung
vor denen, die alles dafür geopfert haben. Etwas viel
Größeres muss geschenkt werden, etwas, das wir nicht
machen können: die gewaltige Atmosphäre des Geistes
Jesu, die die ganze Welt durchdringen muss.

---

* Junger Bürgerrechtskämpfer, der 1964 in Staate Mississippi ermordet wurde.

Die Ungerechtigkeit nimmt weiterhin zu, gerade deshalb wollen wir an der Hoffnung auf das Reich Gottes festhalten. Lasst uns versuchen, diesem Reich entsprechend zu leben, um der Welt eine neue Gerechtigkeit zu zeigen, die sogar die Liebe zum Feind einschließt. Hier liegt die Antwort auf die große Not unserer Zeit in der ganzen Welt, und besonders in Bezug auf das politische Leben und die Rassenfrage in Amerika.

Daniel und die anderen Propheten, wie auch Johannes im Buch der Offenbarung, sprechen von den „letzten Tagen" ehe das Reich Gottes kommt, in denen der Menschheit schwere Gerichte bevorstehen. Die Hungersnöte und Seuchen jedes Jahrhunderts, die Verfolgung unserer täuferischen Vorfahren und unzähliger anderer kleiner Gruppen, der Dreißigjährige Krieg und der Völkermord an den amerikanischen Ureinwohnern sind alles Beispiele enormen Leidens, in denen sich viele dieser Prophezeiungen vom kommenden Gericht erfüllen. Dazu gehören auch der Erste und der Zweite Weltkrieg, in denen vielleicht die schrecklichsten Gräuel geschahen, die die Menschheit bis dahin gesehen hat. Die letzten Tage haben schon begonnen.

Es gibt so unendlich viel Not auf der Welt, viel mehr als uns bewusst ist. Manches ist wirtschaftlicher und sozialer Natur, aber in einem tieferen Sinn handelt es sich um eine innere Not, die durch die dunklen Mächte der Ungerechtigkeit, des Mordes und der Untreue im Leben der Menschen hervorgerufen wird. Früher glaubten manche von uns, dass durch politische und soziale Maßnahmen radikale Veränderungen in unserer Gesellschaft herbeigeführt werden könnten und dass dadurch diese Not beseitigt würde. Aber wie wir immer wieder gesehen haben, verfangen sich die verantwortlichen Politiker der heutigen Welt im Netz ihrer Unehrlichkeit. Der kalte Dollar herrscht, Unreinheit und Untreue sind weitverbreitet.

Wir wissen, dass unsere wenigen Bruderhöfe die Welt nicht verändern werden, aber Christus kann es. Wir wollen uns ihm freiwillig hingeben. Er verlangt unsere ganze Persönlichkeit und unser ganzes Leben. Er kam, die Welt zu retten, und wir glauben, dass er – nicht ein menschlicher Führer – eines Tages die Welt regieren wird. Für ihn leben wir, für ihn geben wir alles hin, für ihn sind wir bereit zu sterben.

Mission

Unser tiefstes Verlangen ist es, als ganzer Kreis der Gemeinde anderen suchenden Menschen die Hand zu reichen. Das bedeutet jedoch nicht, dass wir jetzt alle losfahren, um irgendwo über unseren Glauben zu predigen. Echte Sendung muss von Gott geschenkt werden, sie muss in uns brennen und uns zu Menschen führen, die offene Ohren haben. Wir dürfen die Leute nicht einfach anpredigen. Wir wollen persönliche Begegnungen finden, so wie sie nicht von uns gemacht werden können. Nur Gott kann uns das richtige Wort für die richtige Person zur richtigen Zeit geben.

Es liegt uns nicht daran, Mitglieder für den Bruderhof zu werben, wie manche Leute meinen. Wenn das der Fall wäre, dann würde unsere Bewegung bald Schiffbruch erleiden. Wir wollen sammeln, weil Jesus uns den Auftrag zum Sammeln gab.

Mt 12,30; 23,37

Als mein Bruder Hardy in den dreißiger Jahren an der Universität Tübingen studierte, bat ihn mein Vater, einige öffentliche Vorträge für ihn in die Wege zu leiten. Hardy sorgte für große Plakate mit der Bekanntmachung, Dr. Eberhard Arnold werde über den Bruderhof sprechen. Als mein Vater das sah, protestierte er heftig: „Das werde ich mit Sicherheit **nicht** tun. Ich will von der Sache Gottes sprechen. Den Bruderhof werde ich nicht einmal erwähnen." Das muss unser Hauptanliegen sein: die Sache Gottes.

Wir wünschen uns, in engeren Kontakt mit vielen
Menschen zu kommen, doch über all unserem Hoffen
und Streben muss das Verlangen stehen, dass zu jeder
Stunde und an jedem Ort nicht unser Wille, sondern
Gottes Wille geschehe. Dem wollen wir uns willig fügen.
Die letzten Jahre haben uns gezeigt – oder hätten uns
zeigen müssen – wie unfähig, wie sündhaft, wie machtlos
wir sind. Die Mission hängt allein davon ab, ob unser
Glaube lebendig ist.

Lasst uns wachsam sein, damit wir nicht aus eigener
Kraft Mission betreiben. Es wird genug gepredigt in der
Welt. So viele Menschen ziehen los und predigen aus
eigenen Stücken. Ich bin ganz und gar für Mission, aber
nur, wenn es Gottes Wille ist, der uns bewegt, und nicht
unser eigenes Ich.

In der Urgemeinde, die eine besonders lebendige Mission betrieb, gab es zwei wesentliche
Voraussetzungen: die Gläubigen waren eines Sinnes, sie
waren ein Herz und eine Seele, und sie waren bußfertig.
Diese Einstimmigkeit von Herz, Seele und Geist und
gleichzeitig die Demut und Bußfertigkeit des Paulus
müssen wir finden.

Dem Missionsauftrag können wir nicht entgehen.
Damit eine Gemeinde am Leben bleibt, müssen
Sendboten ausgesandt werden, möglichst zu zweit
wie in der Urgemeinde oder bei den Täufern des 16.

Jahrhunderts. Die Stadt muss hoch auf dem Berg stehen, das Licht muss weit hinausscheinen.

Kann die Welt an den Kirchen von heute erkennen, dass Jesus Christus vom Vater in die Welt gesandt wurde? Haben wir nicht eine ungeheure Verantwortung? Jesu letzten Worte an seine Jünger waren: „Gehet hinaus in alle Welt und predigt das Evangelium aller Kreatur. Wer da glaubt und getauft wird, der wird selig werden; wer aber nicht glaubt, der wird verdammt werden."

Mk 16,15–16

Dass es noch einmal ein Pfingsten geben wird, wo Tausende an einem Tage getauft werden, ist recht unwahrscheinlich. Aber unser Anliegen ist es, dass die Saat Jesu in unserer verdorbenen Gesellschaft ausgesät wird, auch wenn wir es Gott überlassen müssen ob die Saat aufgeht und Frucht trägt. Die zwölf Apostel haben viel erreicht: sie waren von Christus bevollmächtigt. So etwas ist seitdem niemals wieder geschehen.

Ich weiß, dass Mission nicht erzwungen werden kann, aber es ist mein tiefes Verlangen, dass die Saat ausgesät werde, dass die Menschen erwachen, dass sie Jesus lieben und sein Wort halten. Dann wird er zu ihnen kommen und unter ihnen wohnen.

Lasst uns darum bitten, dass wir, so oft wir den Namen des Herrn erwähnen und sein Evangelium verkünden, es mit der Glut des Heiligen Geistes tun. Das ist es, was unserer Zeit nottut, was unsere arme Erde braucht, die von Gottes Sohn heimgesucht wurde und nicht von ihm vergessen ist.

Das Kreuz ist tief in die Erde gepflanzt. Es ragt zum Himmel hinauf, und seine ausgebreiteten Arme zeigen uns, wie Christus nach allen Menschen hungert und dürstet. Er hat gesagt: „Wenn ich erhöht sein werde von der Erde, so will ich alle Menschen zu mir ziehen."

Joh 12,32

Es scheint einen gewissen Widerspruch in unserem Leben zu geben. Einerseits möchten wir die ganze Menschheit in die Arme schließen. Wir würden am liebsten Tausende, ja Millionen von Menschen überzeugen, als Brüder und Schwestern in Christus zu leben; so viele wie möglich sollen zu uns kommen, damit wir alles mit ihnen teilen können. Wir hoffen auch, dass unser missionarischer Drang immer stärker wird. Auf der anderen Seite sind uns zwei oder drei wirklich engagierte Menschen lieber als hunderte, die gleichgültig sind. Das Salz unseres Zeugnisses darf nicht verloren gehen. Lieber bleiben wir eine kleine Schar von Menschen, unter denen echte Liebe und wahrer Glauben an Christus lebt, als eine Massenbewegung, die von Hass und Neid durchsetzt ist.

In den ersten drei Evangelien heißt es, dass die zwölf Apostel mit den Worten ausgesandt wurden: „Gehet hin und macht zu Jüngern alle Völker: Taufet sie in

Mt 28,19; Mk 16,15 den Namen des Vaters und des Sohnes und des heiligen

Lk 24,47
Geistes." Im Johannesevangelium spricht Jesus von einer anderen Art Sendung: „Damit sie alle eins seien. Wie du, Vater, in mir bist und ich in dir, so sollen auch sie in uns eins sein, damit die Welt glaube, dass du mich Joh 17,21 gesandt hast."

Das ist heute für uns besonders wichtig. Hier legt Jesus den Schwerpunkt nicht auf das Predigen des Evangeliums, um die Weltmenschen zu gewinnen, sondern auf die Einheit seiner Nachfolger: „Damit sie alle eins seien, dass die Welt glaube, dass du mich gesandt hast." In diesem Gebet Jesu wird deutlich, dass Mission in der Einheit der Jünger besteht.

Einheit kostet Kampf; sie wird durch Leiden und durch Gemeindezucht teuer erkauft; sie setzt voraus, dass wir immer wieder vergeben, lieben und vertrauen, auch denen, die uns verletzt oder geschadet haben.

Wenn die Einheit stark unter uns ist, dann wird sie in die Welt hinausstrahlen – wie, das wissen wir nicht, aber wir wissen, es wird geschehen.

Es muss mehr und mehr Liebe von unserem Kreis ausgehen, damit wir als einmütige Gemeinde Missionare aussenden können. Solange wir dazu nicht imstande sind, leben wir nicht um der Liebe willen allein. Wenn wir keine Kraft für die Mission übrig haben, so ist das ein Zeichen, dass unsere Gemeinde noch nicht völlig der Liebe hingegeben ist. Und das sollte uns bescheiden machen.

Wir leben in Gemeinschaft, weil wir Brüder und
Schwestern sein wollen. Das ist unsere oberste Berufung:
Bruder zu sein, auch den Armen und Anspruchslosen,
damit keiner auf den anderen herabblickt und niemand
in seiner Not vergessen wird. Wir sind da, um für unsere
Kinder, unsere Brüder und Schwestern, unsere Alten,
Witwen und Waisen zu sorgen. Es ist nicht unsere erste
Aufgabe, Menschen aus den Elendsvierteln herauszu-
holen. Dadurch könnte der wesentliche Auftrag sogar
zerstört werden, indem wir uns zerstreuen und alles
auseinanderfällt. Dann würde aus dem Bruderhof
eine der vielen Organisationen, die besonders für die
Sozialarbeit eingerichtet sind.

Betrachten wir unser Leben der Nachfolge einmal im
Mt 10,8 Lichte der Worte Jesu über die Erweckung der Toten
Mk 16,15–18 und die Austreibung von Dämonen. Hier zeigt es sich,
wie arm an Geist wir als Gemeinde sind. Das ist ein
Grund zur Demut, aber nicht zur Resignation.

In seinem letzten Brief schrieb mein Vater: „Zu einer
rechten Aussendung sind wir [der Bruderhof] noch
nicht gelangt. Sie zu erbitten, wird immer dringender."
Er hoffte immer, dass die apostolische Sendung – die
Auferweckung der Toten und die Austreibung von
Dämonen – in unserer Zeit neu geschenkt werde.
Es kam ihm nicht darauf an, dass sie ihm persönlich
oder dem Bruderhof geschenkt würde, wenn sie nur
irgendwo geschähe.

Aus einem Brief: Obwohl mir die apostolische Sendung – in die Straßen und Gassen zu gehen und die Menschen zu dem großen Fest in Gottes Reich einzuladen – ein innerstes Anliegen ist, so weiß ich, dass jeder Tag, in wahrer Einheit gelebt, auch Sendung ist. Lies einmal Johannes 17 in diesem Sinn: An der Einheit und Liebe seiner Jünger untereinander soll die Welt erkennen, dass Jesus vom Vater gesandt wurde. Ist das nicht großartig? Wenn wir uns erst einmal zu einer solchen Einheit durchkämpfen, dann kann Gott uns die Kraft für beide Arten der Sendung geben, und alle Schwestern und Brüder werden daran teilnehmen.

Joh 17,21

Aus einem Brief: Die Schärfe Jesu, als Teil des Evangeliums, wird in der heutigen Christenheit nicht mehr gepredigt. Johannes der Täufer begann seine Botschaft mit den Worten: „Ihr Schlangenbrut, wer hat euch denn gewiss gemacht, dass ihr dem künftigen Zorn entrinnen werdet? Seht zu, dass ihr rechtschaffene Frucht der Buße bringt! Denkt nur nicht, dass ihr von euch sagen könnt: Wir haben Abraham zum Vater!"

Mt 3,7–9

Ich halte es für meine innere Berufung und Pflicht, das Evangelium mit der gleichen Schärfe zu verkündigen, aber auch mit der gleichen Güte und Barmherzigkeit, die wir im Neuen Testament finden.

Jesus sandte seine Apostel unter dem Zeichen des Lammes aus. Jeder, der einmal unter Druck gestanden

Lk 10,3

hat, besonders unter religiösem Druck, weiß warum er
das tat. Noch klarer wird das an der Taube, dem Symbol
des heiligen Geistes. Wie eine Taube kam der Geist auf
Jesus herab, ohne Gewalt oder Druck auszuüben, nichts
Böses im Sinn, unfähig anzugreifen oder den freien
Willen zu unterdrücken.

Das ist der Charakter der apostolischen Sendung:
kein Zwang, kein Druck, keine Überredung. Niemals
darf eine starke Persönlichkeit die schwächere unterdrücken. Harmlos wie eine Taube muss sie sein. Und
doch, neben den Worten Jesu: „Seid unschuldig wie die
Tauben", steht: „Seid klug wie die Schlangen."

Mt 10,16

Was unsere Teilnahme an den derzeitigen sozialen
Protestbewegungen angeht, so hoffe ich sehr, dass wir
feinfühlig genug sind um zu unterscheiden, was an
solchen Aktionen von Gott her kommt und was nicht,
und das Erstere zu fördern, aber das Letztere abzulehnen.
Wir brauchen die Offenheit, etwas Neues aufzunehmen,
gleichzeitig aber müssen wir ein Zeugnis wahrer
Gemeinde geben.

In unserer korrupten Zeit ist es die Verantwortung
der Gemeinde, die Menschen zu einem Leben in
Gott und in Jesus aufzurufen. Wenn wir die heutige
Gesellschaft betrachten, dann sehen wir, wie verdorben
die Menschheit ist, – eine Menschheit, in der keine Rede
von Versöhnung mit Gott ist. Die Versöhnung mit Gott

kann nur durch das Kreuz geschehen. Ohne Jesus, ohne sein Leiden und seinen Tod, kann kein Mensch den Weg zu Gott finden.

Ich bin dankbar, dass unter uns die Sehnsucht nach der apostolischen Sendung lebendig ist. Aber solange wir nicht von Gott gesandt werden, wie Paulus von Gott gesandt war, werden wir niemals in der Lage sein, auf Mission zu gehen, auch nicht im bescheidensten Rahmen. Paulus berichtet von seiner Bekehrung, dass Jesus ihn gesandt habe, „die Augen der Menschen zu öffnen, damit sie aus der Finsternis ins Licht kommen, aus der Gewalt Satans zu Gott. So werden sie die Vergebung der Sünde empfangen und das Erbteil samt denen, die geheiligt sind durch den Glauben an mich."

Apg 26,18

Das ist der Sinn der Sendung. Es ist klar, dass sie niemals ein menschliches Unternehmen sein kann. Ohne eine tiefe innere Beziehung zu Gott, zu Christus und zu seiner Gemeinde sind wir unfähig dazu, absolut unfähig.

Das Reich
Gottes

Jesus

Jesus war der leidende Knecht. Von seiner Geburt in einem elenden Stall, bis zu seinem Tod am Kreuz zwischen zwei Verbrechern, war sein Leben der reinen Liebe geweiht. Er war wahrer Mensch und wahrer Gott; er war das fleischgewordene Wort; er war der Sohn Gottes, aber er nannte sich selbst den „Menschensohn".

Jesus Christus ist der Erlöser, der zu uns schwachen sündhaften Menschen kommt. Er befreit uns von Sünde und von dämonischen Mächten. Er macht uns zu wahren Menschen. Er ist der Heiland, der Arzt, der umsonst heilt. Er ist der wahre Weinstock, der lebendige Baum. Er ist derselbe gestern, heute und in alle Ewigkeit. Jesus ist die Seele der Barmherzigkeit, der Menschenfreund, der Rufer zu einem neuen Leben. Er ist der wahre und gute Hirte, der König des Gottesreiches. Er heißt Wunderbare Kraft, Mächtiger Gott, Ewiger Vater, Friedefürst.

Christus ist die Kraft der Sammlung: „Wie oft habe ich deine Kinder versammeln wollen wie eine Henne ihre Küken unter ihre Flügel, und ihr habt nicht gewollt." Sein letztes Gebet galt seinen Jüngern: er bat um Einheit und Liebe unter ihnen. Das neue Leben in Christus überwindet jegliche Trennung, es führt zur Gemeinschaft unter den Menschen, so dass sie ein Herz und eine Seele werden. Christus ist die Offenbarung der Liebe Gottes und seines Reiches.

Mit Herz und Seele müssen wir diesen Jesus erfahren. Und noch mehr: Wir müssen ihn erfahren als den Herrn über alle Dinge, König über alle Welten Gottes. Mit

Lk 13,34

Joh 17,21

unserer ganzen Konzentration müssen wir uns auf ihn, den Kommenden und auf die Erscheinung seines Reiches richten.

Aus einem Brief: Ich weiß, dass du Schwierigkeiten mit manchen biblischen Aussagen über Christus hast. Willst du aber nicht den ganzen Christus, dann wird dir auch der Teil, den du akzeptierst, durch die Finger gleiten, und du wirst mit leeren Händen dastehen. Ich bitte dich aus Liebe und Anteilnahme, nimm dir das zu Herzen.

Letztlich kommt es darauf an, dass du den von der Jungfrau Maria durch den Heiligen Geist geborenen Jesus Christus annimmst, dem alle Macht im Himmel und auf Erden gegeben ist, der auf die Erde kam, um das ganze Weltall mit Gott zu versöhnen, indem er Frieden stiftete durch sein Blut am Kreuz.

Kol 1,20

An Christus glauben heißt, dass wir gewillt sind, die geheimnisvollen Dinge zu glauben, die wir weder sehen noch fühlen noch mit unserem Intellekt wahrnehmen können.

Manchmal frage ich mich, ob wir den ganzen Christus genügend erfassen. Für jeden Christen – für den einzelnen wie für die Kirchen – besteht die Gefahr, nur einen Teil von Christus anzunehmen und dem treu zu sein. Den ganzen Christus müssen wir finden, dem ganzen Christus müssen wir dienen.

Es ist nicht meine Sache zu verkündigen: „Dieses hier ist der ganze Christus." Und wenn wir das ganze Evangelium auswendig lernten, so könnten wir doch nicht sagen, dass wir den ganzen Christus haben. Nur der Heilige Geist vermag ihn uns zu bringen.

Jesus sieht das Böse in einem Menschen so scharf und klar, dass man meinen könnte, er habe keine Liebe zu ihm; aber seine Hoffnung für ihn ist so groß, als wäre nichts Böses in ihm. Im Neuen Testament finden wir sowohl scharfe Worte von der ewigen Verdammnis wie auch Worte von barmherziger Liebe. Alles an Jesus müssen wir lieben – seine Schärfe und seine Barmherzigkeit.

Wenn wir uns nach seiner Schärfe ausstrecken, dann werden unsere Herzen gereinigt und beschnitten. Wir könnten jedoch nicht einen Tag leben, wenn seine Liebe, seine Barmherzigkeit und Gnade nicht noch größer als seine Schärfe wären.

Es ist ein Fehler zu glauben, Jesus sei nur tapfer und stark gewesen. In Schwachheit wurde er gekreuzigt. Das ist ein
2.Kor 13,4   tiefes Geheimnis. Um unseretwillen wurde er schwach, um der Sünde der Welt willen, um Versöhnung und den Sieg Gottes auf die Erde und in den Himmel zu bringen. Und darum lieben wir ihn.

In Schwachheit wurde Jesus gekreuzigt, jetzt aber lebt er in der Kraft Gottes. Auch wir sind schwach, wie er es

war, aber durch die Kraft Gottes dürfen wir eins mit
ihm werden und die Fülle des Lebens erlangen.
Sind wir aber stolz, dann können wir nicht in
der Kraft Gottes leben. Als starke und geistig große
Menschen stehen wir Gott im Weg. Sind wir aber
schwach, so ist das kein Hindernis.

Im 15. Kapitel des Johannesevangeliums spricht Jesus aus
dem Innersten seines Herzens über die Einheit seiner
Nachfolger. Er spricht von sich selbst als dem Weinstock
und von seinem Vater als dem Winzer, der jede Rebe
abschneidet, die keine Frucht bringt; und jede Rebe, die
Frucht bringt, reinigt er, dass sie mehr Frucht bringe.

Der Herr schneidet uns nicht so vollständig ab, dass
wir vertrocknen; er reinigt uns vielmehr und bindet
uns erneut an seinen Weinstock. Diese Erfahrung von
Gericht und Strafe müssen wir durchmachen, denn Jesus
sagt, wer Frucht bringt, den reinigt er.

Wenn der Winzer die Reben reinigt, so gebraucht
er dazu ein Messer. Wir müssen ihn darum bitten, dass
sein Messer tief in unsere Herzen schneide, und wenn es
noch so weh tut, damit wir, so von ihm gereinigt, auf den
einen Weinstock aufgepfropft werden können.

Unser Heiland hat es versprochen: „Bleibet in mir,
und ich werde in euch bleiben." Möchten wir doch alle in
ihm bleiben und er in uns, das ist mein tiefes Anliegen.
Es gibt nichts Größeres, nichts Schöneres, nichts
Beglückenderes als die Einheit mit Jesus Christus.

Joh 15,4+7

Als die Engel den Hirten erschienen, verkündigten
sie: „Euch ist ein Kind geboren. Ein Sohn ist euch

Lk 2,11 geschenkt." Lasst uns dieses Wort zu Herzen nehmen:
Euch ist ein Kind geboren. Es handelt sich nicht nur
darum zu glauben, dass in Bethlehem ein Kind geboren
wurde, sondern: *Euch* ist ein Kind geboren. Das dürfen
wir ganz persönlich glauben – Jesus kam für jeden
einzelnen von uns.

Das Leben Jesu begann in einem Stall und endete am
Kreuz zwischen zwei Verbrechern. Paulus sagte, er wolle
nichts anderes verkündigen, als diesen gekreuzigten

1.Kor 2,2 Christus. Auch wir haben nichts, woran wir uns halten
können, als diesen Christus. Wir müssen uns immer
wieder fragen: Sind wir gewillt, seinen Weg zu gehen,
vom Stall bis zum Kreuz?

Als seine Jünger erwarten uns keine angenehmen
und guten Zeiten. Jesus sagt, wir müssen uns selbst
verleugnen und mit ihm und für ihn leiden; das ist der
einzige Weg, ihm nachzufolgen. Dahinter aber liegt die
Herrlichkeit des ewigen Lebens – die glühende Liebe
Gottes, die so viel größer ist als unser Herz und unser
eigenes Leben.

Aus einem Brief: Jesus war ein starker Mann in einem
ganz neuen Sinn: er war gleichzeitig sehr schwach
und sehr stark. Er schämte sich nicht, Tränen über
Jerusalem zu vergießen; er hatte Jerusalem sammeln

Mt 23,37
wollen, wie eine Henne ihre Küken. Er empfand es
nicht als Schande, bei der Erweckung des Lazarus
Joh 11,35 öffentlich zu weinen, auch nicht, in Gethsemane seine
Mt 26,36–41 Qualen zu bekennen. Im weltlichen Sinne sind das keine
Merkmale eines „starken" Mannes. Doch die Liebe
Mt 27,46 Jesu war so stark, dass er die furchtbarsten Schmerzen,
Lk 22,44 ja die Gottverlassenheit ertragen konnte. In dieser
Kraft erfüllte er den Auftrag, der ihm von seinem Vater
gegeben war.

In wahrer Schwachheit werden wir machtlos, und
in wahrer Machtlosigkeit finden wir Kraft. Das ist
das Geheimnis.

Jeder von uns muss ein ganz persönliches Verhältnis
zu Jesus finden. Als junger Mann konnte ich es nicht
verstehen, warum das Gefühl von Freude und Liebe,
das ich in den ersten Wochen nach meiner Bekehrung
hatte, nicht anhielt. Das beunruhigte mich sehr. Als ich
meinen Vater danach fragte, sagte er: „Du kannst dein
Christentum nicht auf Gefühle bauen. Es gibt Zeiten, in
denen man einfach nachfolgen muss, ohne tiefe Gefühle."
Paulus vergleicht das Verhältnis Jesu zu seiner
Gemeinde mit der Ehe, in der es Zeiten voller Freude
und Zeiten voll Kummer gibt. Das Wichtigste dabei
ist die Treue. Unsere Gefühle werden nicht ständig die
gleichen bleiben.

Wenn wir zur ersten Liebe zurückgerufen werden,
kann uns ein gewaltiges Glücksgefühl erfüllen, ein
Geschenk von Gott. Dieses Gefühl wird nicht ein Leben

lang anhalten. Sind wir aber treu, dann bleibt unser
Verhältnis zu Christus bestehen, selbst in Zeiten von
Schmerz und Tränen, Kummer und innerer Leere.

Jesus sagt: „Wer mich liebt, wird sich nach meinen
Worten richten. Ich werde mit meinem Vater zu ihm
kommen und wir werden bei ihm wohnen." Es gibt

Joh 14,23

nichts Intimeres als in dem Herzen eines anderen
zu wohnen.

 Jesus sagt auch: „Wer mein Blut nicht trinkt und
mein Fleisch nicht isst, kann nicht zu mir gehören." Sein

Joh 6,53

Evangelium ist die Botschaft der vollkommenen Einheit,
sie schließt alle Halbherzigkeit aus. Jesus zieht das

Offb 3,15

eiskalte Herz dem lauwarmen vor.

Wenn wir jemanden liebhaben, dann möchten wir sein
Allerinnerstes kennen. Ihn nur von außen her zu kennen,
genügt uns nicht. So verhält es sich mit unserer Liebe
zu Gott. In der Hingabe an ihn lernen wir sein innerstes
Wesen kennen, den Charakter seiner Liebe. Es genügt
nicht, nur von Gott zu sprechen. Wir erwarten seine
Offenbarung.

Hebr 12,6

 Die Bibel sagt, wen der Herr liebt, den züchtigt er.
Deshalb wollen wir Gott danken, wenn er uns züchtigt, denn es ist ein Zeichen seiner Liebe. Die völlige
Befreiung, die uns durch die Vergebung der Sünden
zuteil wird, werden wir nicht erleben, solange wir
nicht die Schärfe Jesu annehmen. Erst wenn wir ihn

ganz annehmen, werden wir auch seine Güte, seine Barmherzigkeit und seine unendliche Liebe erfahren.

Es gibt eine gewisse Art der Beziehung zu Jesus, die wir ablehnen, eine rein subjektive Beziehung, in der die Größe Gottes und der Gemeinde außer Acht gelassen wird, so als ob es nur auf *meine* Seele und *meine* Rettung ankäme. Es wäre jedoch falsch, ein persönliches inniges Verhältnis zu Jesus prinzipiell als subjektiv abzulehnen. Seine Liebe, sein Tod am Kreuz, seine Vergebung – das alles muss uns zu einer ganz unmittelbaren Erfahrung werden.

In Christus ist alles gegeben, was wir brauchen um Gott zu finden. Aber es nützt uns nichts, wenn wir es nur mit dem Verstand erkennen, ebenso wenig wie es eine Hilfe ist, die Bibel auswendig zu lernen oder lange Gebete aus dem Gedächtnis aufzusagen. Im Grunde unseres Herzens müssen wir von Jesus angerührt werden, dann wird er uns durch seine Person beleben. Das meint er mit dem Wort vom Essen seines Leibes und vom Trinken seines Blutes. Es ist das Gegenteil einer rein verstandesmäßigen Erfahrung, es ist eine Erfahrung aus der Tiefe des Herzens.

Mt 26,26–28

Den Juden war der Gedanke, Jesu Blut zu trinken und
sein Fleisch zu essen, ein Ärgernis, denn das Gesetz Mose
verbot ihnen, Blut zu trinken. Aber Jesus wollte seinen
Jüngern eine Einheit und Gemeinschaft zeigen, die nur
mit Fleisch und Blut zu vergleichen war: nämlich die
ewige Gemeinschaft mit ihm im Königreich Gottes.

Wahre Nachfolge verlangt von uns, Jesus so sehr zu
lieben, dass jede andere Liebe, auch die Liebe zu Frau
und Kindern, gering ist im Vergleich. So sehr sollen
wir ihn lieben, dass selbst der kleinste Teil seiner
Botschaft uns von größter Bedeutung ist. Deshalb sollen
wir alles an ihm lieben; seinen Tod ebenso wie seine
Auferstehung, sein Gericht ebenso wie sein zukünftiges
ewiges Königreich.

Sein innerstes Wesen ist es, das wir lieben sollen,
wie er es in seinem Leben und Sterben geoffenbart hat.
Dieses innerste Wesen nennt die Bibel Geist Gottes. Die
größte Aufgabe eines Christen ist es, Jesus zu lieben, ihn
zu erkennen und sein innerstes Wesen zu erfassen.

Den ganzen Jesus müssen wir lieben: seine Taten und
seine Worte, seine Gleichnisse; die Weigerung, irdische
Güter anzusammeln; die Reinheit seines Herzens und
die Treue der Beziehungen; seine Traurigkeit und sein
Schmerz über die Ungerechtigkeit der Menschen, seinen
Tod mit den Verbrechern. Am meisten aber sollen wir
ihn selbst, seine Person lieben, sein Herz und sein Blut.

Mt 9,12; Joh 10,14 Jesus kam als Arzt für die Kranken und als Hirte für die Verlorenen; er kam nicht für die, die sich gesund und gerecht wähnen. Jesus ist die Liebe Gottes, die auf Erden zur Tat wird. Das muss man im eigenen Herzen erfahren, um zu begreifen, dass Nachfolge Jesu Leiden bedeutet. Es kann kein bequemer Weg sein.

Aus einem Brief: Gib dich täglich der Person Jesus hin. Dann wird es dir möglich sein, für ihn zu brennen und alle Ichbezogenheit aufzugeben.

Als Jesus auf der Erde lebte, versprach er wiederzukommen und das Reich Gottes zu gründen, ein Königreich des Friedens und der Liebe. In dem Gleichnis von den zehn Jungfrauen waren fünf bereit, aber die fünf törichten hatten kein Öl in ihren Lampen – keine brennende Liebe zu Gott und Menschen. Wenn sie auch die äußere Form der Lampen hatten, so war doch ihr inneres Feuer erloschen. Und Jesus sagte, er kenne sie nicht, und Mt 25,1–13 so konnten sie keinen Anteil am Königreich haben.

Dieses Gleichnis meint uns, es bezieht sich auf unsere Zeit: Es ist nun schon fast zweitausend Jahre her, seit Jesus auf die Erde kam, und wir haben uns an das Warten gewöhnt. Die Welt geht weiter ihren Lauf. Aber die Zeit wird kommen, wenn wir uns wünschen werden, wir hätten Öl.

Wenn wir Nachfolger Christi sein wollen, dann müssen wir bereit sein, alles im Glauben zu erdulden und alles hinzugeben, so wie er es tat. Immer wieder, in jeder neuen Generation muss die Gemeinde die restlose Hingabe des gekreuzigten Christus verkündigen.

Aus einem Brief: Ich danke Gott, dass du etwas von der Wirklichkeit Jesu in deinem Leben verspürst. Erhalte diese kleine Flamme am Leben und lasse sie wachsen. Jesus kann nur so weit in dein Herz kommen, wie es von anderen Dingen leer ist. Wenn ein Eimer voll Wasser ist, kann man nichts mehr hinzutun; ist er aber ausgeleert, dann kann man ihn wieder füllen. Du musst leer werden. Jesus wird dich anrühren, auch wenn er nur wenig Raum in dir hat.

Aus einem Brief: Vergiss nicht, dass dein Herz ausgeleert und geistlich arm sein muss, wenn Jesus darin walten soll. Du darfst dir kein privates Eckchen reservieren! Betrachte alle Dinge aus der Sicht Jesu, nicht aus deiner eigenen Perspektive. Was du denkst und fühlst ist unwichtig. Wichtig ist der Wille Christi. Hast du dich einmal seinem Willen hingegeben, dann wird sich deine ganze Gefühlswelt verwandeln.

Aus einem Brief: Wenn du wirklich nur Jesus dienen willst, dann zeige es in der Praxis: in der Erziehung deiner Kinder, in deiner Einstellung deinem Mann gegenüber, in deiner Haltung zur Gemeinde. Es ist nicht wahr, dass du eine arme Person bist, wie du schreibst. Ich wünschte du wärst es, denn Jesus sagt: „Selig sind die Armen im Geist." Manchmal bist du sehr reich, reich an Meinungen und reich in der Einschätzung deiner selbst. Bitte, werde *in Wahrheit* ein armer Mensch.

Mt 5,3

Aus einem Brief: Ich weiß, dass Gott dir ein warmes Herz gegeben hat, aber deine alte Natur muss sterben, damit du seine Liebe empfangen kannst. Dann kann er dich gebrauchen, so wie er dich gemacht hat. Mit Christus zu sterben bedeutet nicht, ausgelöscht zu werden. Es bedeutet, unser innerstes Wesen vor ihm auszugießen, unsere Sünden zum Kreuz zu bringen, und mit ihm, der für uns gestorben ist, eins zu werden.

Joh 12,24

Wenn ein Weizenkorn in die Erde fällt, so stirbt es. Es ist kein Korn mehr, sondern durch den Tod bringt es Frucht hervor. Darin besteht das wahre Christentum, denn diesen Weg ging Jesus, als er für jeden von uns am Kreuz starb. Wenn unser Leben eine Frucht seines Todes am Kreuz sein soll, dann dürfen wir nicht mehr einzelne Körner bleiben. Auch wir müssen bereit sein zu sterben.

Habt Christus immerfort vor Augen, so dass ihr für ihn sterben könnt! Wir alle sehnen uns danach, ihm näher

zu kommen. Deshalb wünsche ich uns allen, dass wir
in dem einen Geist und in dem einen Dienst stehen
mögen, so dass die Gnade Gottes stets mit uns ist. Wenn
dann der Tag kommen sollte, dass wir unser Blut für ihn
vergießen müssen, dann sollen wir uns darüber freuen
und werden dadurch den Sieg erringen.

Jesus verspricht uns: wenn wir ihn lieben und seine
Gebote erfüllen, dann wird er uns lieben und wird sich

Joh 14,21

uns offenbaren. Es geht hier nicht um eine Theologie
oder um eine Lehre, sondern um die Lebensfrage, die
reale Person Jesus anzunehmen, den Menschensohn, der
uns liebt und sich uns offenbaren will. Bleiben wir in
Jesus, dann wird er in uns bleiben, und wir können mit
Paulus sagen: „Ich lebe, doch nun nicht ich, sondern

Gal 2,20

Christus lebt in mir."

Wie Gott seinen Sohn in die Welt gesandt hat kann
weder erklärt noch verstanden werden. Johannes sagt

Joh 1,14

ganz einfach: „Das Wort wurde Fleisch." Dieses Wort
ist seine Liebe, die er durch den Heiligen Geist in der
Jungfrau Maria ausgoss. Nur in diesem Sinne können wir
das Geheimnis der Jungfrauengeburt begreifen.

Es ist unsere Bitte, den wirklichen Christus schauen zu
dürfen: zuerst wie er war – ein kleines Kind, in einem
Stall in Bethlehem geboren; dann ein verurteilter

Mann, auf Golgatha am Kreuz hängend, zwischen zwei Verbrechern; wie er heute ist – das Haupt aller Dinge, vor allem seiner Gemeinde; und wie er am Ende der Zeiten sein wird, wenn er kommt als Richter, die Lebenden und die Toten zu richten, und als Bräutigam bei dem großen Festmahl im Reiche Gottes.

Sind wir bereit, den gleichen Leidensweg zu gehen, den Jesus auf der Erde gegangen ist? Sind wir gewillt, uns ihm völlig hinzugeben, so dass wir bereit sind verfolgt zu werden, geschlagen und getötet zu werden um seinetwillen?

Jesus Christus! Er muss zu allen Zeiten das Zentrum bleiben; die Gemeinde darf nicht im Zentrum sein. Wir brauchen eine beständige Erneuerung von innen her, damit meine ich die ständig neue Begegnung mit Gott und mit Christus. Das muss in Gemeindeversammlungen, wie auch im Herzen jedes einzelnen stattfinden. Das Innewohnen des Vaters und des Sohnes geschieht durch den Heiligen Geist. Das ist Wiedergeburt.

Das lebendige Wort

Joh 1,1,3

„Im Anfang war das Wort, und das Wort war bei Gott, und Gott war das Wort. Alle Dinge sind durch dasselbe gemacht, und ohne dasselbe ist nichts gemacht, was gemacht ist." Durch das Wort hat Gott sich selbst geäußert. Er wurde Fleisch und wohnte als Mensch unter uns. Er war und ist der Christus. Durch sein Wort spricht Gott in das Herz der Menschen und

richtet sie. Wenn sie das Wort aufnehmen und Buße
tun – wenn sie Schmerz und Reue empfinden über ihre
Ungerechtigkeit, ihre Lügenhaftigkeit, Mord, Unreinheit
und Dunkelheit – dann bricht das Reich Gottes an.

Nichts kann uns helfen, nichts als das Wort Gottes. Mit
dem Wort meinen wir nicht den toten Buchstaben der
Bibel. Die Bibel ist das einzige Buch, in welchem die
Worte Jesu und der Propheten niedergeschrieben sind.
Das macht sie zu dem heiligsten Buch, das es gibt. Aber
die Bibel selbst ist nicht das Wort Gottes, sie zeugt nur
von ihm. Wenn wir beim Lesen der Bibel spüren, dass
Gott direkt zu unserem Herzen spricht, und unser Herz
zu brennen beginnt, *das* ist das lebendige Wort. Der

2.Kor 3,6   Geist macht lebendig, der Buchstabe tötet.
    Der tote Buchstabe des Alten und des Neuen
Testaments ist die Waffe des Antichristen. Er kommt
mit der Bibel in der Hand. Als die großen Amtskirchen
die Täufer der Reformationszeit verfolgten, kamen sie
mit der Bibel in der Hand und ertränkten, verbrannten,
enthaupteten und erhängten die Gläubigen.

Es kommt nicht darauf an, was wir über das Wort
Gottes fühlen oder denken, oder dass wir es auswendig
lernen; es würde uns auch nichts nützen, alle Worte Jesu
im Neuen Testament auswendig zu kennen. Sondern es
geht darum, dass seine Worte uns von Gott selbst ins
Herz gebrannt werden. Das ist das Evangelium.

Sind wir gewillt, das Wort Gottes zu hören, das
schärfer schneidet als ein zweischneidiges Schwert? Im
Hebräerbrief heißt es, das Wort Gottes ist lebendig, ihm
müssen wir Rechenschaft geben. Sein Schwert dringt
durch und schneidet Mark und Bein. Aber dann heißt es,
in Jesus haben wir einen, der unsere Schwächen, Ängste

Hebr 4,12–15   und inneren Nöte versteht. Wenn wir bereit sind, uns
diesem scharfen Schwert zu überantworten, so werden
wir Jesus finden. Lehnen wir ihn ab, so werden auch
wir abgelehnt.

Jesus sagt, der Mensch lebt nicht von Brot allein,
sondern von jedem Wort, das aus dem Munde Gottes

Mt 4,4   kommt. Wir haben keinen schweigenden Gott. Das
Wort ist nicht starr, als ob es aus Eisen in eine feste Form
gegossen wäre, oder als ob es in einem Buch enthalten
wäre, auch dann nicht, wenn dieses Buch die Bibel ist.

Das Wort widerspricht niemals den Propheten des
Alten Testaments, es widerspricht auch nicht dem Neuen
Testament, sondern es wird immer wieder von Gottes
Mund in das Herz von Menschen gesprochen. Ständig
bringt es uns neue Offenbarungen, und macht alles für
uns lebendig. Ohne das lebendige Wort Gottes können
wir nicht leben.

Aus einem Brief: Es freut mich, dass dir die Bibel
lebendig geworden ist. Das ist so wichtig: nicht der tote
Buchstabe – der lebendige Jesus. Wir dürfen uns nicht

so stark mit äußeren Aktivitäten beschäftigen, dass unser inneres Leben Schaden nimmt. Wenn Jesus das Zentrum unseres Lebens ist, dann wird unser inneres Leben wie eine Flamme sein, die für ihn brennt.

Der Heilige Geist

Der Heilige Geist ist wie das Wasser: er sucht den niedrigsten Ort. Er kommt nur zu den gebrochenen und demütigen Herzen.

Das große Pfingstereignis – die Gründung der Gemeinde Christi durch das Herabkommen des Heiligen Geistes – ist für uns alle ein Aufruf. Daran sehen wir, dass etwas geschehen kann, was die ganze Welt bewegt, wenn der Geist auf eine Schar wartender Jünger ausgegossen wird. Die Erwartung der Gläubigen in Jerusalem war so groß, dass an einem Tag dreitausend zu ihrer Zahl hinzugefügt wurden.

Apg 2,41

Heute brauchen wir die Gabe des Heiligen Geistes mehr denn je, wir leben in einer Zeit, in der so viele böse Geister am Werk sind, Geister der Unreinheit, der Ungerechtigkeit, des Ungehorsams, des Mordes und der Zerstörung. Wann immer wir zusammenkommen, bei der Arbeit, beim Gottesdienst, beim Singen oder Schweigen, müssen wir auf den Heiligen Geist warten. Wir wollen ihn aber nicht nur für uns erwarten, wir müssen in viel größeren Dimensionen denken. Lasst uns darum bitten, dass der Geist Gottes über die Gottlosigkeit auf der ganzen Erde hereinbricht.

Die Erwartung des Heiligen Geistes kann niemals ein persönliches Erlebnis bleiben, sie führt zu Gemeinschaft. Als der Heilige Geist über die Jünger in Jerusalem kam, wurden sie ein Herz und eine Seele. Die Liebe erfüllte sie so völlig, dass sie nicht länger für sich selbst leben konnten. Das ist das größte Geschenk: das Erlebnis der Einheit mit Jesus Christus in Gemeinschaft mit anderen.

Eph 4,4

Aus einem Brief: Es muss ein unbeschreibliches Erlebnis gewesen sein, als der Heilige Geist über die Jünger Christi ausgegossen wurde. Ihre Liebe war so groß, dass sie ein Herz und eine Seele wurden und das Evangelium Jesu Christi verkündeten, obwohl sie wussten, dass sie deshalb würden leiden müssen. Möge der Heilige Geist auch unsere Herzen entzünden, so dass wir in dieser leidenden Welt für die Sache Christi wirken können.

Apg 4,32

Im Neuen Testament wird der Heilige Geist mit einer Taube verglichen. Eine Taube ist sanft, sie will niemandem etwas antun, sie wird sich niemandem aufzwingen. Sie flieht vor den Raubvögeln. Durch den Sündenfall sind wir alle Raubvögel, und wir alle haben den Heiligen Geist vertrieben, ohne es zu wissen. Wird dem Geist Widerstand geleistet, so flieht er. Er kommt nur zu den Niedrigen, den Gebrochenen, und zu denen, die ihn suchen.

Mt 3,16

Das Kreuz

Warum war es notwendig, dass das Blut Jesu für die Vergebung der Sünden vergossen wurde? Viele Leute denken: „Gott ist so groß, so mächtig, er hätte die Menschheit ohne das Kreuz erlösen können", aber das ist ein Irrtum. Wir müssen bedenken, dass Gott nicht nur hundert Prozent Liebe ist, die es ihm erlaubt hätte, unsere Sünden ohne das Kreuz zu vergeben; Gott ist auch hundert Prozent Gerechtigkeit. Sowohl Gottes Liebe als auch seine Gerechtigkeit mussten der Engelwelt geoffenbart werden, denn es gibt nicht nur heilige, sondern auch böse Engel.

Den Sohn Gottes zu töten, das war die schlimmste Tat, die je von Menschen vollbracht wurde. Und gerade in diesem Augenblick bewies Gott uns Menschen seine größte Liebe, indem er jedem von uns die Möglichkeit gab, die Vergebung der Sünden und den Frieden mit Gott zu finden.

Aus einem Brief: Wir müssen den gekreuzigten Christus ständig in uns tragen. Um ihn zu empfangen, müssen wir immer wieder still werden vor Gott. Der Gekreuzigte will in uns leben, damit wir von diesem Innersten aus alles Äußere überwinden können. Durch ihn erhalten alle Dinge ihren wahren Sinn. Nur durch die Einheit mit dem Gekreuzigten erlangen wir den wahren Herzensfrieden. Nur durch Christus finden wir volles Vertrauen zu Gott. In Christus finden wir das schärfste

Zornesgericht über alles Böse, aber gleichzeitig die
Offenbarung seiner Gnade.

Wenn wir nicht glauben, dass es eine Macht des Bösen
gibt, dann werden wir Jesus nicht verstehen. Niemand
zweifelt daran, dass Jesus kam, die Menschen zu retten.
Aber bis wir nicht begriffen haben, dass er kam, um
sich im Kampf zwischen Gott und Satan einzusetzen,
um die Werke des Teufels zu zerstören, werden wir
die Notwendigkeit des Sühnopfers am Kreuz nicht
verstehen können.

Mit dem Gedanken, Gott sei nichts als Liebe, isolieren
wir uns von der Möglichkeit von ihm berührt zu
werden. Jeder weiß, dass Gott Sünde vergibt, aber es
wird oft vergessen, dass er sie zuvor richtet. Das moderne
Denken will nichts von dem Sühnopfer Christi wissen.
Wahrscheinlich ist es die Idee von einem ausschließlich
liebenden Gott, die uns daran hindert, uns unter sein
Gericht zu stellen. Wir möchten gerne glauben, dass
Liebe und Vergebung alles sei, was notwendig ist. Das
ist aber nicht das ganze Evangelium, damit machen wir
Gott zu menschlich.

Es ist von entscheidender Wichtigkeit, dass das Kreuz
das Zentrum unseres Lebens ist – zentral für unsere
Berufung, zentral für unsere Verkündigung. Das Lamm

Offb 5,6 Gottes am Kreuz steht vor Gottes Thron. Das Kreuz ist der Mittelpunkt des Universums. Seine Bedeutung, in seiner ganzen Höhe, Tiefe und Breite muss uns zur mystischen Offenbarung durch den heiligen Geist werden. Es genügt nicht, dass wir daran glauben, wir müssen Gott darum bitten, dass er es uns zu einer lebendigen Erfahrung werden lasse.

Das Kreuz ist der einzige Ort, an dem der Mensch Befreiung finden kann, nicht nur von sexueller Unreinheit, sondern von allem, was die Seele befleckt: Betrug, Heuchelei, Lieblosigkeit, Neid. Erst wenn wir den Gekreuzigten gefunden haben, können wir rein werden.

Aus einem Brief: Das Kreuz im Zentrum unseres Lebens zu haben, bedeutet, dass uns nichts lieber wird als das Kreuz – von morgens früh bis abends spät, in jeder Lebenslage. Bei der Eheschließung versprechen zwei Menschen, einander zu lieben, bis der Tod sie scheidet, aber unsere Liebe zu dem Kreuz Christi muss durch den Tod hindurch bis in das ewige Leben hineingehen.

Wenn einer von uns einem Verbrecher begegnet, so wird er ihn entweder verurteilen oder er wird sich seiner erbarmen. Nur Gott kann beides im gleichen Augenblick tun: nur Gott kann ihn mit Gnade und Barmherzigkeit überfluten.

Wenn wir in einer Notlage bei Gott Hilfe suchen – und
wir erleben viel Not – dann sollten wir ihn nicht in erster
Linie wegen unserer eigenen Sorgen anrufen, sondern
wir sollten unsere Gedanken dorthin lenken, wo das
Leid der Welt begonnen hat. Bringen wir nur unsere
eigene Last vor Gott, dann vergessen wir, wie groß Gott
ist. Wenn wir uns dessen bewusst sind, dass Gott seit
dem Sündenfall unseretwegen leiden muss, besonders
durch den Kreuzestod Christi, dann dürfen wir ihn auch
bitten, uns von unserer Not zu befreien.

Jesus kam, die Werke des Teufels zu zerstören. Krankheit
und Tod sind Werke des Teufels. Gott lässt sie zu, aber in
Christus nimmt er sie auf sich selbst. Die sieben letzten
Aussprüche Jesu beginnen mit den Worten: „Mein Vater,
ist's möglich, so gehe dieser Kelch an mir vorüber; doch

Mt 26,39

nicht wie ich will, sondern wie du willst." Wir können
uns keine Vorstellung machen von allem, was dieser
Kelch enthielt. Aber Jesus war bereit, ihn anzunehmen.
Obwohl er die Nähe Gottes nicht spürte, gab er dennoch
seinen Geist in die Hände des Vaters. Das ist der einzige
Weg, die Werke des Teufels zu überwinden.

Wenn ich an Jesus denke, so sehe ich sein Kreuz: tief
in der Erde verwurzelt, hoch hinaufragend, die Arme
weit ausgebreitet, um alle, die zu ihm kommen, zu
empfangen. Das Kreuz ist der einzige Ort, wo völliger
Sieg über Versuchung und Sünde, und über den Teufel
selbst, zu finden ist; einen anderen Ort gibt es nicht.

Gott will uns die Größe des Kreuzes offenbaren. Wir alle wissen um das Kreuz und seine Bedeutung; wir alle glauben daran; wahrscheinlich sind wir alle davon bewegt. Aber ich glaube, Gott will, dass es wie ein Schwert tief in unsere Herzen schneidet. Es kann sich wohl keiner von uns vorstellen, was es bedeutet, dass Jesus Gottverlassenheit erleben musste, damit wir Vergebung unserer Sünden und ewiges Leben in Gott finden.

Lasst uns darum bitten, dass alle Hindernisse in uns überwunden werden, damit wir den Tod Jesu Christi in seinem ganzen Ausmaß erleben können. Sein unschuldiges Leiden und sein Tod am Kreuz hat uns noch nicht tief genug erschüttert. Jesus vergoss sein Blut, um jedem bußfertigen Herzen die Vergebung der Sünden zu ermöglichen. Wie am Kreuz sind seine Arme weit ausgebreitet für alle, die glauben und zur Buße bereit sind.

Wir wissen, dass vieles von unserem Willen abhängt, und doch können wir die Wiedergeburt durch den heiligen Geist, wie die Menschen sie zu Pfingsten erleben durften, nicht durch unsere eigene Anstrengung erreichen. Wir müssen unsere Sinne und Herzen Gott übergeben und ihn bitten: „Verwandle sie!"

Unsere Vergangenheit, Gegenwart und Zukunft muss von Gott verwandelt werden, damit wir von den Todesschmerzen Christi und von seiner Auferstehung ergriffen werden. Wir sind zu sehr mit uns selbst beschäftigt, unsere Herzen sind von Eigenliebe, Neid und so vielem anderen erfüllt, so dass wir nicht mehr so einfach reagieren können wie die Menschen zu Pfingsten. Damals kam der heilige Geist und durchbohrte die Herzen wie ein Schwert, das durch Mark und Bein schneidet. Heute wollen wir flehen: Sende deinen heiligen Geist, damit er uns durchbohre! Sei uns gnädig! Verändere uns bis in die Tiefen unseres Seins.

Hebr 4,12

Wenn wir in Jesu Fußstapfen treten wollen, müssen wir erkennen, dass es für alles eine Stunde Gottes gibt: für Eheschließung oder Mission, für Verfolgung und Tod. Wir dürfen nicht mehr unsere eigenen Zeitpläne festlegen wollen. Wir haben uns Gott so hinzugeben, dass seine Stunde unsere Stunde sein muss, in Freude oder Leid, oder im Trinken des bitteren Kelches Jesu bis zur Neige. All denen, die mir die Liebsten sind, wünsche ich nichts mehr als die Bereitschaft, den bitteren Kelch bis zum letzten Tropfen zu trinken. Für uns ist das unvergleichlich viel leichter als es für Jesus war, denn er ist uns auf dem Weg des Leidens vorausgegangen. Wir müssen mit solcher Liebe für ihn entbrennen, dass wir den Kelch, der für uns bereitet ist, mit Freuden bis zum letzten Tropfen trinken.

Jesus ging den Weg des Kreuzes um unseretwillen. Er hätte vergebens gelitten, wenn wir nicht bereit sind, für ihn zu sterben, unser Leben für ihn zu verlieren. Lasst uns Gott darum bitten, dass unser Denken und Fühlen durch Jesu Tod am Kreuz, sein Hinabsteigen in die Hölle, seine Auferstehung und sein Emporfahren in den Himmel bewegt werde.

Ihr müsst die Demut des Kreuzes finden. Ihr könnt die ganze Welt durchsuchen, die Vergebung der Sünden werdet ihr nirgendwo finden, außer am Kreuz.

Wir können Jesus nicht begegnen, ohne dem Kreuz zu begegnen. Seine Person strahlt den Leidensweg aus. Durch sein Opfer werden unsere Herzen von seiner Liebe zu allen Menschen überflutet und von dem Drang erfüllt hinauszugehen, um alle zu retten, die in der Gewalt der Finsternis sind. Ich kann mir nicht vorstellen, dass man Jesus nachfolgen kann, ohne ein tiefes Verständnis für seine Leiden zu haben. Wenn wir Jesus liebhaben, wird in uns der Wunsch, für ihn zu leiden, ganz von selbst emporquellen.

Wir müssen unsere persönlichen Kämpfe hinter uns lassen, um die großen Gedanken Gottes zu erfassen. Das eigene Seelenheil durch das Kreuz zu erleben, ist wichtig, aber wenn man dabei stehenbleibt, ist es wertlos. Das Kreuz ist so viel größer als alles Persönliche, es umfasst die ganze Erde, ja weit mehr als diese Erde.

Kol 1,20

Es gibt Geheimnisse, die Gott allein kennt. Der Tod Jesu
am Kreuz ist ein solches Geheimnis. Paulus schreibt:
Durch das Kreuz wird nicht nur die Erde, sondern
auch der Himmel und alle Mächte und Gewalten der
Engelwelt mit Gott versöhnt. Den Menschen und sogar
den Engeln sind diese Geheimnisse verborgen.

Eins aber wissen wir: Christus hat den Tod, den
letzten Feind überwunden. Am Kreuz hat etwas stattge-
funden, etwas Großes, Mächtiges, etwas, das weit über
uns Menschen und weit über die Grenzen unserer
Erde hinausreicht.

Erlösung

Aus einem Brief: Mit seinem Gleichnis von den zehn Jungfrauen betont Jesus die Realität der Bestrafung für Sünde und des Verlusts des ewigen Heils. Der Gedanke an eine ewige Strafe ist zweifellos beängstigend. Aber die vollkommene Liebe vertreibt die Furcht. Wer Furcht hat, denkt noch an die Strafe, und wer an die Strafe denkt, der liebt nicht mit ganzem Herzen. Die Spannung zwischen diesen beiden Polen – zwischen der Furcht vor der Strafe und der Liebe, die alle Furcht vertreibt – kann nur durch das Erlebnis der Liebe überwunden werden, einer Liebe, die wie ein Funke aus Gott von einem Pol zum anderen springt.

Wenn du eine tiefe Liebe zu jemandem hast, wirst du keine Angst vor ihm haben. Und so ist es auch, wenn du Jesus wirklich liebst. Dann wirst du ihn nicht fürchten. Das Gleichnis von den zehn Jungfrauen soll uns eine Warnung sein, aber du kannst Jesus nicht aus Furcht dienen.

Es ist Gottes Wille, dass alle Menschen erlöst werden, dass keiner verloren gehe. Und doch heißt es im Evangelium, dass niemand errettet wird, es sei denn, dass er durch den Heiligen Geist wiedergeboren wird und durch Buße und Bekehrung zum Glauben kommt. Jesus, der mehr Liebe hat als alle Menschen, spricht deutlich von Verdammnis. Obwohl Gott allmächtig ist und obwohl es sein ausdrücklicher Wille ist, dass

Mt 25,1–13

1.Joh 4,18

2.Pet 3,9

alle gerettet werden, zwingt er uns seinen Willen nicht
auf. Sein Wesen ist das des Lammes – Christus – und

Offb 5,6; Mt 3,16

der Taube – der Heilige Geist. So kommt es auf jeden
einzelnen von uns an, ob wir uns für die Gnade der
Wiedergeburt öffnen oder nicht. Freilich müssen wir
zuerst demütig und zerbrochen werden, denn ohne
scharfes Gericht ist Wiedergeburt nicht möglich, und
Gottes Gericht ist die Liebe.

In Römer 8 spricht Paulus von der Errettung der
Auserwählten. Man könnte fragen: „Was geschieht mit
den anderen? Werden sie auch gerettet?" Petrus wirft
Licht auch auf diese Frage: „Der Herr zögert nicht, die
Verheißung zu erfüllen, wie so manche denken; er ist nur
langmütig gegen euch. Denn er will nicht, dass jemand
verloren gehe, sondern dass alle zur Sinnesänderung

2.Petr 3,9

vorwärtsschreiten." So ist es also klar: Gott will, dass
alle, auch seine Feinde, Buße tun und errettet werden.
Aber wir dürfen uns nicht versündigen, indem wir seine
Geduld ausnützen.

Wenn Christus in einem Menschen zum Sieg kommt,
so ist das nicht das Resultat einer allmählichen Entwicklung, es bedeutet nicht, dass man ein immer besserer
Mensch wird. Es bedeutet, von Gott gerichtet zu werden
und sich zu ändern. Unentschiedenheit darf nicht in
Frage kommen. Entweder man wendet sich ganz Jesus
zu, oder man fällt schließlich unter das Gericht Gottes.

Der Gedanke der Verdammnis des sündigen
Menschen ist sehr schwer zu akzeptieren und mit der
Liebe in Einklang zu bringen, die Jesus am Kreuz so
mächtig offenbart hat. Aber keiner, der in seiner Sünde
gebunden bleibt, kann in das Reich Gottes eingehen,
sonst bliebe das Universum auf ewig entzweit. Wir
verstehen die Fülle der Liebe Gottes nicht, aber wir
wissen, dass Jesus, der die Sünden der ganzen Welt trägt,
Offb 5,6 vor dem Thron Gottes steht. Die Hauptsache bleibt sein
Opfer für die Errettung der ganzen Welt. Das dürfen wir
niemals aus den Augen verlieren.

Als Kind hatte ich immer das Gefühl, dass eines
Tages die Massen, das Proletariat, zu Gott hin bewegt
würden. Vielleicht war ich von den vielen Anarchisten,
Sozialisten und Religiös-Sozialen beeinflusst, die bei
uns ein und aus gingen. Als ich etwas älter war, las ich in
der Offenbarung Johannis, wie eine Zornesschale nach
der anderen über die Erde ausgegossen wird und die
Offb 16 Menschen dennoch keine Buße tun wollen. Das fand ich
sehr schwer, denn ich konnte es nicht akzeptieren, dass
nur ein Bruchteil der Menschheit errettet würde. Das
ging gegen meine ganze Denkweise.

Ich durchsuchte die Bibel – die Propheten und das
Neue Testament – mit dieser einen Frage im Hinterkopf.
Als ich das Johannesevangelium las, kam ich an die
Stelle, wo Jesus sagt, dass das Gericht über die ganze
Erde kommen wird: „Nun wird der Fürst dieser Welt
ausgestoßen werden, und ich werde alle Menschen zu

Joh 12,31–32 mir ziehen." Wie Jesus das tun wird, weiß ich nicht, aber ich glaube fest, dass er alle Menschen zu sich ziehen wird, dass er nicht nur für ein paar Menschen am Kreuz gestorben ist. Jesus sagt, der Weg zur Wahrheit ist schmal und nur wenige werden ihn finden; die meisten werden den breiten Weg gehen, der zur Verdammnis führt. Das ist wahr und lässt sich nicht bestreiten, aber es wäre schrecklich, wenn wir denken würden, wir hätten den schmalen Weg gefunden, und keine Liebe hätten für diejenigen, die den breiten Weg gehen.

Das achte Kapitel des Johannesevangeliums beginnt damit, dass die Pharisäer eine Frau, die beim Ehebruch erwischt wurde, steinigen wollen, und es endet damit, Joh 8,1–11+59 dass sie Jesus steinigen wollen. Jesus brachte die Pharisäer in Wut, weil er ihnen offen sagte, wer er ist und was sein Auftrag ist, nämlich dass er gekommen ist, die Menschheit zu retten.

Dieses Kapitel stellt eine entscheidende Frage an uns alle und an jeden einzelnen von uns: Sind wir bereit, den Worten Jesu zu glauben, oder bezweifeln wir sie? Jesus sagt, wenn wir nicht glauben, bleiben wir Sklaven; Joh 8,34–35 wir sind nicht frei, auch wenn wir meinen, frei zu sein. Er sagt, es gibt keinen anderen Weg, Errettung und Befreiung zu finden, als durch den Glauben an ihn. Er sagt auch: „Wenn ihr nicht glaubt, werdet ihr sterben in euren Sünden" und „Wer mein Wort hält, der wird den Joh 8,24 Tod nicht sehen." Diese Worte mussten gesagt werden, denn sie sind die Wahrheit, und sie bleiben für alle

Zeiten bestehen. Haben wir Glauben, dann werden wir
Freiheit von der Sünde, von der Furcht vor dem Tod und
von der Herzenskälte unserer Zeit finden. Haben wir
den Glauben nicht, werden wir die Sklaven dieser
Dinge bleiben. Der Aufruf ergeht an einen jeden von
uns, Jesus zu lieben und die Freiheit, die er uns
anbietet, anzunehmen.

In dem Gleichnis von den zehn Jungfrauen spricht Jesus
nicht von der Welt, sondern von den Christen. Alle, die
dem Bräutigam entgegengingen, waren Jungfrauen – mit
anderen Worten, sie waren alle Christen – aber fünf
waren weise und fünf waren töricht. Sie alle hatten die
äußere Form, die Lampen-schale, aber nicht alle hatten
Öl. Das Öl, von dem Jesus spricht, ist der Heilige Geist,
das Leben, das von Gott kommt, aber nur fünf der
Jungfrauen hatten Öl.

Mt 25,1–13

An den Seligpreisungen sehen wir die Merkmale derer,
die den Heiligen Geist haben. Sie sind arm im Geist, sie
trauern, sie sind sanftmütig, sie hungern und dürsten
nach Gerechtigkeit, sie sind barmherzig und reinen
Herzens, sie sind Friedensstifter, und sie werden verfolgt
um der Gerechtigkeit willen. Die ganze Bergpredigt zeigt
uns, wie wir leben sollen: Wir sollen niemals zum Gebet
kommen, ohne unserem Bruder vergeben zu haben;
wir sollen unsere Feinde lieben und die segnen, die uns
fluchen; wir sollen weder Geld noch Schätze auf Erden
sammeln; wir sollen unser volles Vertrauen auf den Vater
setzen; wir sollen keine Gewalt anwenden.

Mt 5–7

Dass die törichten Jungfrauen nicht in das Himmelreich hinein dürfen, ist ein scharfes Gericht und ein zweifacher Aufruf an uns. Einmal, zu wachen und zu warten, dass der Heilige Geist unser ganzes Sein ändert, damit wir, wiedergeboren, täglich und stündlich von Jesus berührt werden; zum andern, für diejenigen da zu sein, die mit uns auf dem Weg sind, dem Bräutigam zu begegnen, und sie zu erinnern, Öl in ihren Lampen zu haben. Die äußere Form genügt nicht; es ist nicht damit getan, in Gemeinschaft zu leben, oder die äußeren Anforderungen des Christentums bis in alle Einzelheiten zu erfüllen. Die Nachfolge muss aus einem lebendigen Herzen entspringen.

Es ist möglich, dass Gott einen Menschen dazu bestimmt, ihm besonders anzugehören. Johannes der Täufer war vor seiner Geburt auserwählt. Ich könnte mir auch vorstellen, dass Paulus vor seiner Geburt von Gott zu dem bestimmt war, was er wurde. Aber wenn es so etwas gibt, dass Gott für gewisse Menschen eine besondere Bestimmung vorgesehen hat, noch ehe sie auf die Welt kommen, wie ist es dann mit all den anderen? Im Alten Testament steht: „Meinst du, dass ich Gefallen habe am Tode des Gottlosen, spricht der Herr, und nicht viel mehr daran, dass er sich bekehrt von seinen Wegen und am Leben bleibt?" Und im Neuen Testament lesen wir: „Denn Gott will nicht, dass jemand verlorengehe, sondern dass jedermann zur Buße finde." Die Bibel macht es also klar: Gott will, dass alle Menschen errettet werden.

Lk 1,15

Hes 18,23

2.Petr 3,9

Jesus sagt zu Simon Petrus: „Siehe, der Satan hat
begehrt, euch zu sieben wie den Weizen. Ich aber habe
für dich gebetet, dass dein Glaube nicht aufhöre. Und

Lk 22,31–32

wenn du dereinst dich bekehrst, so stärke deine Brüder."
Ich glaube, der Satan verlangt, auch uns zu sieben. Wir
müssen Jesus bitten, für uns zu beten, dass unser
Glaube nicht versage, auch um der Brüder und
Schwestern willen.

Jedes Mal, wenn ich versage, empfinde ich stark die
Worte: „Und der Herr wandte sich um und sah Petrus

Lk 22,61

an." Ich bin mir sicher, Jesus hat sich viele Male umge-
wandt und uns sehr traurig angesehen. Als Jesus sagte,
Petrus würde ihn verleugnen, machte er nicht eine
Feststellung einer vorherbestimmten Tatsache, die ihn
unberührt ließ. Es schmerzte ihn, auch wenn er bereits
wusste, dass es geschehen würde. Das gleiche geschah
bei Judas. Als Jesus erschauderte und sagte: „Einer von

Joh 13,21

euch wird mich verraten", erlitt er wirkliche Seelenqual.
Mögen wir alle ein offenes Herz haben, wenn Jesus uns
anblickt. Er will seine Nachfolger behüten, aber auch
nachdem sie von ihm auserwählt waren, sind sie in der
Gefahr, verloren zu werden.

Wehe uns, wenn wir meinen, wir werden in den
Himmel kommen, bloß weil wir in christlicher
Gemeinschaft leben. Wenn wir das glauben, lieben wir
Christus nicht genug.

Im Römerbrief schreibt Paulus, dass Jesus nicht nur
für die Juden kam, sondern für alle Menschen. Er sagt
weiter: „Nicht der ist ein Jude, der es äußerlich ist, auch
ist nicht das die Beschneidung, die äußerlich am Fleisch

Röm 2,28–29

geschieht; sondern der ist ein Jude, der es inwendig ist."
So ist es auch bei einem wahren Christen, er ist nicht
äußerlich erkennbar, auch wenn er getauft ist. Wasser
über eine Person zu gießen oder sie ins Wasser zu
tauchen, ist an sich kein Mittel zur Errettung. „Wahre
Beschneidung ist die des Herzens, die im Geist und nicht
im Buchstaben geschieht. Das Lob eines solchen ist nicht

Röm 2,29

von Menschen sondern von Gott."

Das ist ein wichtiger Punkt: der Glaube ist nicht die
Niederschrift einer Reihe formaler Regeln. Paulus bezog
sich auf das Gesetz des Mose, aber auch heute können
wir Sklaven von geschriebenen Gesetzen sein; das ist
eines der Dilemmas für unser Leben in Gemeinschaft.
Die Freiheit des Geistes, in dem allein wir Frieden in
Gott finden können, dürfen wir niemals aufgeben.

Auch wenn wir den Gedanken des Paulus über
die Errettung nicht ganz folgen können, so ist doch
der tiefere Sinn seiner Worte leicht zu verstehen. Die
Pharisäer hielten das Gesetz, aber sie waren stolze
Heuchler, während „wir dafürhalten, dass der Mensch

Röm 3,28

gerecht wird ohne das Gesetz, allein durch den Glauben."

Ihr fragt, was es mit dem tausendjährigen Reich, der
Auferstehung der Gerechten und dem zukünftigen
Königreich Gottes auf sich hat. Ich rate euch: so über-
lasst das alles Gott. Was die Zukunft betrifft, stehen
wir vor Geheimnissen. Für viele Dinge kennen wir die
Gründe nicht. Entscheidend ist nur, dass am Ende Gott
über allem anderen steht ist. Er wird über alles Böse
1.Kor 15,24–28   und ihm Feindliche siegen. Sollte dies nicht auch unsere
größte Erwartung sein?

Das Reich Gottes

Es sollte uns ganz klar sein: Das Reich Gottes kann nicht bestehen, wo Bomben auf Menschen geworfen werden, egal ob sie schuldig oder unschuldig sind. Es kann nicht bestehen, wo es Rassenhass unter den Menschen gibt, wo Millionen verhungern, während einige Wenige mehr als genug zu essen haben, und wo Menschen wegen der Automatisierung zu Hunderttausenden arbeitslos werden.

Wenn wir die Ungerechtigkeit der Welt in ihrer wahren Natur erkennen, dann sehnen wir uns auch nach dem Reich Gottes. Seine Gerechtigkeit wird erst dann hereinbrechen, wenn unser Herz nach Liebe und Frieden strebt. Wer unbewegt bleibt, kann nicht am Reich Gottes teilhaben. Deshalb sagte Johannes der Täufer: „Tut Buße, denn das Reich Gottes ist nahe." Und Jesus sagt: „Trachtet zuerst nach dem Reich Gottes und seiner Gerechtigkeit, und alles andere wird euch dazugegeben."

Mt 3,2

Mt 6,33

Jesus kam, um alle Menschen für das Reich Gottes vorzubereiten. Wir wissen es nur zu gut, dass es noch nicht gekommen ist. Er sagt, dass das Reich unter uns sein wird, wenn wir Gott von ganzem Herzen und von ganzer Seele lieben, und unseren Nächsten wie uns selbst. Wenn wir das doch machen würden, nicht nur mit Worten, sondern auch mit Taten!

Jesus kam nicht als ein großer König oder Staatsmann, sondern als ein kleines Kind. Das haben die Menschen noch nicht begriffen. Er verkündete das Kommen des Gottesreiches. Vielleicht hat es noch nie eine Zeit gegeben, in der dieses Kommen nötiger war, als die unsere. Heute besitzen die Menschen mehr Macht als je zuvor, und die Macht ihrer Waffen ist beängstigend. Die Beziehungen der Menschen, Rassen und Nationen untereinander sind ungelöst, und die Herrschaft ist in der Hand derer, die das Geld haben.

Jesus sagt, wir müssen arm werden. Wenn wir auf ihn hören und weltliche Privilegien und Macht über Menschen aufgeben, dann werden unsere Herzen für Gottes Reich geöffnet. Ach hätten wir doch nur eine Ahnung davon, was dieses Reich bedeutet: Buße, glühende Liebe und, vor allem, die Herrschaft Gottes.

Für ihre Sicherheit und Freiheit bauen die Nationen der Welt auf die gefährlichsten Waffen, die es je gegeben hat. Demgegenüber sind wir dazu berufen, unsere Sicherheit auf das ganz andere zu bauen, nämlich auf das, was von Gott her kommt. Und in uns brennt das Verlangen, dass allen Völkern etwas von Gott gegeben werden möge. Es genügt nicht, dass wir ein vollkommenes, friedliches Leben in unseren Gemeinschaften führen. Unser Verlangen wird erst dann gestillt sein, wenn die ganze Erde nicht mehr unter der Herrschaft der Gewalt, sondern unter der Herrschaft Gottes steht.

Als Jesus fünftausend Menschen mit fünf Broten und zwei Fischen speiste, geschah etwas sehr Merkwürdiges: die Menschen wollten ihn zwingen ihr König zu werden. Aber Jesus sagte ihnen: „Ihr kommt zu mir, weil ich euch gespeist habe." und ging weg. Diejenigen, die ihn zum König machen wollten, verließen ihn. Einige wurden sogar zu seinen Feinden. Danach sagte Jesus zu den Zwölfen: „Alle die anderen sind fortgegangen; wollt ihr mich jetzt auch verlassen?" Auch wir müssen bereit sein, diese Frage zu beantworten: „Wollt ihr mich auch verlassen?"

Joh 6,11–15

Joh 6,67

Es ist bezeichnend, dass die Menschen Jesus erst dann zum König machen wollten, als er ihnen Brot gegeben hatte. Diesen Wunsch hatten sie nicht einmal nachdem er einen Menschen vom Tode auferweckt hatte. An sich ist es nicht falsch, von Gott zu erwarten, dass er uns Brot gibt, oder von Jesus, dass er unsere Bedürfnisse befriedigt. Jesus lehrte uns, unseren Vater im Himmel um das tägliche Brot zu bitten. Aber er lehnte es scharf ab, sein Reich auf der Ebene des Materialismus aufzubauen. Lieber hätte er seine Nachfolger verloren, als sein Reich auf einer falschen Grundlage zu bauen.

Jesus will sich jedem von uns schenken, so wie er sein Fleisch und sein Blut hingab. Dies ist keine Philosophie sondern wirkliche Nahrung. Es ist das Leben und jeder, der es erlebt, wird dadurch verändert, nicht nur für einen Augenblick, sondern für alle Ewigkeit.

Christus verspricht uns das ewige Leben, nicht in einem Königreich, das auf Arbeit und Brot gegründet ist, sondern in einem Reich, das auf den Glauben aufgebaut

ist. Gewöhnlich fordert ein König das Blut seiner
Untertanen, aber Christus gab sein Blut für die Seinen.
Er gab Leib und Leben für das Leben anderer hin.
Als Jesus zu den Jüngern von seinem Leib und seinem
Blut sprach, hatte er – soweit wir wissen – die größte
Anhängerschaft seiner Wirkungszeit. Aber danach
verließen ihn viele. Deshalb fragte Jesus die Zwölf:
„Wollt ihr mich auch verlassen?" Die Antwort von Petrus
ist wunderbar: „Herr, wohin sollen wir gehen? Deine

Joh 6,60–68 Worte sind Worte ewigen Lebens."

Es ist wichtig, dass wir uns entscheiden, ob wir eine
gut funktionierende christliche Gemeinde sein wollen,
die Jesus zu ihrem König gemacht hat, oder ob wir
den Weg des Kreuzes gehen wollen. Es muss uns ganz
klar sein, dass der Weg Jesu der Weg des Kreuzes ist,
ein Weg vollständiger persönlicher Veränderung, eine
Gesellschaft auf einer völlig anderen Basis als Arbeit und
Brot und Privilegien. Wir müssen dazu bereit sein, von
Feinden umgeben und verachtet zu sein, weil wir seinen
Weg gehen.

Die Entwicklung unserer Gesellschaft in diesem
Jahrhundert, mit ihrer unglaublichen Ungerechtigkeit
und ihrem grauenhaften Blutvergießen, zeigt uns, dass
das Heil nicht von Menschen kommen kann, es muss
von Gott kommen. Umso mehr müssen wir Gott bitten,
noch einmal sein Reich uns seine Gerechtigkeit unter
den Menschen zu offenbaren.

Jesus selbst ist das Königreich Gottes. Wenn er Sünden vergab – das war das Reich Gottes. Wenn er seine Freunde in Einmütigkeit um sich versammelte – das war das Reich Gottes. Wenn er Dämonen und unreine Geister austrieb – das war das Reich Gottes. Jede seiner Taten unter den Menschen war das Reich Gottes.

Manchmal frage ich mich, ob unsere Gemeinschaft das Reich Gottes nicht vollkommen vergessen hat, und ob die Unterscheidung zwischen der persönlichen Seligkeit und dem Reich Gottes noch klar genug ist. Beides ist von größter Bedeutung. Die ewige Seligkeit ist sehr wichtig – es ist wunderbar, die Nähe von Christus zu erleben und durch ihn erlöst zu werden. Aber das Reich Gottes ist das Größte!

Man kann die Nähe des Gottesreiches nicht zeitlich bestimmen. Jesus sagte: „Das Himmelreich ist jetzt nahe!" Und es war, so paradox es klingt, damals näher als jetzt. Es war damals nicht zeitlich näher, sondern räumlich näher.

Mt 4,17

Jak 5,16

Das Reich Gottes muss erkämpft und errungen werden. Das Gebet des Menschen hat da einen großen Einfluss.

Mk 9,29

Wenn wir Interesse an Christus und seiner Sache haben, dann haben wir Interesse an seinem Reich. Denn um dieses Reich auf die Erde zu bringen, kam Christus auf diese Erde und litt. Die Gemeinde hat eine sehr große Aufgabe der Sendung für dieses Reich Gottes.

Was für eine gewaltige Sache ist es, für das Reich Gottes zu leben! Schreckt nicht zurück, lebt dafür, sucht danach! Und ihr werdet finden, dass es etwas Mächtiges ist, das einen völlig überwältigt. Es löst jedes Problem auf Erden. Alles wird neu, jeder wird den andern lieben in Christus. Alles, was durch den Tod getrennt war, wird vereinigt werden. Und dann wird die Liebe regieren.

Die Gemeinde hat von Jesus den Auftrag, für sein Reich und für seine Zukunftsherrschaft zu wirken und auch zu arbeiten. Es gibt nichts Größeres auf Erden als für dieses Reich zu wirken. Lebt intensiv! Nutzt die Zeit für das Reich! Liebt einander!

Gott braucht einen Ort auf der Erde, wo er hereinbrechen kann. Solch ein Ort war Maria, deren Bereitschaft es möglich machte, dass Christus in Bethlehem geboren wurde. Wenn Gott auch nur einen Ort hat, wo er eindringen kann, sei es in Bethlehem, in China, Russland, oder Vietnam – in ein Menschenherz irgendwo auf der Welt – dann ist das, als ob sich eine Tür öffnen würde. Wenn die Tür zu einem Raum auch nur um einen Spalt geöffnet wird, dann kann

das Licht hineinkommen. Und wenn Gottes Licht
irgendwo eindringen und die Herzen von zwei oder drei
Menschen bewegen kann, dann wird das auf alle anderen
eine Wirkung haben – auch auf Staatsoberhäupter,
Generäle und Soldaten. Ich kann nicht glauben, dass die
Menschen so von einander isoliert sind, dass sie davon
nicht beeinflusst würden.

Wie durch Adam die ganze Menschheit gefallen ist,
so wird die ganze Menschheit durch Jesus – den „neuen
Adam", den wahren Menschen, Gott selbst – Freiheit,
Röm 5,12–19   Heilung und Erlösung finden.

Lasst uns Gott anrufen und ihn bitten, dass wir für sein
Reich kämpfen dürfen. Je tiefgehender wir diesen Kampf
führen, je mehr wir das Kreuz Christi, die Auferstehung
und Pfingsten erleben, umso näher ist uns das Reich
Gottes. Lebt intensiv in der Erwartung des Herrn!
Wer nicht in jeder Hinsicht den Herrn bald erwartet,
der wartet überhaupt nicht. Jetzt frage ich mich jeden
Abend, ob ich wirklich genug geliebt, gehofft, gekämpft
und gearbeitet habe. Jede Erwartung des Reiches Gottes
muss zu Taten führen.

Karl Barth* sagte einmal, das Reich Gottes muss als
das vollkommen andere offenbart werden. Es ist vollkommen unabhängig von uns und wir dürfen es nicht

---

* Karl Barth, 1886–1968, evangelischer Theologe

mit unseren eigenen Interessen vermischen. Ich halte das
für eine sehr wichtige Erkenntnis. Solange wir uns nicht
völlig um seinetwillen selbst aufgeben, stehen wir in
Opposition zu ihm und sind seiner nicht würdig.

Gott hätte die Geschichte der Menschheit auf
Golgatha abschließen können, als Jesus den Tod und
den Teufel überwand. Aber er tat es nicht, und so hatte
das Böse eine weitere Gelegenheit. Seitdem werden
viele Menschen aus allen Völkern für das Reich Gottes
gewonnen, aber viele lassen sich auch verführen. Der
Grund dafür bleibt uns verschlossen. Aber ich weiß,
dass Gott der Herrscher des Weltalls ist. Sein Urteil
muss bestehen.

Wir lesen, dass die Verführten, diejenigen, die das
Tier und sein Bild anbeten und das Zeichen an ihrer
Stirn oder an ihrer Hand erhalten, den Wein des
Offb 14,9–10   Zornes Gottes trinken werden. Wir wissen nicht, wann
das geschehen wird. Wir müssen unsere Kinder dazu
erziehen, mutig für die Wahrheit einzustehen, damit sie
fest bleiben können, wenn das Reich hereinbricht.

Wieweit hängt das Reich Gottes mit dem Jüngsten
Gericht zusammen? Wie wird das Reich Gottes
kommen? Wie wird es aussehen? Vieles ist uns durch
die Aussagen Jesu selbst überliefert, ferner durch die
Schriften der frühen Christen und durch das Wirken des
Geistes im Herzen der einzelnen Menschen. Jesus hat

gesagt, nur der Vater kennt die Stunde, wann das Reich
Gottes anbrechen wird, nicht einmal der Sohn Gottes

Mt 24,36   weiß es. An diese Fragen können wir nur mit größter
Ehrfurcht und Vorsicht herangehen. Wir wissen aber
auch, wie sehr die ersten Christen das Reich erwarteten.
Alle Worte der Apostel zeugen davon.

Wir wissen nicht, wie nah oder fern wir, zeitlich
gesehen, dem Reich Gottes sind. Aber wir wissen, dass
wir dem Geiste nach sehr nah oder sehr weit entfernt
sein können, und das ist die entscheidende Frage.
Jesus sagt, das Kommen des Reiches wird sich durch
bestimmte Zeichen ankündigen, und einige dieser

Lk 21,9–11   Zeichen erkennen wir schon heute. Aber er sagt auch,
dass es wie ein Dieb in der Nacht kommen wird, d.h.
in einem Augenblick, wenn niemand es erwartet oder

Lk 12,39–40   daran denkt.
　　　Es gibt viele Geheimnisse, die wir nicht ergründen
können, Gott hält sie vor uns verborgen. Aber wir dürfen
uns freuen: das Kommen des Reiches ist sicher, es ist ein
Reich des Friedens und der Gerechtigkeit.

Wir wissen nicht, warum Gott es erlaubte, dass Tod und
Sünde in die Schöpfung Eingang fanden, aber wir wissen,
dass der Mensch sich vom Bösen verführen ließ. Wir
wissen weder, welchen Kampf Gott vor der Schöpfung
gegen das Böse geführt hat, noch welchen Anteil der
Mensch an diesem Kampf hat. Wir wissen aber, dass es

ein entscheidender Kampf war, der den Sohn Gottes
selbst ans Kreuz brachte.

Offb 19,11–21 In der Offenbarung lesen wir von der Schlacht, die
am Ende der Zeit im Himmel stattfinden wird. Die
Gemeinde, als der Leib Christi, muss hier auf Erden
dieselbe Schlacht führen. Wie Gott seinen eigenen Sohn
nicht verschonte, sondern ihn hergab, die größte Not zu
erleiden, gerade so wird das Hereinbrechen des Reiches
Opfer und Leiden von der Gemeinde fordern.

Wenn sich das Geistige vom Materiellen trennt, die
Seele vom Körper, das bedeutet Tod. Die Einheit
dagegen ist das Leben. Jesus brachte die Botschaft
eines neuen Reiches, in dem Seele und Leib, Geistiges
und Materielles nicht mehr getrennt sein werden. In
diesem neuen Reich wird der Schöpfer eins mit seiner
Schöpfung sein.

Wenn wir die Erde ansehen, so wie sie jetzt ist,
dann ist es klar, dass ein Gericht unvermeidlich ist.
Tatsächlich wird dieses Gericht bereits durch die Sünde
der Menschen vollzogen. Wenn wir jedoch die Worte
Christi tiefer begreifen, wird es uns klar, dass Gnade und
Erbarmen über das Gericht triumphieren werden.

Wir erwarten einen neuen Himmel und eine neue
Erde, aber wir brauchen uns keine Gedanken darüber
zu machen, wann und wie das Reich kommen wird;
wir wissen, es kommt. Petrus sagte, die Gemeinde muss

2.Petr 3,11–13 helfen, das Kommen des Tages Gottes voranzutreiben. So wissen wir, dass wir dazu beitragen sollen, etwas von seinem Reich unter uns lebendig werden zu lassen.

Im Anfang, noch vor der Erschaffung des Weltalls, war Gott, der unendlich liebende Vater, und bei ihm das Wort, Jesus Christus, und der heilige Geist. Am Ende der Zeit wird Gott allein herrschen. Die stöhnende Natur wird erlöst und das Weltall voller Freude sein. Reine Freude, Liebe, Harmonie und Gerechtigkeit werden die Offb 7,17 Erde erfüllen. Gott wird alle Tränen abwischen, und da wird kein Tod, kein Leid und kein Schmerz mehr Offb 21,4 sein. Die Sehnsucht nach dieser Zukunft brennt in allen Herzen.

Welch ein großes Geschenk wäre es, wenn uns die Augen geöffnet würden, um auch nur einen kleinen Schimmer der großen Zukunftsvision Jesu wahrzunehmen und über unser eigenes unbedeutendes Leben hinauszublicken. Gewiss ist unser Blick begrenzt, aber wir sollten Gott wenigstens darum bitten, dass er uns aus unserer kleinlichen Welt und aus unserer Ichbezogenheit herausruft. Wir dürfen ihn bitten, uns an der großen Ernte teilhaben zu lassen, die eingebracht werden muss – die Ernte aller Nationen und aller Menschen, einschließlich der zukünftigen Generationen.

Nachwort

Die Nachfolge Jesu war lange Zeit ein Stiefkind im deutschen, landeskirchlichen Protestantismus. Mit der Verfolgung und Vertreibung des sogenannten „Täufertums" in der Reformationszeit ging dieser schwere Weg und diese kostbare Perle verloren.

Erst Eberhard Arnold entdeckte beide auf dem Bruderhof in der Rhön wieder. Erst Dietrich Bonhoeffer fand sie im Widerstand gegen die satanischen Mächte der Hitler-Diktatur wieder und ging den Weg Jesu bis zum Tod am Galgen 1945. Von Eberhard Arnold und von Dietrich Bonhoeffer lernen wir, dass die Nachfolge Jesu, das gemeinsame Leben, die Bergpredigt und die Reich Gottes Hoffnung untrennbar zusammen gehören.

Johann Heinrich Arnold, Sohn der unvergesslichen Eberhard und Emmy Arnold, lebte ganz in diesem Geist der Nachfolge und des gemeinsamen Lebens. Er spricht und schreibt aus Erfahrung und aus verarbeiteter Erfahrung: aus Weisheit.

Diese kluge Auswahl aus seinen Schriften und persönlichen Briefen zu wichtigen Fragen des christlichen Lebens in der Nachfolge wirkt auf mich wie ein Brevier zum Nachdenken und Meditieren. Man liest es nicht „durch", sondern liest und stockt und kommt auf eigene Gedanken. Ähnliches habe ich nur bei Dietrich Bonhoeffer und Christoph Blumhardt erlebt. Im Unterschied zur modischen, leichten Esoterikliteratur spricht Heinrich Arnold aus den Härten und Tiefen des Lebens, aus seinen Schmerzen und seinen Tröstungen.

Er kennt das Dunkel des Leidens an der Gottverlassenheit und die Abgründe der Versuchungen. Er ist
gefangen in der engen Weite des gekreuzigten Christus.
Er sieht immer wieder über die Gegenwart hinaus in die
wunderbare Zukunft des kommenden Reiches Gottes:
„Reue bedeutet Zuwendung zum Reich Gottes", schreibt
er an einer Stelle und befreit den Bereuenden von der
Selbstbetrachtung, die von der Selbstbestrafung so
leicht zum Selbstmitleid führt. „Zuwendung zum Reich
Gottes", das ist das Leben in der Nachfolge Jesu.

Ich wünsche diesem Buch nachdenkliche und
wache Leser.

Jürgen Moltmann

Die Titel auf den folgenden Seiten
sind alle kostenlos erhältlich bei
www.plough.de

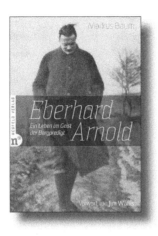

Eberhard Arnold
Ein Leben im Geist der Bergpredigt

Markus Baum

Eberhard Arnold gehört zu den großen Gestalten der Kirchengeschichte des 20. Jahrhunderts. Ohne Berührungsängste pflegte der Zeitgenosse und Gesprächspartner von Karl Barth, Martin Buber und Leonard Ragaz den lebendigen Austausch mit der Jugendbewegung wie mit der christlichen Studentenarbeit, mit der Evangelischen Allianz wie mit dem religiösen Sozialismus. Er hielt evangelistische Vorträge, setzte sich publizierend mit der Gedankenwelt seiner Zeit auseinander und gründete die Bruderhof-Bewegung, die sich bis heute auf ihn beruft. Und er rang leidenschaftlich darum, Jesus kompromisslos zu folgen.

Jim Wallis
Seit der Zeit Jesu haben kleine Gruppen ernsthafter Christen versucht, der Ethik der Bergpredigt entsprechend zu leben. Während viele Christen diese Ethik einer zukünftigen Welt zuschreiben, haben andere die Überzeugung vertreten, dass Jesus seinen Jüngern aufgetragen hat, sie hier und jetzt umzusetzen. Die Lebensgeschichte eines dieser Menschen liegt hier vor uns. Es ist nicht das Anliegen des Buches, den Menschen Eberhard Arnold zu verherrlichen. Vielmehr legt es Zeugnis ab von Gottes Treue und Gottes Handeln in der Geschichte.

Peter Zimmerling
Eine sprachlich brillant und spannend geschriebene Biografie über den Gründer der Bruderhofgemeinschaft ... Vor allem aber fordert das Lebenszeugnis Arnolds Christen heraus. Er hat versucht, die Gebote der Bergpredigt kompromisslos zu leben.

Neufeld-Verlag, 252 Seiten, gebunden

www.neufeld-verlag.de

Leben im Licht
Über Gemeinschaft, Gerechtigkeit und Liebe
Eberhard Arnold

Mit diesem Buch, der ersten umfassenden Sammlung von Schriften Eberhard Arnolds, werden die Gedanken dieses christlichen Visionärs und Aktivisten einer neuen Generation zugänglich gemacht. Seine Ausführungen zu elementar wichtigen Themen wie soziale Gerechtigkeit, Frieden und Gemeinschaft, aber auch über die Notwendigkeit einer kompromisslosen Jesusnachfolge haben nichts von ihrer Aktualität verloren.

Jürgen Moltmann
Ein Weckruf für die religiös ruhiggestellte und bürgerlich angepasste Christenheit in der westlichen Welt.

Jim Wallis
Das Zeugnis von Eberhard Arnold ist ein dringend notwendiges Korrektiv für eine moderne Kirche, in der die lebenswichtige, biblische Verbindung zwischen Glauben und Gehorsam verlorengegangen ist… Er zeigt uns, wie Nachfolge in der heutigen Welt aussehen könnte.

Juli Loesch Wiley
Von Arnolds Schriften geht eine Kraft aus, die man nicht leugnen kann. Sie rührt daher, dass es zwischen seinem erklärten Glauben und seinem tatsächlichen Leben keinen Unterschied gab. Das verleiht seinen Worten ein Gewicht und eine Tiefe – ein Recht darauf, vernommen zu werden.

Plough Publishing House, 224 Seiten, Paperback

www.plough.de

Botschaftsbelagerung

Die Geschichte einer christlichen Gemeinschaft im Nationalsozialismus

Emmy Barth

Achim Buckenmaier

Fast achtzig Jahre nach der Vertreibung der Bruderhöfer durch die Nazis befasst sich die nachgeborene Generation mit der eigenen Geschichte. Es ist ein fast unerklärliches Phänomen, wie dem erstarkenden, nahezu unangreifbaren Hitlerregime der 30er Jahre diese winzige Gruppe von Menschen ein Dorn im Auge war. Es ist ein nicht geringer Verdienst dieses Buches, einen ersten Blick auf ein weitgehend unbekanntes Kapitel der Reformbewegungen in der Kirche des 20. Jahrhunderts zu eröffnen.

Shane Claiborne

In Botschaftsbelagerung weigert sich eine kleine Gemeinschaft von Christen mutig und gütig zugleich, angesichts schrecklichster menschlicher Bosheit Kompromisse einzugehen. Ihr Zeugnis hat uns so viel zu sagen – uns, die wir heutzutage in einer Welt leben durchsetzt von Vorurteilen, so ermüdet vom Militarismus, so hungrig nach Gnade und so verzweifelt phantasielos.

Plough Publishing House, 402 Seiten, Paperback

www.plough.de

Gegen den Strom

Emmy Arnold

In der tumulthaften Zeit nach dem Ersten Weltkrieg wandten sich tausende junger Menschen von den sozialen Konventionen ihrer Elterngeneration ab und verließen die Großkirchen, um auf neuen Pfaden nach Freiheit, Gerechtigkeit, Natur und Gemeinschaft zu suchen. Man traf sich zum gemeinsamen Wandern und Arbeiten, und in ländlichen Gebieten entstanden über das ganze Land verstreut hunderte von alternativen Siedlungen, Gemeinschaften und Schulen. Aber nur wenige Jahre später gelang es dem Nationalsozialismus, sich nahezu der gesamten Jugendbewegung zu bemächtigen.

Dieses Buch erzählt die Geschichte des Bruderhofs, einer kleinen Gemeinschaft, die weder im Nationalsozialismus aufging noch von ihm ausgelöscht wurde. Alles begann 1920, als die Autorin gemeinsam mit ihrem Mann, einem damals deutschlandweit bekannten Publizisten und Vortragsredner, das reiche Berlin-Steglitz hinter sich ließ, um ein neues Leben anzufangen.

Was zunächst wie eine Biographie aussieht, entpuppt sich bald als radikaler Aufruf zum Glauben und zur Nachfolge auch unter schwierigsten Bedingungen. Es ist außerdem ein erstaunliches Zeugnis der Führung durch den Heiligen Geist, der, wie Emmy Arnold es ausdrückt, diejenigen, die „im Glauben an das tägliche Wunder der Gemeinde" leben, durch dick und dünn zusammenhält.

Thomas Merton
Sehr bewegend…Emmy Arnolds Geschichte ist ein einfaches, unmittelbares Zeugnis eines Lebens für Christus, reduziert auf das Wesentliche.

Plough Publishing House, 208 Seiten, Paperback

www.plough.de

Anni auf der Suche
Jugendbriefe
Annemarie Wächter

Als Fünfzehnjährige ohne Vater verlässt Anni das Haus. Sie will nicht länger als einziges Mädchen am Jungeninternat der Fröbelschule Keilhau in Thüringen bleiben und fängt eine Ausbildung an. So beginnt ihre Suche nach einem echten und sinnvollen Leben. Findet sie, wonach sie sucht? Die Briefe und Tagebuchnotizen der Absolventin aus den Jahren 1929 bis 1932 werfen Fragen auf, die wir uns heute noch stellen.

Gabriele Wächter
Annemarie Wächters Geist und Vermächtnis kann noch heute weltweit alle inspirieren und verbinden, die sich wie Friedrich Fröbel für Kinder einsetzen wollen.

Johann Christoph Arnold
Was sollen diese Aufzeichnungen von vor 80 Jahren mit unserem heutigen Suchen nach einem erfüllten Leben zu tun haben? Beim Lesen wird diese Frage überzeugend beantwortet. Ich glaube, dass sich viele in diesen Zeilen wiederfinden werden.

Plough Publishing House, 158 Seiten, Paperback

www.plough.de

Meine Flucht nach Hause

Josef Ben-Eliezer

Als Jude in Frankfurt am Main geboren, flieht Josef mit seiner Familie vor dem Holocaust nach Polen und landet schließlich im sibirischen Arbeitslager. Hunger und Not sind tägliche Begleiter. Gemeinsam mit seiner Schwester gelingt dem 13-Jährigen die Reise nach Teheran. Von dort aus gelangen sie 1943 nach Palästina. Josef nennt sich nun Ben-Eliezer und kämpft als Soldat für die Unabhängigkeit Israels. Doch die Unmenschlichkeit des Krieges verfolgt ihn weiter: Warum können Menschen nicht friedlich miteinander leben? Josef Ben-Eliezer bleibt auf der Suche nach dem Wahren und Guten. Er will für etwas leben, »das größer ist«. Schließlich findet er in der Bruderhof-Gemeinschaft in Deutschland zum ersten Mal in seinem Leben echte Heimat. Hier begegnet der Jude Josef Ben-Eliezer dem Juden Jesus …

Ulrich Eggers

Josef Ben-Eliezers extrem weit gespannte Lebensreise vereint wie unter einem Brennglas vieles, was das letzte Jahrhundert so extrem machte. Ein beeindruckendes Zeugnis über einen Weg zu Gott. Mit Antworten, die auch in die aktuelle weltpolitische Situation sprechen.

Yossi Katz

Dieses beeindruckende Buch erzählt die Geschichte eines bemerkenswerten Lebens – eines Lebens, das mit großer Ehrlichkeit und tiefer Überzeugung gelebt wurde, eng verbunden mit dem Judentum, Israel und der Kibbuz-Bewegung. Es lehrt uns einige wichtige Lektionen darüber, was Liebe und Freundschaft bedeuten. Höchst empfehlenswert.

Neufeld-Verlag, 141 Seiten, gebunden

www.neufeld-verlag.de

Crash

Geschichten, die unter
die Haut gehen

Johann Christoph Arnold

„Wir rannten beide nach draußen. Ich fiel auf die Knie, schlug mit den Fäusten auf den Boden und schrie zum Himmel: ‚Am Kreuz zu hängen war nichts, gemessen an dem, was wir durchmachen.' Ich wandte mich zu meiner Frau: ‚Bridie', sagte ich, ‚wir werden nie wieder lachen können.' Michael war unser einziges Kind…"

In *Crash* berichtet Arnold eindrucksvoll von Menschen, die in Grenzsituationen gerieten. Sie sehnten sich nach neuem Sinn und neuer Hoffnung. Und sie erlebten, wie diese Sehnsucht sich erfüllte.

Plough Publishing House, 176 Seiten, Paperback

www.plough.de

Wer Vergibt heilt auch sich selbst

Johann Christoph Arnold

Nach einer schweren seelischen Verletzung sind Verbitterung und Racheimpulse durchaus normal. Doch: Wer Hass, Bitterkeit und Wut in sich hineinfrisst, tut sich selbst nichts Gutes. Das ist die Erfahrung eines erfahrenen Seelsorgers. Hier erzählt er viele wahre Geschichten aus dem Leben: vom Mobbing bis hin zu grausamen Opfer-Erfahrungen, von Verletzungen aus der Kindheit bis zu alltäglichen Verleumdungen. Es ist schwer zu vergeben. Aber es ist der Weg zum inneren Frieden, denn wer vergibt, heilt auch sich selbst. Warum vergeben? Lesen Sie die Geschichten und entscheiden Sie selbst.

Nelson Mandela
Eine Botschaft, die dringend gebraucht wird.

Plough Publishing House, 232 Seiten, Paperback

www.plough.de

Reich an Jahren
Frieden und Erfüllung für ein langes Leben

Johann Christoph Arnold

Nur keine Angst vor dem Alter! Johann Christoph Arnolds Buch macht Mut, die positiven Seiten des Alters zu entdecken. Bedeutet alt zu sein wirklich einen Mangel an Jugend? Arnold selbst ist in seinen Siebzigern und kennt die Schwierigkeiten des Alterns aus eigener Erfahrung. Doch auch durch Jahrzehnte seelsorgerischer Erfahrung weiß er, wie alte Menschen und ihre Angehörigen das Beste aus dieser besonderen Zeit herausholen können. In diesem Buch kommen viele Menschen zu Wort, die im Älter-werden Sinn und Erfüllung gefunden haben.

Ulrich Parzany
Johann Christoph Arnold hat mich mit seinem Buch »Reich an Jahren« so sehr gepackt, dass ich es kaum aus der Hand legen konnte. Ich habe es für mich persönlich als eine Hilfe und Ermutigung empfunden. Der Autor schreibt lebensnah, mit viel Weisheit und nicht ohne Humor. Dieses Buch ist eine kostbare Hilfe in einer Zeit, in der viele Menschen das Alter und Sterben verdrängen.

Andreas Malessa
Lebenserfahrungen machen alle. Lebens-klugheit gewinnen nur wenige. Alt werden auch alle. Reif und stark nur wenige. Die vielen weisen und ja, im tiefsten Sinne »schönen« Alters- und Alltagsgeschichten haben mich sehr berührt. Allen Menschen mit Eltern sehr zu empfehlen!

Plough Publishing House, 208 Seiten, Paperback

www.plough.de

Hab' keine Angst

Erlebnisse und Gedanken zu Krankheit, Tod und Ewigkeit

Johann Christoph Arnold

Schicksalsschläge, Krankheit und Tod gehören zum Leben. Wie gehen wir damit um? Aus seiner langjährigen Erfahrung als Seelsorger berichtet Arnold von Menschen, die den Kampf gegen die Verzweiflung aufgenommen haben und dabei tiefer als je zuvor zum Geheimnis des Lebens vorgedrungen sind. In unserer materialistischen Kultur ist ihr Zeugnis über ihr eigenes Leben hinaus ein Licht der Hoffnung.

Uwe Heimowski
Arnold erzählt sehr persönlich und lässt andere Menschen persönlich erzählen. Ehrlich, nicht beschönigend und doch sehr sanft lesen sich diese Berichte. Sie werden zu einem Spiegel der eigenen Erfahrungen. Sie trösten. Und sie wecken die lebendige Hoffnung auf die Ewigkeit.

Plough Publishing House, 224 Seiten, Paperback

www.plough.de

Lightning Source UK Ltd.
Milton Keynes UK
UKHW04f2308160718
325789UK00001B/36/P